존 나이스비트
미래의 단서

MASTERING MEGATRENDS

글로벌 메가트렌드 최종 결정판

존 나이스비트
미래의 단서

존 나이스비트 · 도리스 나이스비트 **지음** | 우진하 **옮김**

부·키

존 나이스비트 John Naisbitt

하버드, 코넬, 유타대학교 등에서 수학한 후, IBM과 이스트만 코닥의 경영진으로 활동했다. 존 케네디 정부에서 교육부 차관보로, 린든 존슨 정부에서 대통령 특별 고문으로 근무했다. 1966년 사회 변화의 소용돌이가 다가오고 있다고 직감하여 미국의 경제, 사회, 정치, 문화적 변화를 연구하기 시작했고 1982년《메가트렌드》를 내놓아 전 세계의 주목을 받았다. 주요 저서로는《메가트렌드》《메가트렌드 2000》《하이테크 하이터치》《마인드 세트》《힘의 이동》등이 있다.

도리스 나이스비트 Doris Naisbitt

나이스비트 중국 연구소 원장이자 국제 경제, 정치, 사회 분석가다. 오스트리아 시그넘 출판사에서 편집자로 일하며 경제경영서를 출판했다. 편집자로 존 나이스비트와 함께 작업했으며, 결혼 이후 그와 함께 저술 작업을 하고 있다. 베이징외국어대학교, 모스크바 스콜코보개방대학교 등 여러 나라에서 객원 교수로 활동했다.

우진하

삼육대학교 영어영문학과를 졸업하고, 성균관대학교 번역 테솔 대학원에서 번역학과 석사학위를 취득했다. 한성 디지털대학교 실용외국어학과 외래 교수로 활동했고 현재는 출판 번역 에이전시 베네트랜스에서 전속 번역가로 활동 중이다.《다크 머니》《폭군 이야기》《노동, 성, 권력》《빌리지 이펙트》《5년 후에도 이 일을 계속할 것인가》등의 책을 우리말로 옮겼다.

존 나이스비트 미래의 단서

2018년 10월 24일 초판 1쇄 발행 | 2018년 12월 24일 초판 2쇄 발행

지은이 존 나이스비트, 도리스 나이스비트 | **옮긴이** 우진하 | **펴낸곳** 부키(주) | **펴낸이** 박윤우
등록일 2012년 9월 27일 | **등록번호** 제312-2012-000045호 | **주소** 03785 서울 서대문구 신촌
로3길 15 산성빌딩 6층 | **전화** 02) 325-0846 | **팩스** 02) 3141-4066 | **홈페이지** www.bookie.
co.kr | **이메일** webmaster@bookie.co.kr | **제작대행** 올인피앤비 bobys1@nate.com

ISBN 978-89-6051-670-0 (13320)

이 도서의 국립중앙도서관 출판예정도서목록(CIP)은 서지정보유통지원시스템 홈페이지(http://
seoji.nl.go.kr)와 국가자료공동목록시스템(http://www.nl.go.kr/kolisnet)에서 이용하실 수 있습니다.
(CIP제어번호: CIP2018033087)

/

들어가는 글

/

《메가트렌드Megatrends》라는 책을 처음 세상에 선을 보인 건 1982년
의 일이다. 그 이후에 책의 저자로서 가장 많이 생각한 문제는 바로
"다음에 찾아올 메가트렌드는 과연 어떤 것일까?"였다.

대부분의 사람은 미래를 예측하도록 길을 안내해 주는 지도를 필
요로 한다. 그리고 거기에 많든 적든 어느 정도의 상상력과 정보에 대
한 해석이 더해진다면 우리는 다가올 미래에 대해서 대략적인 윤곽을
그려볼 수 있다. 《메가트렌드》가 성공하여 영향력을 가지게 된 것은
사실 사람들이 대부분 익히 알고 있는 것을 정리할 수 있도록 돕는 일
에서부터 시작되었다. 그리고 현재의 단편적인 사실들을 모아 미래를
예측하려는 과정에서 미국이 1980년대와 1990년대에 걸쳐 겪게 될
변화를 독자에게 미리 보여줄 수 있었다.

《메가트렌드》가 출간된 1982년 당시를 돌이켜 보면, 그 책에 담긴
통찰력이 어떻게 사람들이 "트렌드에 올라타 그것이 이미 나아가고
있는 방향으로 가도록" 도울 수 있었는지 살펴보기란 그리 어렵지 않
다. 산업 사회에서 정보화 사회로 바뀌어 가는 과정에서 그 책이 제시

했던 가장 중요하고 영향력 있는 10가지 '메가트렌드'는 시대의 흐름을 따라 이미 생산과 노동 시장, 정보 통신, 연예 오락, 사회 생활에 착실하게 영향을 미치기 시작했던 것이다.《메가트렌드》를 읽고 그 영향력을 체험한 사람들이 전하는 이야기 속에는 한 가지 공통점이 있다. 이미 시작된 10가지 최신 경향과 추세를 비로소 깨달을 수 있었다는 것이다. 사람들이 어느 정도 느끼고 있던 것을 좀 더 분명하게 드러내어 "여러 개로 흩어진 조각들을 한데 모아 확실히 알아볼 수 있게" 했다.

모든 사람을 위한 《메가트렌드》

비록《메가트렌드》는 미국에 한정하여, 그곳의 새로운 발전상을 바탕으로 집필되었지만, 세계 57개국에서 번역 출간되어 또 다른 독자들 역시 도움을 받았다. 서구 사회에서 시작된 여러 개별 트렌드가 세계 여러 나라로 퍼져 나가는 상황 속에서 미국 밖의《메가트렌드》독자는 책이 제시하는 생각을 따라가며 자기 자신의 생각과 개념을 되돌아보고 새롭게 개선해 나갔다. 시대의 흐름과 조류를 좀 더 분명하게 제시하는 일은 많은 학생과 직장인 그리고 기업가들이 자신의 장래를 계획하고 경영 전략을 세우는 것을 도왔다.

　《메가트렌드》에서 이야기했던 전환은 대단히 근본적인 것이었지만, 분명하게 알아볼 수는 없다고 해도 이미 진행되고 있던 발전의 연속이기도 했다. 대부분의 경우에 이미 자리를 잡아 가고 있는 것들을 밀고 나가며 완벽한 사고의 전환을 요구하지는 않았다. 대부분의 경우 변화는 환영받았다. 그리고 가장 중요한 건 그러한 변화의 주역이

과거에도 그랬고 앞으로도 미국일 것이라는 사실이었다. 이는 미국인
이라면 누구든 쉽게 받아들일 수 있을뿐더러, 중국을 포함한 아시아
국가의 국민들 역시 어렵지 않게 수긍할 수 있었다. 당시 이들이 추구
하던 발전과 학습의 목표이자 대상이 서구 사회, 그중에서도 미국이
었기 때문이다. 심지어 자존심이라면 누구에게도 뒤지지 않던 서유럽
국가들조차 미국이 주도하는 질서를 받아들였으니 《메가트렌드》는
그야말로 모든 이에게 반가운 소식이었다.

　　이제 30년이 넘는 세월이 흘렀다. 책에서 언급했던 변화나 흐름
의 실체는 이제 좀 더 확실하게 그 모습을 드러냈으며 진행 속도 역시
더 빨라졌다. 그리고 우리 공동 저자들도 그동안 《메가트렌드》에서 처
음 제시했던 다양한 내용들을 훨씬 더 자세하게 연구하고 살펴보게
되었는데, 예컨대 《메가트렌드 아시아Megatrends Asia》에서는 아시아의 경
제 성장을 다루었고, 《하이테크 하이터치High Tech High Touch: Technology and Our
Search for Meaning》에서는 정보화 시대로 인해 발생한 예상치 못했던 결과
들에 대해 상세하게 설명했다. 《메가트렌드 차이나: 새로운 세계를 이
끌어가는 중국의 8가지 힘China's Megatrends: The 8 Pillars of a New Society》은 서구 사회
에 맞설 새로운 도전자 중국의 저력이 어떻게 잠시 숨을 골랐다가 뻗
어 나가고 있는지를 다뤘다. 《힘의 이동: 새로운 글로벌 경제 벨트는
어떻게 세상을 재편할 것인가Global Game Change: How the Global Southern Belt Will Reshape
Our World》는 2015년 《대변혁大變革》이라는 제목으로 중국에서 먼저 출간
이 되었으며 지정학적 변화에 대한 내용이 주를 이루고 있다. 그리고
이런 모든 변화와 발전상은 이미 《메가트렌드》에서 어느 정도 예상했

던 내용이기도 하다.

새로운 메가트렌드의 부상

모두 다음에 찾아올 메가트렌드는 과연 어떤 것일까를 궁금해하겠지
만 그런 트렌드는 억지로 찾아내려 한다고 해서 찾을 수 있는 것은 아
니다. 우리가 이야기하는 대부분의 유행이나 변화, 혹은 흐름은 자연
스럽게 우리를 찾아왔다가 사라지는데, 메가트렌드 역시 정기적으로,
혹은 규칙적으로 우리를 찾아오지 않는다. 결국 우리가 할 수 있는 최
선은 정신을 바짝 차리고 세상을 주시하는 것뿐이며 그것이 우리가
한 일이다. 세상을 관찰하고 주시한 결과, 무엇인가가 천천히 변화하
고 있는 것은 분명하다. 시작은 막연한 느낌이었다. 공기가 달라지고
있었다. 변화를 확실하게 알기는 힘들었지만 뭔가 중요한 일이 벌어
지고 있다는 것은 분명했다.

　이후에 우리는 실제로 어떤 변화가 일어나고 있는지 좀 더 분명하
게 파악하기 위해 새로운 연구와 조사를 시작했다. 그리고 얼마 뒤, 지
금 우리가 겪고 있는 여러 변화와 발전이 15세기 유럽의 종교개혁과
유사하다는 것을 깨달았다. 종교개혁은 시간이 흐르면서 유럽의 근대
화로 이어졌다. 서구 사회의 부상과 지난 200여 년 동안의 새로운 세
계 질서가 바로 이 종교개혁에서 시작되었던 것이다. 우리는 처음에
이 책의 제목을 임시로 '세계 개혁Global Reformation' 정도로 지어 보기도 했
다. 작업 과정에서 그런 역사적인 개혁의 시기가 인류에게 엄청난 기
회의 시기였음을 아울러 이해하게 되었다. 그렇게 해서 책의 제목은

다시 '위대한 기회The Great Opening Up'가 되었는데, 언제나 그렇듯 우리의 연구와 조사는 한 가지 주제를 향해 점점 더 깊숙이 파고들어가게 되었으며 그러다 마침내 분명한 사실 한 가지를 깨달았다. 우리는 그저 단순하게 또 다른 메가트렌드를 찾아 설명하려는 것이 아니며 지금 목도하고 있는 건 새로운 힘의 이동이라는 완전히 다른 변화로 이어지는 과정이라는 사실 말이다. 1982년에《메가트렌드》를 통해 미국으로부터 시작된 변화가 전 세계로 퍼져 나간 과정을 살펴보았지만, 이제는 그와 유사한 변화가 전 세계 거의 모든 대륙과 국가에서 일어나 다양한 분야와 방향으로 퍼지고 있으며 정치적, 경제적, 기술적으로 연결되어 서로에게 영향을 미치고 있었던 것이다. 15세기 유럽의 경우와 마찬가지로, 우리가 지금 목도하고 있는 변화의 흐름은 새로운 세계 질서로 이어지게 될 것이 분명하다.

새로운 세계 질서

결과적으로 볼 때, 15세기 종교개혁 시기와 지금의 전환기를 비교하려는 시도를 통해 우리는 방향을 제대로 잡을 수 있었다. 15세기 유럽에서는 새로운 기계식 활자와 인쇄술이 발명되면서 정보와 통신 혁명이 일어났으며, 이를 통해 일부 상류 특권층만이 누리던 교육의 기회가 일반 대중에게로까지 확산되었다. 또한 도시가 성장, 발전하면서 일반 국민이 누릴 수 있는 경제적 풍요로움도 늘었다. 그렇지만 무엇보다도 중요한 변화는 가톨릭교회가 쥐고 있던 헤게모니가 무너져 내리기 시작했다는 사실이다. 오늘날의 인터넷은 당시 인쇄 기술과 비숫하며 이를 통해 수백, 수천만 명의 사람이 서로 연결되어 의견을 교환하고 영향을 미친다. 각 개인이나 기업은 이제 더 이상 제한된 지리적 영역과 자신의 전공 분야 안에서 개별적으로만 활동하지 않으며 전 세계적인 성장과 발전의 일부분을 이룬다.

종교개혁과 함께 시작된 16세기 이탈리아의 르네상스를 통해 가톨릭교회는 정치적 영향력과 교육 및 자연 과학에 대한 지배력을 잃어 갔다. 당시까지만 해도 사람들은 로마와 로마 교황이 종교의 중심이듯 이 우주의 중심은 지구라고 배웠다. 과학자들은 태양이 지구를 중심으로 돌고 있다는 오랜 시간 이어져 내려온 '상식'에 맞서 싸우기 시작했다. 결국 천동설을 대신하는 지동설이라는 우주관이 대두되었지만 일반 사람들의 삶은 별로 달라지지 않았다. 그렇지만 이후 좀 더 다양하고 포괄적인 결과물들이 나타나면서 지금까지 막혀 있던 기회를 열어 주는 과학적 돌파구의 폭발로 이어졌다. 그럼에도 가톨릭교회를 포함한 기독교 최후의 보루인 창조론에 도전하게 되는 다윈Darwin의 진화론이 등장하기까지는 400년이라는 세월이 더 흘러야만 했다.

다시 500년 전의 세상과 마찬가지로 우리 시대의 세계 패권이라고 할 미국도 이제 더 이상 세계 공동체라는 배의 선장을 자처할 수 없게 되었다. 미국이 스스로 부여한 전 세계를 아우르는 권위는 더는 무소불위가 아닌 것이다. 심지어 과학과 기술 분야에서 차지하던 세계 최고라는 지위 역시 안심할 수 없는 처지가 되고 말았다.

새롭게 부상하는 신흥·개발 도상국들의 선두에 서서 이들을 이끄는 중국은 세계 공동체 안에서 좀 더 높은 지위를 요구하고 있으며 단지 경제 분야에서뿐만 아니라 과학 분야의 발전과 성취에서도 두각을 나타내고 있다. 과학은 지금까지는 서구 사회의 전유물이나 다름없는 분야였다. 서구 민주주의 사회가 자초한 위기라고 볼 수 있는 경제 위기나 정치적 다극화는 모두 체제의 변화라는 거부할 수 없는 세계적인 흐름에 영향을 주었다. 이런 내용을 실제로 반영했던《힘의 이동》은 2015년 중국에서 먼저 출간이 된 후 다시 16개국에서 번역, 출간되기도 했다.

　《힘의 이동》은 당시 실제로 일어나고 있던 사건들을 다루었지만 그것에 어떻게 접근할 것인지는 언급하지 않았다. 그러다 우리의 주된 관심사로 부상한 여러 가지 복잡한 변화에 대해 어떻게 접근하고 다룰 것인가를 이 책에 쓰게 되었다.

새로운
메가트렌드

MASTERING MEGATRENDS

2015년 선을 보였던 《힘의 이동》에서 우리는 새롭게 정리된 세계 질서와 그 주역들을 살펴보았다. 그렇지만 지금 벌어지는 세계적인 변화의 흐름과 관련된 특징이나 포괄적인 내용 등을 완전하게 파악하지는 못했다. 향후 수십 년에 걸쳐 각각의 개별적인 메가트렌드는 조직적이면서도 통합적인 변화 속에서 정치적, 경제적, 사회적, 그리고 체계적으로 전 세계를 아우르는 전환기를 맞게 될 것이다. 이러한 모든 변화나 전환의 속도 역시 점점 더 빨라지고 있다.

　메가트렌드의 특징을 파악하고 설명하는 것과 모든 경제 분야 및 정치 체제 안에서 전 세계적으로 발생하고 있는 조직적이면서도 통합적인, 그리고 파괴적인 변화의 충격적 결과를 이해하는 것은 전혀 다른 문제다. 그리고 동시에 이런 메가트렌드를 어떻게 완전히 이해하고 활용할 수 있는지 역시 또 다른 문제다.

　새로운 첨단 기술에 의해 가능해진 다양한 방법을 통해 지정학적 한계와 경제적 전망 그리고 우리가 일하는 근무 환경 등이 빠르게 변화하는 지금, 그로 인해 발생하는 거대한 충격을 이해하고 받아들이

는 일은 점점 더 어려워지는 것이 분명하다.《메가트렌드》가 발표되었
던 1980년대만 해도 세계의 경제적, 정치적 권력 구조는 새롭게 정립
할 필요가 없었다. 서구 사회는 여전히 세계를 선도하는 위치에 있었
으며 오히려 그 역량을 더 강화해 나가고 있었다. 그렇지만 다가올 미
래에 어떤 것이 우리의 삶을 변화시킬지 미리 예측하고 싶다면, 먼저
세계 공동체와 삶의 수많은 영역 안에서 벌어지고 있는 새로운 질서
의 개편을 열린 마음으로 바라봐야 한다.

/

메가트렌드의 근간

/

앞서 언급했던 것처럼 지금 우리가 소화해야 하는 메가트렌드의 대부
분은 20세기에 그 뿌리를 두고 있다. 산업화 시대를 정보화 시대로 바
꾼 많은 핵심 기술은 20세기 후반에 그 기원이 있다. 가장 큰 영향을
준 기술 두 가지를 꼽자면 바로 컴퓨터와 인터넷일 것인데, 이 둘은 지
금도 여전히 전체적인 메가트렌드를 이끌고 있으며 이에 영향을 받은
대단히 중요한 2가지 메가트렌드가 바로 디지털화digitization와 세계화
globalization다. 이 둘은 서로 연결이 되어 있을뿐더러, 다른 모든 세계적
인 트렌드에도 크게 영향을 미치고 있다.

디지털화

'디지털화', 즉 기존의 정보를 디지털 형태로 변환해 저장하는 처리 방식은 컴퓨터와 인터넷의 기능을 뒷받침하는 동시에 문자와 사진, 그림, 음성, 영상 등 다양한 형태의 정보를 전자 방식으로 변환하고 저장하며 서로 교환할 수 있도록 해 주는 기술이기도 하다. 우선 컴퓨터와 인터넷을 통해 정보의 공유와 소통이 용이해졌고, 그로 인해 산업화 시대에서 정보화 시대로의 이행을 촉진하는 기술적 기반이 조성되었다. 또한 이 기술적 기반은 비교적 최근에 전 세계 사람들이 실시간으로 서로 소통하고 공유하게 해 주는 일종의 사회적 장소로 사용되며 성장했다. 이제는 우리가 교육받고 일하고 무엇인가를 생산하는 방식, 상품과 서비스를 교환하며 그에 대한 대가를 지불하는 방식, 매체를 소비하고 투표를 하며 심지어 자동차를 모는, 아니 어쩌면 자동차가 우리를 태우고 달리는 방식 자체가 바로 이 기술적 기반을 통해 달라지고 있다.

디지털화는 대부분의 산업과 여러 정부 기관에 막강한 위력을 발휘하는 핵심적인 변화다. 이를 잘 보여 주는 사례가 바로 일반 대중의 관심을 끌기 위해 점점 더 치열하게 경쟁하는 대중 매체 관련 기업이다. 과거에는 텔레비전 방송국이나 라디오 방송국, 신문, 책, 잡지 등을 포함한 대중 매체의 숫자가 상대적으로 적었기 때문에 소비자의 선택 폭이 그리 넓지 않았다. 그러나 지금은 그저 마우스를 클릭하거나 손짓 한 번만으로 수백만 개가 넘는 언론과 대중 매체를 만나고 선택할 수 있다. 이제 대중 매체 관련 기업은 동종 업계 기업은 물론, 대중 매체와 관련이 없는 기업이나 심지어 개인과도 경쟁해야 하는 처지에 놓였으며, 특히 이런 개인들은 수많은 인터넷의 '채널'을 이용해 엄청나게 다양한 내용을 실시간으로 제작하고 저장해 사람들에게 전달하고 있다. 따라서 대중 매체 관련 기업은 인터넷을 이용한 이런 다양한 접근 방식에 익숙해져야만 하는 형편이지만 제대로 된 활용에 실패하는 경우도 적지 않다. 호라이즌 미디어Horizon Media에서 대중 매체 분석가로 활동하는 그래드 에드게이트Grad Adgate는 이렇게 지적한다. "수많은 대중 매체가 난립하는 지금과 같은 상황에서, 각 관련 기업은 기존에 없던 다양한 방식을 통해 사업을 전개해 나갈 수밖에 없으며, 또 다들 그렇게 하기를 원하고 있다. 그렇지만 이는 여간 어려운 일이 아닌데, 본래의 주력 사업을 소홀히 하게 되면 결국 모기업 자체가 붕괴할 수도 있기 때문이다."

그렇지만 새로운 기술의 흐름은 결국 사람들의 반응에 의해 균형을 이루게 되어 있다. 따라서 기술이 주도하는 변화는 물론, 사람들 사이에서 일어나는 인간적인 측면에 주의를 기울일 필요가 있다. 기술의 발전이 결국 자연과 건강, 연예 오락, 운동, 음악, 미술, 영성 등 인간의 근본적인 모습에 대한 관심의 증가로 이어지는 것이다.

그러나 불행하게도 사람들이 첨단 기술과 인간적인 측면이 서로 균형을 이루어야 하는 이런 필요성에 반드시 반응하는 것은 아니다. 예컨대 미국의 경우 교육 제도가 이미 과학science, 기술technology, 공학engineering과 수학math 등 이른바 STEM 중심으로 바뀌어 가고 있으며 이 과정에서 인문학을 포함해 상업적인 가치가 적다고 생각되는 과목은 관심 밖이다. 물론 STEM에 집중하는 것은 첨단 기술을 바탕으로 한 인력을 양성하는 데 대단히 중요하다. 그렇지만 이런 교육 제도 변화의 가장 큰 패착은 바로 음악, 미술, 체육과 같이 창의성을 향상시키는 과목이나 활동을 줄인다는 것이다. 수많은 첨단 기술 중심 기업을 만들고 이끌어 나가는 건 물론 공학자와 기술자다. 그러나 그중에서도 가장 성공한 기업으로 꼽히는 애플의 경우는 스티브 잡스의 창의성이 없었다면 이 세상에 태어나지 못했다. 잡스는 손으로 직접 쓰는 붓글씨가 컴퓨터 프로그램의 완벽한 연산 작용, 혹은 알고리즘이 주는 아름다움보다 더 큰 영감을 준다고 생각했던 사람이다.

세계화

1982년《메가트렌드》를 통해 소개했던 경제 부문의 세계화는 이후로도 계속된 것은 물론, 그 속도나 상호 연계성 그리고 상호 관계 역시 더 증가했는데, 그 중심에는 바로 디지털 기술이 있었다. 또한 세계화를 이끄는 주체도 조금 바뀌게 된다. 1980년대에는 경제의 흐름이 서쪽에서 동쪽으로 흘러갔지만 이후 북반구를 겨냥한 남반구의 신흥 경제국들이 그 지정학적 기반까지 바꿔 가면서 점차 큰 세력을 얻기 시작했다.

아시아, 아프리카, 남아메리카의 신흥 경제국을 뜻하는 이른바 글로벌 서던 벨트Global Southern Belt의 경제력 확대는 자연스럽게 정치적 영향력의 확대로 이어졌다. 신흥 경제국의 사고방식을 이해하는 일은 서구 중심의 세계가 다양한 중심의 세계로 변화하는 과정을 이해하는

데 가장 중요한 요소일뿐더러, 그들의 증가하는 소비 능력을 서구 비즈니스 업계가 어느 정도 수준까지 활용할 수 있을지를 가늠하는 데도 중요하다. 예컨대 중국의 부상을 이해하면 중국의 장기적인 전략에 대한 통찰력을 얻을 수 있을 뿐만 아니라, 그 거대한 소비 시장에도 더 쉽게 접근할 수 있는 것이다.

인터넷의 발전으로 새로운 직업군이 만들어지고 있지만 아직은 시작 단계에 불과하다. 지금은 우리가 얻은 새로운 기술의 잠재력을 활용해야 할 때다.

/

힘의 구조 변화

/

세계 경제가 점점 더 하나로 통합됨에 따라, 우리는 도시와 도시 사이의 교역과 함께 산업 영역의 관계가 확대되는 더 큰 통합의 과정을 목도하게 될 것이다. 사회 경제적 발전 속에서 세계 중산층global middle class의 증가와 그로 인해 함께 늘어나는 소비 및 정치적 요구의 영향은 점점 더 분명해지고 있다. 동시에 고령화되는 인구와 노동 시장으로 흘러들어 오는 젊은 노동 인구라는 대조적인 문제를 해결해야 하는 어려움 역시 더 뚜렷해질 것이다.

경제와 기술이라는 측면에서 보면 이 세계는 하나의 통합된 체제로 나아가고 있는 것처럼 보인다. 디지털화는 새로운 상품과 서비스를 개발하는 과정에서 재능 있는 개인과 기업 사이의 연결을 가능하게 만들어 주며 동시에 새로운 종류의 산업이 탄생하도록 돕는다. 또한 디지털화를 통해 지리적 경계를 넘어서 양질의 교육을 골고루 제공할 수 있다.

지정학적 관점에서 볼 때는 서구 중심의 세계에서 다중심의 세계로 이동한다. 글로벌 서던 벨트 국가들이 부상하고 있다. 중국이 주도하는 새로운 실크로드 전략, 즉 일대일로—帶—路, One Belt, One Road 전략을 동력 삼아 새로운 교역로가 생겨날 것이다. 새롭게 맺어지는 경제 동맹은 경제력과 정치적 중요성의 변화에 많은 영향을 미치고 있다.

세계적으로 나타나고 있는 힘의 구조 변화는 아마도 가장 강력한 메가트렌드가 되지 않을까. 기술의 진보와 함께 증가하고 있는 상호 연관성과 상호 관계의 결과를 받아들이는 것, 인구 문제를 해결하며 교육 개혁을 위해 투쟁하는 것, 환경 대책을 시행하는 것 등과 같은 메가트렌드도 있지만, 그 어떤 것도 세계 공동체의 힘의 구조 변화만큼 강렬하게 다가오지는 않는다.

경쟁과 협력, 그리고 각자의 역할

지난 200여 년 동안 세계를 이끄는 역할을 한 건 분명 서구 사회였다. 서구 사회는 경제, 문화, 기술 발전의 주역이었으며 동시에 자신이 경제와 정치의 기준이라 계속해서 주장해 왔다.

이렇게 서구 사회가 자신의 우월성을 주장할 수 있었던 가장 큰 밑거름 중 하나는 바로 경제 발전은 오직 민주주의와 시장 경제의 결

합을 통해서만 이루어진다는 믿음이다. 과거에는 이런 서구 사회의
방식이 그야말로 성공의 모범이었는데, 이는 절대로 과장된 표현이
아니다. 서구의 생활 방식, 기업 경영 방식, 복식服飾, 음식 등 서구 사회
의 모든 문화가 다른 모든 대륙을 향해 자랑스럽게 뻗어 나갔다. 그런
데 한번 생각해 보자. 서구 사회의 비중은 인구수로 볼 때 전 세계 인
구의 17퍼센트에 불과하지만, 이 17퍼센트가 전 세계 부의 75퍼센트
를 차지하고 있다. 이런 현실은 이제 끝나가고 있다.

물론 서구 중심 세계에서 다중심 세계로의 변화가 아무런 문제 없
이 순식간에 이루어질 리는 만무하다. 이러한 변화 과정에 직접 뛰어
들어 활약할 수 있는 기간은 아마 21세기 전반부 정도까지가 아닐까.
다른 모든 중요한 변화나 이행의 과정에서도 그러했듯이, 세계의 중
심이 변하는 과정에서 우리는 다양하게 바뀌는 조건이나 환경을 그대
로 받아들이거나 혹은 고칠 필요가 있다. 유럽 국가들은 스스로를 전
세계 도덕적 권위의 중심이라 자부하고 있으며, 미국은 1880년대 이
후 신이 축복한 국가이자 동시에 세계에서 가장 거대한 경제력을 지
닌 국가라 자부하고 있다. 그렇기에 기꺼이 한발 물러서서 중국이나
다른 신흥 경제국에게 그 자리를 순순히 내어줄 리는 만무하다. 그러
나 이러한 변화가 얼마나 극적일지를 과소평가해서는 안 된다.

중국의 부상

중국이 어떤 역할을 맡게 될지를 분석하지 않고서는 새로운 지정학적
기반에 대해서 제대로 설명할 수 없다. 중국은 이 전 세계적인 힘의 이

동 과정에서 핵심적인 역할을 맡고 있다.

힘이라고 하면 가장 먼저 군사력을 떠올릴 것이다. 지난 수십 년
동안 미국은 세계 공동체 안에서 유일무이한 초강대국의 위치를 유지
해 왔다. 그리고 약 30년에 걸친 미국과 러시아의 대결 구도는 이제 미
국과 중국의 대결 구도로 바뀌게 되었는데, 사실상 미국과 중국은 장
기 지정학 전략의 거의 모든 부문에서 경쟁하고 있다. 그리고 중국은
그동안 정규군인 인민해방군中國人民解放軍의 현대화에도 총력을 기울였
다. 지금까지 대량 생산에 강한 경제 구조를 장점으로 내세웠고 지금
도 여전히 그러하지만, 이제는 군사력 못지않게 경제에서도 양이 아
닌 질에 치중하는 전략을 취하고 있다.

2016년 6월에 우리 부부는 제2차 세계 대전 종전을 기념하는 대
규모의 군대 열병식이 진행되는 베이징 천안문 광장 행사에 내빈으로
초대되었다. 사정이 있어 직접 참석하지는 못했지만 전 세계 모든 언
론과 매체에서는 한 치의 오차도 없이 빡빡하고 정교하게 진행된 이
장엄한 열병식을 대대적으로 보도했다. 이 행사는 강성한 중국의 군
사력은 물론 정부 지도자들을 필두로 해서 10억 인민이 일사불란하게
움직이고 있는 중국의 행보를 상징적으로 보여 주었다. 특히 열병식
에 참여한 1만 2000명의 병사는 불과 몇 센티미터 정도의 오차 안에서
정해진 위치를 따라 정확하게 움직였는데, 이를 위해 중국 당국은 자
체적으로 개발한 인공위성과 레이저 장비까지 동원했다고 한다.

영국 BBC 뉴스의 관련 전문가와 비평가들은 이 열병식을 두고
"절대복종과 일사불란함을 위해 혁신성과 창의성은 포기했다"고 논

평했으며, 중국의 관영 영자 신문인 《글로벌 타임스Global Times》는 "실제로 제2차 세계 대전 당시 중국은 중국 역사상 가장 위급하고 무력한 상황이었지만 70년이 지난 지금 전 세계 초강대국 중 하나로 기적적인 성장을 이루어 냈다"고 사설을 통해 자평했다.

경쟁적 공존

중국은 동아시아에서 벌어지는 지정학 전략의 전환과 군사력 현대화의 주역이라고 할 수 있으며 강대국의 지위를 착실히 쌓아 나가고 있다. 중국의 경제력 상승과 현대화된 군사 역량은 3개의 바다, 즉 동중국해와 남중국해, 그리고 서해에서의 영향력과 지정학적 역할을 재정립하려는 노력을 뒷받침하고 있다.

중국의 이런 행보는 한편으로 과감하지만 다른 한편으로 평화적 공존을 위한 노력과도 맞닿아 있다. 심화되는 중국과 아시아 국가들의 경제적 연결은 중국의 일대일로 전략이 모양새를 갖춰 감에 따라 대단히 중요한 의미를 지니게 될 것이다. 중국은 경제 통합과 번영을 장기적으로 이어 나가기 위한 야망을 이런 전략을 통해 뒤에서 지원하고 있다.

중국 경제가 경착륙硬着陸, hard landing할 것이라거나 심지어 위기에 처할 것이라는 모든 부정적인 전망에도 불구하고 중국은 일대일로 전략을 통해 오히려 더욱더 세계 공동체의 중심으로 우뚝 설 것이다. 그리고 이미 그 넘볼 수 없는 지위로 인해 영향력도 점점 더 커지고 있다. 중국은 선거 일정 같은 것에 구애받지 않고 전략 계획을 장기적으로

운용할 수 있을 뿐만 아니라 필요할 경우 정책의 방향도 쉽게 바꿀 수 있다. 세계의 공장으로 우뚝 선 중국은 필연적으로 서구 국가들의 약점을 노출시켰다. 서구 국가들은 꽤 오랜 시간 동안 생산과 노동 환경이 변화하는 충격을 제대로 받아들이지 못했고, 새로운 교역로와 시장을 개척하는 일에 소홀했다.

그리고 중국이 원칙적으로 일당 독재라는 체제 아래에서 강력한 권위와 지도력을 바탕으로 자신의 문제점을 고치는 동안, 서구 국가들은 의사 결정 과정과 그 실행이 분열과 다툼에 발목 잡혀 있다.

서구 민주주의의 위기

현재 미국이나 유럽 국가들을 보면 정치 체제로 인한 불안과 분열을 목도할 수 있는데, 우파 정당이나 정치가들이 점점 더 세력을 굳건히 하는 동안 국가주의와 보호주의도 함께 부상하고 있다. 게다가 이제는 불만, 불신, 분열의 양상이 우려할 만한 수준에까지 이르렀기에 해결해야 할 문제가 산적해 있다. 지난 10여 년 동안 미국은 과거에 이룩했던 성장을 다시 성취할 새로운 길을 찾으려고 애를 써 왔다. 지난 2008년에 있었던 대규모 경제 위기는 사실 2008년에 발생한 것이 아니라 이전부터 있던 위기가 좀 더 분명하게 확대된 것에 불과했다. 현재 미국에 새로 생기는 일자리는 1년에 200만 개 정도이며 생활을 꾸리기 위해 하나 이상의 일자리를 필요로 하는 국민도 대단히 많다. 투자가 위축되고 생산성이 둔화되면서 한때 강력했던 미국의 회복 능력은 점점 더 떨어지고 있다.

공화당과 민주당의 뿌리 깊은 갈등, 그리고 이러한 갈등의 골을 극복할 양당 지도력의 부재는 결국 국가 기능 수행의 마비를 불러와 현재 미국이 직면한 심각하고 중대한 문제에 효과적으로 대처하는 능력마저 약화시키고 있다. 미국은 현재 불어나는 국가 부채와 고갈되는 사회 복지 예산, 저숙련 노동자를 위한 일자리 감소, 실패를 거듭하는 보건 복지 정책, 증가하는 테러 위협, 무역 불균형, 무너지는 공교육 제도, 감당할 수 없는 난민 및 이민자의 유입, 약화되는 정규군의 군사력, 정치가와 유권자 사이의 불신 등 수많은 문제를 안고 있다. 무엇보다도 이런 문제를 해결해 나가기 위해서는 정치가와 유권자가 서로 협력해야만 하는데 그것이 잘 되지 않고 있다.

이런 과정 속에서 지난 2016년 미국 대통령 선거에서는 결국 정식으로 인정받지 못한 후보와 유권자에게 인기 없는 후보가 맞붙게 되었다. 도널드 트럼프는 제대로 된 정치적 기반 없이 기존의 정치 세력과 세계화의 흐름, 이민자 유입과 과도한 자유화 조치 등에 반대하는 미국 유권자의 지지를 받아 대통령에 당선되었다. 이 유권자들은 사회적으로 자신이 소외되고 버림받았다고 느끼는 사람들이었다.

미국을 다시 한번 위대하게 부활시킬 방법, 그리고 미국 경제의 성장과 활력을 다시 불러일으킬 방법에 대한 이성적 논의를 분노와 감정을 앞세우는 사람들이 망치고 있다는 건 너무도 분명하다. 앞서 언급했던 것처럼 문제가 되는 건 미국 국민의 잠재적 능력이 아니라, 발전 자체를 가로막고 있는 정치 구조에서 헤어 나오지 못하는 정치가들의 분극화, 무능함, 완고함이다.

/

갈림길에 놓인 중국과 미국

/

이 모든 일은 갑자기 일어나지 않았다. 서구의 우월성과 지배력이 이제 한계에 도달했다는 사실은 지난 몇 년 동안 분명해졌다. 그런 결과가 좋은지 나쁜지는 그다지 중요하지 않다. 중요한 건 이런 결과가 서구 사회 밖의 다른 국가들, 특히 위세가 등등해진 중국을 비롯해서 아프리카와 남아메리카의 신흥 경제국들이 급부상하면서 만들어졌다는 사실이다. 놀라운 것은 미국 정치의 변화다. 새롭게 선출된 대통령에 대한 지지나 반감, 충격이나 안도감과는 별개로, 중요한 것은 누가 보아도 추악했던 지난 선거전이 아니라 새로운 미국 대통령 트럼프가 자신의 재임 기간 동안 과연 어떤 성취를 이루거나 실패를 할 것인지다. 그가 후보 시절 외쳤던 '미국을 다시 위대하게'라는 선거 구호만으로 미국은 다시 위대해지지 않는다. 또한 '뭉치면 강해진다'는 구호로는 당선에 실패했다. 이제 중요한 건 체제에 저항하는 것이 아니라 체제를 개혁하는 것이다. 미국 내외에서 쏟아진 회의적인 시선이 틀렸다고 증명하는 건 이제 온전히 트럼프 대통령 본인의 손에 달려 있다.

전 세계적으로 볼 때 최소한 21세기 중반까지는 중국이 승자가 될 것이라 우리 부부는 예측하고 있다. 미국의 현재 상황 덕분에 중국은 정치적 자신감을 회복하고 지배 체제에 대한 자국민의 든든한 지지를 확보했으며 동맹국들 사이에서는 지위를 더욱 공고히 했다. 트럼프 대통령은 대통령에 당선되자마자 중국을 견제할 목적으로 만들어진 환태평양 경제동반자협정Trans Pacific Partnership, TPP의 탈퇴를 천명했고 뒤이어 범대서양 무역투자동반자협정Transatlantic Trade and Investment Partnership, TTIP과 관련된 협상마저 중단하겠다고 발표했다. 중국은 이를 통해 세계 무역에서 신뢰할 만한 선도적 역할을 수행할 기회를 얻게 되었다. 중국의 국가 주석 시진핑習近平이 2016년 11월 페루 의회를 방문해 자유 무역과 환경 보호에 대한 의지를 강력하게 천명하는 지도자가 될 줄, 반대로 미국은 기후 변화의 증거를 부인하며 교역의 문호를 폐쇄하겠다는 으름장으로 전 세계를 두려움에 빠트리게 될 줄 그 누가 예상이나 했을까?

이러한 최근의 변화와 발전을 통해 중국은 자신의 전략적 목표를 향해 한 걸음 더 나아가고 있다. 중국이라는 국가는 마치 하나의 기업처럼 강력하게 목표 지향적으로 운영된다. 중국 국민이 중국 공산당의 당원이 되기 위해서는 그 검증이 대단히 중요하다. 중국이 선호하는 소수 실력자에 의한 지배는 그 역사가 수천 년 전까지 거슬러 올라간다. 시장이나 지사, 혹은 당서기 같은 중요한 자리에서 자신의 지도력을 입증한 사람은 더 높은 자리로 올라갈 수 있다. 반면에 트럼프라는 미국의 '정치 신참'이 '미국이라는 기업'을 다시 부흥시킬 수 있을지는 아직 더 두고 봐야 한다.

　　상투적인 표현이기는 하지만 우리는 지금까지 '바닥으로의 경쟁 race to the bottom'을 목격했다. 그러나 기회를 중요하게 생각하는 사람의 관점에서 보면 일단 밑바닥을 치고 나면 이제 위로 치솟아 오르는 일만 남은 것이 아닐까.

/

유럽연합과 28개 국가의 동상이몽

/

대서양 건너 미국 저편에는 유럽연합European Union, EU이 자리하고 있다. 유럽연합이라는 발상은 참으로 웅대했으나 현재 각국의 정치 지도자 중에 두 주인을 섬기고자 하는 이가 없다는 문제에 봉착해 있다. 자국의 이익이냐 연합의 이익이냐 사이에서 갈팡질팡하는 것이다.

유럽연합의 딜레마

우리가 2006년 발표한《마인드 세트》(이때만 해도 미국에 대해 좀 더 희망적이었다)에는 '유럽, 쇠락하는 역사의 테마 공원'이라는 제목 아래 이런 내용이 나온다.

　　이른바 '유럽 합중국Statue of Europe'에는 25개의 머리와 2개의 심장이 있다. 25개 국가의 머릿속은 전통과 야망, 복지와 경제

지도력이라는 도저히 하나로 섞일 수 없는 혼합물로 뒤죽박
죽이다. 그리고 여기에 각기 다른 속도와 박자로 뛰는 2개의
심장이 있는데, 바로 경제 발전과 사회 복지다. 각자 자신감
과 야망으로 가득 차 있는 두 심장은 서로가 옳다고 주장한
다. 그렇지만 이 두 가지 목표를 모두 달성하고 싶다면 서로
타협할 수밖에 없는데, 어느 쪽도 그렇게 하려고 하지 않는
다. 지금까지의 경험을 떠올려 보면 유럽이 자신이 원하는 대
로 세계에서 경제적으로 가장 역동적인 지역이 아니라 부유
한 미국인이나 아시아인을 상대로 한 역사 테마 공원이 될 확
률이 훨씬 높다고 생각할 수밖에 없는 것이다.

당시 유럽연합의 회원국이 모두 25개였다. 이후 불가리아와 루마
니아, 그리고 크로아티아가 새롭게 회원국이 되었지만 상황은 그다지
호전되지 않았다.

엘리트에 대한 반발

유럽연합에 속해 있는 여러 국가의 국민은 '부자'에 대한 증오를 감
추지 않으며 프랑스의 마리 르 펜Marie Le Pen, 네덜란드의 헤이르트 빌더
르스Geert Wilders, 독일의 독일을 위한 대안Alternative für Deutschland, AfD, 이탈리아
의 베페 그릴로Beppe Grillo, 오스트리아의 하인즈 크리스천 스트라체Heinz
Christian Strache 와 같은 극우파 정치가나 정당의 선동에 호응하고 있다. 이
렇게 극우를 지향하는 정치가의 숫자는 점점 더 늘어날 전망이다.

인정하기 두렵지만 서구 민주주의는 이제 선택의 갈림길에 도달한 것 같다. 이런 현상을 '엘리트'에 대한 반발로만 보기는 어렵다. 일반 대중을 선동하는 구호로 시작된 문화적 충돌과 유럽 대륙 전역에 걸쳐 광범위하게 퍼져 있는 분열과 불신은 정체성이나 사회적 협력 관계의 문제, 그리고 무엇보다도 희망의 상실에 그 뿌리를 두고 있다. 이 문제들을 해결하고 새롭게 시작할 수 있는 공통 기반을 찾을 수도 있지만, 그러지 못한다면 국가주의자와 기회주의자들의 말에 귀를 기울였던 대가를 처절하게 체험함으로써 새롭게 배워 나가는 더 험난한 길을 갈 수도 있다.

/
위기를 기회로
/

주어진 기회를 활용하는 첫 단계는 눈앞의 장애물부터 제거하는 것이며, 이는 개인이든 공공 영역이든 모두 마찬가지다. 중국과 한국의 사례를 한번 생각해 보자. 두 국가의 부흥은 과거의 악습을 일소함으로써 비로소 가능했다. '실사구시實事求是, seeking truth from facts', 즉 사실에 입각하여 진리를 탐구하려는 태도는 정부 운영을 급진적으로 바꿀 수 있었던 원동력 중 하나였다. 서구 민주주의의 해결책이 독재 정치 체제로 돌아가는 데 있지 않다는 사실을 우리는 헝가리, 그리고 더 넓게는 터키의 경우를 통해 확인할 수 있다.

해결책은 눈앞에 놓인 여러 장애물을 제거하고 다당제 제도가 정착할 수 있는 공통 기반을 찾는 것이며, 동시에 이에 반대하는 의견이 영향력을 가지지 못하도록 하는 것이다. 사람들은 각기 다른 정당에 투표할 수 있지만 선거가 끝난 이후에는 더 나은 미래를 위해 각기 다른 의견을 하나로 끌어모아야 한다. 이런 방식은 오랜 세월 동안 효과를 발휘했으며 우리에게 어떤 책임이 있는지 잘 이해한다면 다시 그 효과를 발휘할 것이다.

우리가 해야 할 것들

현재의 위기를 타개하기 위해서는 분명 시간이 필요하다. 세상은 그 자리에 멈춰 서서 우리를 기다려 주지는 않으나, 그렇다고 해서 주어진 기회와 관점을 되새겨 보는 일까지 가로막지는 않는다. 변화란 결국 뭔가가 현재 진행되고 있다는 의미다. 언론을 포함한 대중 매체에서 아무리 어두운 전망을 내놓아도, 소셜 미디어 같은 인터넷 매체 안에서 '좋아요'나 '리트윗' 등을 통해 같은 말이 반복되면서 좌절의 분위기가 깊어져도, 우리는 부정적인 흐름에서 탈출하고 편견에서 벗어나 자신이 내린 결정을 재평가할 수 있으며 또 그렇게 해야만 한다.

이런 과정에서 중요한 건 바로 정확하고도 완전한 정보다. 정확한 사실과 정보를 수집하려면 믿을 수 있는 대중 매체의 존재가 필수적이며 그것에 대한 투자는 충분히 가치 있는 일이다. 그러나 수많은 정보의 홍수 속에서 우리가 정말로 필요로 하는 정보는 극히 일부에 불과하다. 현재의 변화를 좀 더 정확하게 알고 싶다면 여러 사례를 활용하면서 정말로 필요한 정보와 소식을 가려낼 방법이나 도구를 준비해야 한다. 이를 통해 자기만의 판단과 사고방식을 구축하면 이번 세기 전반부에 일어나고 있는 변화의 실체를 명확하게 파악할 수 있을 것이다.

　무엇을 생각하든 그것을 긍정적으로 볼 수도 있고 부정적으로 볼 수도 있다. 심지어 현실을 회피하듯 아예 무시해 버릴 수도 있다. 강력하게 권하노니 부디 긍정적인 시각을 유지하기 바란다. 영국의 저명한 극작가 겸 소설가인 조지 버나드 쇼George Bernhard Shaw가 남긴 말을 여기에 인용해 본다.

> 사람들은 언제나 자신이 처한 상황을 탓하기를 좋아하지만 나는 그런 변명 같은 건 믿지 않는다. 성공한 사람이란 자리에서 박차고 일어나 자신이 원하는 상황을 찾아내는 그런 사람이다. 그리고 만일 그런 환경을 찾을 수 없다면 스스로 만들어 간다.

　미래에 대한 현실적인 전망, 그리고 권력과 실천이 진행되는 새로운 중심지가 어디인지 알아보는 통찰력을 갖추고 있다면 우리는 자신의 경력과 사업을 위한 계획을 세워 앞으로 일어나는 변화를 유리하게 이용할 수 있다. 이 책의 목표는 앞으로 펼쳐질 새로운 환경에 대한 더 나은 이해를 제공하고 사람들이 자신의 잠재력을 한껏 발휘하는 데 방해가 되는 것을 극복하도록 돕는 것이다. 《미래의 단서》는 그것

이 어떤 것이든 앞으로 다가올 기회를 파악하고 활용하는 데 도움이
될 것이다. 변화나 전환은 이미 착실하게 진행되고 있으며 누구도 그
걸 멈출 수는 없다. 그렇지만 우리에게는 그런 변화 속으로 뛰어들 것
인지 아니면 그저 회피할 것인지 선택할 수 있는 능력이 있다!

제1장

메가트렌드를
찾는 방법

MASTERING MEGATRENDS

MASTERING MEGATRENDS

지난 2016년 10월 미국 시카고에서 개최된 국제여성포럼International Women's Forum에서는 '변화의 갈림길'을 주제로 한 회의 하나가 열렸다. 이 회의에서 나온 주장과 질문은 현재 일어나고 있는 심각한 변화의 물결이 분명한 현실이며 이를 활용할 준비를 해야 함을 모두가 진지하게 의식하고 있다는 점을 보여 주었다.

변화가 일어나는 횟수는 이제 10년마다 기하급수적으로 늘어나고 있다. 지구촌 공동체의 일원으로서 우리는 앞으로 어떤 일이 벌어져도 놀랍지 않은 그런 중대한 갈림길에 서 있는 셈이다. 앞으로 우리는 어떤 준비를 갖춰야 하고 어떤 것들을 미리 알고 있어야 하는가? 개인과 국가, 그리고 지구촌 전체의 미래 앞에 놓여 있는 가장 위대한 기회와 가능성들에는 어떤 것이 있는가?

그러나 서로 비슷한 수준의 지식을 갖고 있더라도 사람들은 앞으

로 어떤 일이 벌어지고 어떤 가능성이 있을까 하는 문제에 대해서 완
전히 다른 모습의 미래를 그리기 마련이다.

/

선입견부터 버려라

/

우리는 종종 미래에 대한 전망을 그림 맞추기 퍼즐과 비교하곤 하지
만 이 둘 사이에는 중대한 차이가 하나 있다. 그림 맞추기 퍼즐은 원
래 완성된 그림이나 사진을 바탕으로 하는 것이며, 퍼즐의 조각이 아
무리 많아도 퍼즐 하나를 위한 자리는 하나 밖에 없고 퍼즐을 완성하
는 방법도 단 한 가지뿐이다. 반면에 앞으로 다가올 미래를 상상할 때
우리 머릿속에는 보통 각기 다른 방식으로 합쳐져 역시 각기 다른 형
상으로 완성할 수 있는 수많은 조각이 떠오른다. 누군가는 우리 머릿
속에 들어 있는 그림이 최종 결과물을 결정짓는 데 얼마나 영향을 미
칠 수 있을지에 대해서 이야기하기도 하지만, 실제 삶이 연관되어 있
는 한, 그리고 현재 살고 있는 삶의 환경에 대해 얼마만큼 선택하고 이
용하며 영향을 미치고 또 만들어 낼 수 있는가에 따라 비관주의보다
훨씬 더 큰 낙관주의와 결단력, 그리고 끈기를 체험할 수 있을 것이다.
프랑스의 소설가이자 사상가인 장-밥티스트 알퐁세 카 Jean-Baptiste Alphonse
Karr 는 이런 말을 남겼다. "어떤 사람들은 장미에 가시가 있다고 불평하
지만 나는 오히려 가시가 있다는 사실에 감사한다."

방심하지 말고 준비하라

전 세계적인 관점에서 보면 바라는 대로 이루어지는 일은 거의 없다고 해도 과언이 아니다. 따라서 장기적으로 이어질 수 있는 삶의 계획을 세우는 것 역시 그리 쉽지는 않다. 너무나 많은 요소가 영향을 미칠 수 있고, 또 예상치 못했던 일들 때문에 부득이하게 계획을 변경하게 될 수도 있다. 그런데 우리가 거의 전적으로 개입하고 결정을 내릴 수 있는 개인의 삶에 대한 계획을 세우는 일조차 이렇게 어렵다면 세계가 앞으로 어떻게 발전해 나갈지 생각해 보는 건 거의 불가능에 가까운 일이 아닐까. 삶의 계획을 세우고 앞으로 처하게 될 상황을 예측할 때 가장 중요한 것은 가능한 최상의 정보를 수집하는 일이다. 그리하면 주어진 기회들을 활용할 수 있는 준비를 갖추게 된다.

물론 기회란 기차처럼 예정된 시간에 딱딱 맞춰 내 앞에 나타나지 않는다. 심지어 전반적으로 대단히 암담한 상황일 때는 그런 기회조차 처음에는 불리한 조건으로 보이기 마련이다. 지금으로부터 대략 90여 년 전, 아마도 최초의 성공학 전문가 중 하나로 볼 수 있는 작가 나폴리언 힐Napoleon Hill은 인생에서 기회가 얼마나 다양한 모습을 하고 찾아오는지 설명한 바 있다. 이제는 고전의 반열에 오른 그의 걸작 《생각하라! 그리고 부자가 되어라Think and Grow Rich》에서 힐은 기회란 기대했던 것과는 다른 방향과 형태로 그 모습을 드러내는 경우가 많다고 지적한다.

그것이야말로 기회의 속임수 중 하나다. 기회는 뒷문으로 슬

그머니 들어오는 교활한 습성이 있으며 때로는 일시적인 패배나 불운의 형태로 가장한다. 어쩌면 수많은 사람이 자신에게 주어진 기회를 제대로 알아차리지 못하는 것이 바로 이런 이유 때문인지도 모르겠다.

나폴리언 힐이 책을 집필했던 당시는 미국에서 일어나는 모든 일이 직접 혹은 간접적으로 미국 국민이 자기 삶의 계획을 세우는 데 영향을 미치던 시절이었다. 또한 1929년에 불어 닥친 경제 대공황과 그 여파로 여전히 신음하고 있던 시기이기도 했는데, 그런데도 그는 이때를 "역사상 다시 없을 위대한 기회의 시기"라고 확신했으며, 동시에 "새로운 변화를 두려워하는 사람이면 시작도 하기 전에 실패를 맛보게 될 것"이라고 경고하기도 했다.

새로운 시작은 곧 새로운 기회다

새로운 발상이나 환경은 그것에 대해 잘 모를 경우 두려움이나 공포의 대상이 된다. 그리고 뒤에서 다시 이야기할 기회가 있겠지만 그 두려움은 대세를 뚫고 지나갈 수 있는 강력한 도구다. 독일의 시사 주간지 《슈피겔Der Spiegel》은 2016년 제30호에 '종말의 시작Apocalypse Now'이라는 제목으로 기사 한 편을 실었다. 그 기사는 2016년이 21세기 최악의 해가 될 것인가라는 화두를 던졌는데, 개인적으로는 이 기사를 쓴 기자 마티유 폰 로어Mathieu von Rohr의 의견에 어느 정도 동감한다. 폰 로어는 지금 세상은 정해진 궤도에서 벗어나 있으며 뭔가 '불안한' 상태라고 주장한다. 그렇지만 그런 상황을 어떻게 바라보느냐는 바로 우리 자신에게 달려 있다.

변화를 기회를 잡을 수 있는 새로운 시작으로도, 혹은 예상하고 있던 전망을 망치는 위협으로도 볼 수 있다. 당연한 일이지만 우리는 불안정한 시대에 살고 있으며, 전 세계의 힘이 이동하는 상황을 경험하고 있다. 그런 변화가 좋은 건지 나쁜 건지는 우리가 변화를 어떤 시각으로 바라보는지, 거기에 얼마만큼 충실하게 대비할 수 있는지, 또 변화를 통해 만들어지는 기회에 얼마나 효과적으로 대응하는지에 달려 있다. 한편, 과거를 돌아보면 감정과 거리를 둘 수 있으며 메가트렌드와 이에 수반되는 기회와 위험에 좀 더 현실적인 전망을 가질 수 있다.

/

과거로부터 배운다

/

여전히 많은 사람들이 1989년에 일어났던 대격변을 기억하고 있다. 1989년에 소비에트 연방이 무너지면서 냉전은 결국 종식되었고 세계 공동체 내부에서는 힘의 균형이 뒤바뀌게 되었다. 냉전으로 예상되던 무시무시한 전망이, 그리고 소비에트 연방과 서구 국가들 사이의 이념과 경제력 경쟁이 종말을 고했다. 또한 짧게 이어지긴 했으나 서구 사회의 우두머리 격인 미국이 전 세계를 아우르는 유일한 초강대국의 위치에 오르기도 했다. 그렇지만 결국 사람들을 가장 놀라게 한 것은

이런 일련의 사건들이 대단히 빠르게 일어나고 진행되었다는 사실이
었다.

1989년 사건과 관련된 역사적 배경과 활동에 대해 읽어 보면, 모
든 일이 갑자기 벌어지지는 않았음을 확인할 수 있다. 정치적인 전략
과 계획 외에도, 몇몇 기업의 경우 새롭게 만들어질 동부 유럽의 시장
을 언제, 어떻게 활용할 수 있을지 이미 따져 보고 있었다. 소비에트 연
방과 유럽의 동쪽과 서쪽을 가르고 있던 이른바 '철의 장막'이 무너진
지 10년이 채 되지 않아, 오스트리아 한 곳에서만 동유럽 쪽으로의 수
출이 4배 이상 늘어났다. 불과 7년 만에 오스트리아의 국내 총생산이
3.3퍼센트 증가했으며 6만여 개가 넘는 새로운 일자리가 만들어졌다.

상대적으로 소규모였던 동유럽 시장의 규모와 비교해 보면, 아프
리카와 아시아 그리고 남아메리카의 새로운 시장과 세계 중산층의 부
흥은 1989년과는 비교도 하기 힘들 정도로 훨씬 더 엄청난 가능성을
지니고 있다. 물론 당연히 방심은 금물이다. 새롭게 개척된 동유럽 시
장에서 초창기 성공을 통해 사람들은 향후 이어질 사업적 기회를 과
대평가하고 위험을 잘못 계산했으며 서로 다른 소비 습관의 차이를
무시하다가 결국 훗날 큰 손실을 맛보고 말았던 경험이 있다.

기존의 시장을 뒤흔드는 데 정치적 격변이 반드시 필요한 것은 아
니다. 시장을 이해하는 규칙은 모든 산업 분야에서 언제나 똑같이 적
용된다. 출판업계를 예로 들어보자. 출판업은 지역적 특성이 많은 편
이라 상대적으로 규모가 작고 감당하기 쉬운 사업으로 인식된다. 지
난 세월 동안 잡지나 신문의 주된 수입원은 광고였으며, 경제적 상황

이 좋아지거나 나빠지는 것과 더불어 광고는 독자의 수와 밀접한 관련이 있다. 그런데 지난 몇 년 동안 온라인 시장이 커지고 사람들이 필요한 정보를 온라인으로 얻게 되면서 많은 독자가 떨어져 나갔다. 활자로 인쇄된 광고는 더 이상 필요가 없게 된 것이다. 많은 탄식과 불평이 들려오지만, 이런 환경의 변화가 상당 부분 예측이 가능했던 상황에서 관련 당사자는 그런 변화를 받아들이기 위해 그동안 어떤 노력을 기울여 왔을까? 거의 없었다. 인터넷을 통한 광고가 전 세계 광고 시장의 상당 부분을 차지하는 와중에도 활자와 인쇄를 근간으로 하는 기존의 수많은 언론과 대중 매체는 지금도 여전히 변화를 인정하지 않고 있다. 그러니 2016년 8월 페이스북과 구글이 중국을 포함한 전 세계 온라인 광고 시장의 72퍼센트를 점유하고 있다는 소식이 발표되었을 때 이를 커다란 충격으로 받아들인 건 전혀 놀랄 일이 아니다.

관성과 타성에 맞서라

어떤 사업이든 그 규모에 상관없이 주변 환경을 지속적으로 개선해 나가야 한다. 그리고 경쟁에서 실패하지 않고 살아남으려면 주변 환경의 변화를 예의 주시해야만 하며 언제든 받아들이고 적응할 준비가 되어 있어야 한다. 환경 변화를 받아들이는 데 특히 소극적인 집단이 있다면 바로 학계라고 할 수 있으며, 사업 분야와 학계는 여전히 그다지 활발하게 교류하고 있지 않다. 예를 들어 오스트리아의 과학기술대학교Technische Universität에서는 지금의 경제 상황에서 이른바 정보 과학informatics 분야를 전공한 학생이 필요하다는 것에 서로 공감하면서도 이 학과의 정원을 크게 줄이고 있다. 이런 고루하고 꽉 막힌 교육 제도 속에서는 변화의 흐름과 좀 더 포괄적인 사고의 필요성을 받아들이지 않으려는 관성이나 타성이 득세하게 된다. 산업의 필요를 채워줄 수 있는 교육 개혁이 없으면 그 국가의 경쟁력은 결국 크게 위축될 수밖에 없다.

미래는 주로 새로운 기술에 의해 추동되는 지역적, 지구적 사건의 집합과 결합이다. 우리가 현장의 환경이나 분위기를 더 많이 이해할수록 변화하는 상황으로부터 예측할 수 있는 결과와 연결 고리가 좀 더 명확해질 것이며, 그 안에서 우리가 나아갈 길을 판단하는 역량도 강화될 것이다. 이런 사실은 각 개인과 공동체, 도시와 국가, 개인 사업과 거대 다국적 기업에 이르기까지 거의 모든 분야에 적용할 수 있다. 물론 어느 정도의 불확실성은 남아 있을 것이나 그 불확실성을 어떻게 다룰 것이냐 역시 우리 자신에게 달려 있다. 뉴욕의 변호사 출신으로 유럽에서 통신 판매 기업인 DMC를 세우고 이끌고 있는 페르난도 디 필립포Fernando Di Filippo는 이런 불확실성이나 곤란한 장애물을 '요리에 꼭 필요한 소금'으로 생각하는데, 아마 그런 사람은 그리 많지 않을 것이다.

"이 세상에 확실한 건 아무것도 없다." 이 유명한 금언을 기억하자. 자신이 긍정적이든 부정적이든 어떤 마음가짐을 갖고 앞으로 나아가느냐에 따라서 우리 앞의 문은 열릴 수도 있고 닫힐 수도 있다. 어떤 사람에게 변화는 자신이 제대로 준비하지 못하고 갑작스럽게 벌어진 상황에 대한 편리한 핑곗거리다. 그건 놓쳐 버린 기회에 대한 얄팍

한 변명에 불과하다. 그렇지만 앞으로 소개할 사례가 보여 주는 것처럼, 모든 것을 받아들일 수 있는 열린 마음을 갖고 있다면 많은 변화와 발전을 미리 예측할 수 있다. 앞서 언급했던 것처럼 기회가 다가오고 있다는 걸 알려 주는 신호는 기차의 도착을 알리는 기적 소리처럼 분명하고 확실하지는 않다. 그러나 보통은 예측하기 힘든 기회를 맞이할 준비를 하기에는 충분하다.

이전에는 상상조차 할 수 없었던 브렉시트(영국의 유럽연합 탈퇴)는 비록 한 국가의 탈퇴라고는 하지만 유럽연합 몰락의 단초가 될지도 모른다. 누군가는 브렉시트가 정치 선동꾼이 자신의 목표를 달성하기 위해 거짓 약속을 한 탓이라고 주장할 수도 있겠으나, 유럽연합을 반대하는 정서가 만들어진 건 결국 유럽연합 자신 탓이라는 사실 역시 부인할 수 없다.

모든 일에는 원인과 결과가 있으며 언제나 우리가 원하는 결과만 나타나는 것은 아니다. 하지만 이 책이 지적하고자 하는 건 그것이 아니다. 이 책은 막연한 선호가 아닌 사실에 근거한 가능성을 제시하고 있다. 그리고 바로 그런 생각을 바탕으로 전 세계적인 판도의 변화를 그려 보려 한다.

/

큰 그림을 보라

/

앞서 확인한 것처럼 우리는 정치, 경제, 기술의 체계적이며 통합적인 그리고 전대미문의 파괴적인 변화를 곧 체험하게 될 것이다. 그런 예측을 강력하게 뒷받침하는 건 현재 보편적으로 받아들여질 수 있는 세계관을 이끌어 낼 구심점이 없다는 사실이다. 주어진 상황을 어떻게 판단하고 받아들일지에 대해서 절대적으로 정확한 기준 같은 건 없다. 15세기 유럽에서 지동설과 천동설이라는 세계관을 두고 치열한 논쟁이 벌어졌을 때 누군가는 강력하게 천동설을 주장했지만 변하지 않는 진실을 뒤집을 수는 없었다. 진짜 우주의 중심은 그때까지 알고 있던 것처럼 우리가 살고 있는 지구가 아니라 바로 태양이었다.

서구 사회가 여전히 세계의 중심으로 남을지 아니면 다중심의 세계로 바뀔지는 우리가 결국 그렇게 될 것이라고 믿는지, 혹은 그 일이 우리에게 유리할지 불리할지 등 다양한 시각에서 중요한 의문으로 남을 것이다. 그건 결국 우리가 변화를 어떻게 이해하고 또 그 변화에 맞춰 어떻게 기술을 발전시키고 새로운 전략을 개발해 나갈지에 따라 좌우될 것이다. 서구 사회가 세계의 중심이었을 때는 나름대로 좋은 점도 있었지만, 서구 사회는 이제 내부로부터 분열하고 있다. 미국은 어디에 어떻게 뿌리내려 있는가? 또 유럽연합을 붙들어 줄 수 있는 것은 무엇인가?

개인의 자유는 인류가 이루어 낸 위대한 업적이지만 그만큼 오용이나 남용이 될 수도 있다. 현재 미국의 공화당과 민주당을 보면 상대편의 잘못된 점을 찾아내는 것이 당의 기본 방침이 아닌가 생각될 정도다. 개인 생활에서 자기 자신을 알고 우리가 누구이며 상대방은 우리를 어떻게 인식할지를 아는 것이 자신과 이 세상의 조화를 위한 전제 조건이 아닌가. 국가든 개인이든 그 평판이나 명성은 결국 주변을 둘러싼 환경에 의해 결정된다.

각 대륙의 이미지

새로운 세계 질서가 어떤 형태로 전개될지 상상해 보려 할 때 떠오르는 이야기가 하나 있다. 바로 독일의 그림 형제die Brüder Grimm가 쓴 동화 《백설 공주와 일곱 난쟁이Schneewittchen》의 한 대목이다.

> 거울아, 거울아, 이 세상에서 누가 제일 아름답지?

오늘날에는 거의 모든 것을 다 일정한 기준에 맞춰 측정할 수 있지만 인간의 태도를 결정하는 건 역시 감정이다. 전 미국 대통령 오바마는 재임 시절 "미국의 가장 위대한 시절은 아직 찾아오지 않았다"는 포부를 밝혔는데, 이는 과거를 답습하는 것이 아닌 현재와 미래를 만들어 가는 노력을 통해 현실이 될 수도 있다. 그렇지만 미국을 제외한 다른 세계 공동체가 오바마 전 대통령의 이런 주장을 어떤 식으로 받아들이는가 하는 문제는 미국에 대한 감정적인 관점에 따라 달라질 것이다. 중국의 경우도 마찬가지다. 세계 공동체 안에서 중국의 위상이 점점 더 커지면서, 현재 주도권을 쥐고 있는 서구 사회에 대항할 경쟁자를 원하는 신흥 국가들이 크게 고무될 수 있다. 동시에 지금까지 서구 사회가 이룩해 온 각종 성취와 경제 발전, 언론의 자유와 인권 등에 대한 위협으로도 해석될 수 있다. 중국 입장에서 '차이나 드림'은 대단히 고무적인 현상일 수 있으나, 지금 꼭 필요한 아래로부터의 발전을 위해 중국 국민을 감정적으로 설득하고 참여를 독려하기 이전에 우선 그 '차이나 드림'의 실체가 무엇인지 분명하게 국민에게 알려 줄 필요가 있다.

유럽연합의 경우 그 지향하는 바를 분명하게 정하고 유럽 국민이 신뢰할 만한 과정을 밟아 나간다면 처음 목표로 했던 조직이 될 수 있을 것이다.

아프리카 국민이 지닌 잠재력은 다른 어떤 대륙의 국민과 비교해도 전혀 뒤지지 않는다. 그렇지만 아직까지는 그 잠재력을 제대로 발휘하지 못하고 있다. 기회가 있다고 믿지 않는 사람들은 아예 시도조차 하지 않고 있다. 그나마 품고 있는 희망은 탐욕스러운 독재자가 휘두르는 권력으로 인한 무력감으로 점점 무너져만 간다.

남아메리카에는 약속된 미래를 바로 앞에서 가로막는 장애물을 뚫고 나갈 역량이 분명히 존재한다. 그렇지만 가장 뜨겁고 역동적이라고 하는 남아메리카 국민의 성향조차도 잘못된 방향과 부패로 인해 그 역량이 제대로 발휘되지 않을 수 있다. 때때로 정치가야말로 실패를 치하하는 유일한 직업처럼 여겨질 정도다.

기술과 경제, 그리고 사회

지금처럼 급변하는 상황에 익숙해지기란 그리 쉬운 일이 아니다. 우리가 현재 마주하고 있는 건 경제, 사회, 정치, 기술의 메가트렌드가 아니라 지정학적, 경제적 근간을 뒤흔들며 새롭게 개편하고 있는 체계적인 대격변이기 때문이다. 그리고 이런 격변은 기술의 힘에 의해 서로 연결되어 동시에 일어나고 있다.

그러나 크게 염려할 필요는 없다. 유일한 잠재적 위험이 있다면 과거의 생각에 사로잡힌 채 그대로 시간을 멈출 수 있다고 믿고 낡고 익숙한 방식으로 같은 일을 해나가는 것이다. 제조업과 과거의 낡은 직업을 다시 살리겠다는 비현실적인 약속을 한다면 미국은 새로운 세계 질서에서 성공하지 못할 것이다.

과거에 붙들린 사고방식은 최신 지도와 도로 정보를 반영하지 않은 내비게이션을 달고 달리는 자동차와 같다. 내비게이션에서는 끊임없이 방향을 지시하는 소리가 울려 퍼지지만 그 지시를 따라갔을 때 나오는 건 막다른 골목이나 끊어진 도로다. 내비게이션 때문에 화가 치밀어 오름에도 아직까지 관련 정보를 업데이트하지 않은 상황이다. 이러면 길 안내를 잘못 받았을 때 불평할 권리가 없다. 내비게이션 장치를 손보지 않은 건 바로 우리 자신이기 때문이다. 오래된 정보에 의지해 차를 모는 건 결국 변화하는 환경에 대해 아무것도 모른 채 인생을 헤쳐 나가려는 것과 마찬가지다.

지금의 발전 상황을 우려하는 건 그저 이 상황을 현재 일어나고 있는 일로 받아들이지 않거나 혹은 여전히 어제의 상황 속에서 살고

있기 때문이다. 과거의 역사를 돌이켜 보면 전 세계적인 환경의 변화
가 어떻게 일어났으며 사람들이 그걸 받아들이는 속도는 어떠했는지,
심지어 삶에 영향을 미칠 변화를 얼마나 기대하고 있었는지 쉽게 알
아볼 수 있다. 첫 번째 산업 혁명을 통해 상품의 생산과 사업의 운영
방식이 얼마나 바뀌게 되었는지를 한번 생각해 보라. 어떻게 완전히
새로운 종류의 일자리가 만들어지게 되었는지도.

　18세기 말에 산업 현장에 처음으로 도입된 증기 엔진은 1차 산업
혁명의 원동력이었으며 경제와 사회 각 분야에 엄청난 영향을 미쳤
다. 헨리 포드Henry Ford는 1913년 컨베이어 벨트를 도입해 자동차를 생
산하기 시작하면서 자신만의 탁월한 방식으로 당대의 메가트렌드를
소화했으며 그를 통해 2차 산업 혁명이 본격적으로 시작되었다. 새로
운 생산 방식이 도입되면서 생산성은 물론 노동의 안전성도 크게 향
상되었다. 1970년대 중반에 이르러서는 초소형 전자 공학 기술을 통
해 산업 노동 분야에 또 다른 변화의 바람이 불어닥쳤다. 컴퓨터 프로
그램을 응용한 기계 장치의 제어가 가능해졌고 소프트웨어 전문가라
는 새로운 직업도 탄생했다. 이런 모든 일이 가능할 수 있었던 건 다름
아닌 전기의 사용 덕분이었다.

　이제 우리는 디지털 혁명이라는 또 다른 시대의 흐름을 마주하
고 있다. 바로 4차 산업 혁명이다. 4차 산업 혁명, 혹은 인더스트리
4.0Industry 4.0이라는 용어는 독일의 정부 자문 연구 기관인 연구 연합
Forschungsunion에서 첨단 기술 전략과 관련해 4번째 산업 혁명이라는 개
념을 소개하려는 목적으로 만든 것이다. 미국의 저명한 경영 자문 기

업인 보스턴 컨설팅 그룹Boston Consulting Group은 4차 산업 혁명이나 사물 인터넷Internet of Things, IoT이 도입되면 다음 세대에 독일에서만 40만 개 가까운 일자리가 창출될 것이라 추산한다. 이런 사실은 디지털화한 생산 방식으로 인해 수백 만 개의 일자리가 사라질 것이라는 그동안의 주장과는 상충된다. 한 가지 확신할 수 있는 건 비숙련 생산직 일자리는 분명히 크게 줄어들 것이라는 사실이다.

2015년 발표된 한 연구보고서에서 미국의 경영 자문 기업 맥킨지 앤드 컴퍼니Mckinsey & Company는 300명의 제조업 경영자를 대상으로 설문 조사를 했는데 그중 48퍼센트만이 4차 산업 혁명을 대비할 준비가 되어 있다는 대답을 했다고 한다. "기술 공급자 중에서는 30퍼센트, 그리고 제조업 종사자 중에서는 겨우 16퍼센트만이 현재 4차 산업을 대비한 대략적인 전략을 세우고 있다. 그런 전략의 실질적인 이행을 위해 확실한 조치를 취하고 있는 건 24퍼센트에 불과했다."

제조업이나 기술 관련 종사자의 미래는 경영진이 얼마나 빠르고 적극적으로 기존의 계획을 수정하며 디지털 혁명으로 발생할 기회와 도전에 대응하는지에 크게 영향을 받게 될 것이다. 맥킨지 보고서에 따르면 미국은 50퍼센트, 독일은 56퍼센트 정도의 비율로 실질적인 준비가 진행되고 있는 반면 일본의 경우는 놀랍게도 16퍼센트라는 낮은 수치를 나타내고 있다고 한다.

중국이 진행하고 있는 제조업 선진화 전략인 '메이드 인 차이나 2025Made in China 2025'를 보면 2016년에서 2020년까지 5개년 계획을 통해 4차 산업 혁명을 확실하게 정착시킨다는 전략의 틀이 명시되어 있다.

심지어 2015년 7월에는 독일과 중국 사이에 이른바 '스마트 제조 기술 smart manufacturing technology'의 발전을 위해 양국이 서로 협력한다는 합의가 이루어졌는데, 경쟁과 협력의 경계선은 이제 큰 문제가 되지 않는다.[1]

교육과 정치

디지털 기술을 통한 제조업의 변신은 전체적인 변화의 일부분에 불과하다. 앞으로의 노동 환경은 교육 제도가 얼마나 빨리 그런 변화를 진지하게 수용하고 제도 개혁을 시작하느냐에 크게 영향받을 것이다.

디지털 기술은 제조업과 관련 종사자의 미래에만 영향을 미치는 것이 아니다. 유통, 광고, 소비 형태 등 모든 것이 변하고 있다. 음악을 디지털 파일로 내려 받게 되면서 음악 산업이 얼마나 크게 변했는지, 인터넷의 영향으로 인쇄된 책으로 펴내던 백과사전이 얼마나 큰 타격을 받았는지 생각해 보면 이해가 갈 것이다. 변화의 영향은 여기에서 그치지 않으며 5장에서 좀 더 자세하게 관련 내용을 다루려고 한다.

기술의 발전은 사회적으로도 강력한 영향을 미친다. 신흥 경제국의 국민은 경제적으로 많은 기회를 얻을 수 있게 되는데, 이들은 바로 최근까지도 경제 성장의 열매를 나누는 데 크게 소외되어 있었다. 우리 저자들은 중국의 쓰촨성四川省 청두成都에서 약 1년에 걸쳐 사회 경제적 발전상을 연구했다. 새로운 기술의 도입으로 많은 일자리가 생겨났으며 첨단 기술을 활용한 기업이 우후죽순 성장해 나갔다. 학생은 최신 기술 덕분에 동영상을 보며 뛰어난 교사의 지도를 받을 수 있게 되었는데, 특히 이런 수요를 감당할 수 없었던 각 지역의 학교가 큰 도움을 받았다. 글을 읽고 쓸 줄 모르는 나이든 농부가 동영상을 통해 새로운 농사법을 배우고 여성이 가내 수공업으로 만든 물품을 온라인 장터를 통해 판매하는 등의 발전을 여러 분야에서 찾아볼 수 있었다. 기술의 진보와 발전이 없었다면 지금과 같은 세계 중산층의 부흥은 없었을 것이다.

그렇지만 우리는 여전히 혁명적인 기술 진보의 출발점에 서 있을 뿐이다. 예컨대 사람들은 누구라도 쉽게 사용할 수 있지만 변경할 수는 없는 일종의 공개형 디지털 거래 장부 기술인 블록체인blockchain이 세계 경제에 일대 혁신을 가져올 가능성이 있다고들 말한다.[2] 블록체인 기술이 있으면 각 기업은 공동의 장부를 통해 거래량과 자산을 공유하면서 서로 간의 신뢰와 투명성 강화를 기대할 수 있다. 당연히 관련 비용이 줄고 기업 운영도 더 효과적으로 할 수 있을 것이다.

기술은 경제의 기본 조건과 사회 구조를 함께 변화시키며, 강력한 정치적 도구로도 활용될 수 있다. 첨단 기술은 현 정부에 반대하는 국민을 하나로 모으는 데 사용될 수도 있고 그 반대로 정부의 소통 도구가 될 수도 있기에 효율성을 개선하고 강화하면 아래로부터의 개혁과 위로부터의 정책 추진 모두를 위한 강력한 연결망이 될 수 있다.

앞으로 이 책을 통해 이런 문제를 더 심도 있게 다루겠지만, 생산과 노동의 포괄적인 변화, 사회 경제적 전환, 아래로부터의 개혁과 위로부터의 정책 추진 모두를 가능케 하는 정치는 비록 시작 단계지만 이미 분명하게 진행되고 있다.

/

사고방식에 주목하라

/

인간은 습관의 창조물이다. 무엇을 하고 어떻게 살아가는지 뿐만 아니라 어떻게 사물을 바라보는지에 따라 인간의 운명이 결정된다. 그리고 여기에는 세계 공동체를 어떻게 보느냐도 포함되어 있다. 여기서 말하는 세계 공동체란 국제연합 회원국 139개국을 포함한 206개 국가 모두를 의미한다. 당연한 이야기지만 이 국가 모두가 같은 시각이나 관점을 갖고 있지는 않다. 우리가 소속 국가와 전 세계를 바라보는 시각은 자국 내에서 개인이 처한 환경과 큰 관련이 있다. 여기서 개인적인 상황을 제외한다면, 자국 내의 상황이나 관계, 그리고 세계 공동체 안에서 자국의 위치는 주로 정치적 환경에 의해 결정이 되며 크지는 않지만 이념 역시 여기에 영향을 미친다.

지난 수십 년 동안 벌어진 주요 사건들을 보면 세계가 몇 개의 덩어리로 묶여 있다는 사실을 깨달을 수 있다. 그리 먼 과거가 아닌 1980년대만 하더라도 세계는 각자가 추구하는 이념에 따라 공산주의 동구권, 자본주의 서구권으로 나뉘어 있었다. 그러다가 소비에트 연방이 무너지고 과거 공산주의 국가에 자본주의가 점차 뿌리를 내려감에 따라 이번에는 세계가 기존의 산업 국가와 신흥 경제국으로 구분되기 시작했다. 이 책에서는 계속해서 '신흥 경제국'이라는 표현을 사용하겠지만 실제로 이 말은 종종 현실에 맞지 않게 잘못 이해될 수도 있다. 예컨대 중국을 비롯한 몇몇 국가는 기존의 산업 강국과 신흥 경제국의 특성을 모두 갖추고 있는 경우가 있으며, 중동의 부국富國 카타르 같은 경우는 1인당 국민 소득이 엄청나게 높음에도 여전히 신흥 경제국으로 불리고 있다.

기회의 포착이냐 문제의 해결이냐

보통의 사람들과 마찬가지로 한 국가 역시 정해진 한 가지 사고방식을 따를 때가 있다. 어떤 국가는 현재 마주하고 있는 문제를 해결하는 데 집중하고 또 어떤 국가는 주어진 기회를 포착하는 데 열을 올린다. 중국과 미국은 각기 아주 다른 방식이기는 하지만 기회에 집중하는 국가의 대표라고 볼 수 있다. 예를 들어 외국인 직접 투자Foreign Direct Investments, FDI 방식을 보면 미국의 투자는 어떤 국가나 지역이 높은 수익을 보장하느냐하는 시장의 기본 원칙을 중요하게 여기지만, 중국의 투자는 정치 문제를 전략적으로 고려하며 장기적인 안목에서 시행된다. 높은 수익과 같은 시장의 원칙은 그다음 문제다.

또 의사 결정 과정을 보면 중국은 그 결과에 상관없이 필요하다고 판단할 경우 전략에 극적인 변화를 주는 일도 꺼리지 않는다. 1970년대 후반 중국은 크게 무너진 경제를 제대로 해결하지 못하는 위기에 봉착했는데 이때 전략적, 집단적, 중앙집권적 방식으로 회귀하여 한때는 그렇게 비난해 마지않던 시장 경제 쪽으로 일사불란하게 국가 경영 방향을 바꾸었다. 그렇게 중앙 정부에서 지방 정부에 이르기까지 일단 그 형식과 목표가 설정되자 점차 정책의 폭이 넓어져 국민도 자유롭게 시장 경제에 참여할 수 있게 되었다.

미국이 선택한 길은 중국과 매우 다르다. 미국이 생각하는 기회 중심의 사회는 이민자 중심이었던 건국 초기까지 그 역사가 거슬러 올라간다. 조국을 떠난 이민자들은 새로운 세상의 일부가 될 기회를 잡을 수 있었다. 엄청나게 많은 사람이 창의성으로 무장하고 각자 자신의 인생과 미래를 개척하면 자연스럽게 새로 자리 잡은 조국의 미래도 만들어질 것이라 믿었다. 미국은 새로운 발상과 계획으로 넘쳐났고 수없이 많은 야심가가 자기 힘으로 우뚝 섰다. 이런 모습은 훗날 '아메리칸 드림'으로 알려졌다.

누가 기회를 포착하는가?

오늘날 여러 국가 중에서도 기회를 포착하는 데 가장 탁월한 솜씨를 보인 국가가 있다면 바로 이스라엘이 아닐까. 1948년 건국을 선포한 이래 불과 42개월 동안 68만5000여 명의 이민자가 새롭게 건국된 이스라엘로 몰려들었는데, 그 숫자는 기존의 정착하고 있던 인구 숫자를 넘어설 정도였다. 그리고 건국 후 10년 동안 이스라엘은 근대 역사에서 가장 많은 이민자를 받아들이고 관리하는 어려움을 안게 되었다. 단지 이민자의 숫자만이 문제가 아니었다. 그들 대부분은 교육 수준도 낮았고 이전 전쟁으로 정신적인 충격도 크게 받은 상태였다. 이 신생 국가는 자칫 이런 문제로 인해 제대로 시작도 못하고 주저앉게 될지도 모를 상황이었다. 1951년 중순이 되었을 무렵에도 대부분의 이민자가 그야말로 형편없는 주거 환경 속에 살고 있었고 실업률은 15퍼센트, 물가는 30퍼센트 이상 치솟아 올랐다.

이스라엘 정부로서는 필요한 예산을 끌어모으기 위해 할 수 있는 모든 일을 했다. 독일과의 협상으로 배상금을 얻어 냈고 미국의 유대인에게는 국채를 판매했다. 세금을 올리고 국방비 지출을 줄였으며 국가의 모든 역량을 세 가지 영역, 즉 주택 건설과 농장 개척 그리고 산업화에 쏟아부었다. 그런 과정을 뒷받침한 건 결코 메마르지 않을 것 같은 국민의 노력이었다. 1950년에서 1959년 사이에 이스라엘의 국내 총생산은 165퍼센트나 상승했다.

이스라엘의 건국 초기 역사는 극복할 수 없는 장애물을 극복한 사례가 끝없이 이어지는 것처럼 보일 정도다. 이스라엘의 저명한 작가이자 언론인인 아리 샤비트Ari Shavit는 자신의 저서《이스라엘의 비극과 승리The Triumphs and Tragedy of Israel》에서 이렇게 썼다. "이스라엘은 실천 지향의 국가로 근대성과 국가주의를 결합해 공격적인 방식으로 국가를 건설해 나갔다." 그리고 거기에는 종종 주변 나라 국민의 희생이 뒤따랐다.

연방제 공화국인 스위스는 그 역사가 대단히 특이하다. 지리적으로는 유럽의 중심에 위치하면서도 유럽연합의 일원이 되기를 거부하고 대신 전 세계의 일원이 되어 새로운 기회를 찾는 쪽을 선택했다. 천연 자원이 부족한 환경 탓에 18세기에 이를 때까지 주로 젖소와 양, 우유와 에멘탈 치즈로만 알려져 있었으나, 이후에 스스로를 개조하는 작업에 착수한다. 스위스는 또한 16세기에서 18세기에 이르기까지 박해를 피해 찾아온 프랑스의 신교도인 위그노Huguenot 파를 받아들이면서 그들의 근면함과 윤리관에서 많은 것을 배웠다.

스위스는 중립국으로 제2차 세계 대전의 참화를 대부분 피해 갈 수 있었고, 덕분에 유럽의 재건이 시작되었을 때 그 혜택을 충분히 누리기 아주 좋은 위치에 섰다. 그 이후에는 유럽연합의 문제에서 파생된 경제 침체의 길을 벗어나 미국이나 독일과 같은 가장 혁신적이면서 뛰어난 생산성을 자랑하는 국가로 우뚝 섰다. 그렇지만 유럽연합은 지금도 스위스의 가장 중요한 교역 상대다. 다국적 기업인 네슬레Nestlé와 로슈Roche, 노바티스Novartis, ABB, 스와치Swatch, 그리고 대부분의 세계 최고급 시계 제조 회사들은 스위스의 지식과 비교할 수 없는 품질을 상징한다. 스위스는 세계경제포럼 국가 경쟁력 순위 보고서World Economic Forum's competitiveness Report와 유럽연합의 종합 혁신 지수Innovation Union Scoreboard에서 언제나 1위를 달리고 있으며 수도인 취리히 역시 삶의 질 부문에서 상위권을 놓친 적이 없다.

스스로에 대한 자각과 외부의 인식

모든 국가는 현재 어떤 일을 해야 하고 앞으로 다가올 미래에는 어떤 모습이 되고 싶은지에 대해 모두 자신만의 의견과 주장을 갖고 있다. 심지어 각 지역이나 도시는 물론 국민과 정치가도 자신의 위치에 대해 서로 의견이 다르다.

각각의 국가는 국가를 평가하는 지표 순위의 높낮이와 관계없이 자신만의 관점으로 자신과 세상을 바라본다. 그것은 세계 공동체에 속한 국가 사이에 역할 변화가 있을 때도 마찬가지다. 국가 사이의 관계가 달라지면 그에 따라 태도나 방향성 역시 달라질 수 있는데, 변화를 통해 이익을 얻었다고 생각하는 국가가 있으면 그런 변화를 거부감 없이 더 적극적으로 받아들일 것은 당연한 이치이며, 그동안 다른 국가를 압도해 왔다고 생각하는 국가 입장에서는 그런 위치를 위협할 수 있는 모든 변화에 상당한 저항감을 내보일 것이다.

모든 판단을 내릴 때마다 냉정하게 중립을 지킬 사람은 거의 없을 것이다. 그렇지만 자신의 생각이 사실에 근거하고 있는지 아니면 그저 감정을 따르고 있는지 스스로 확인할 정도의 훈련이라면 누구든 할 수 있다. 자신의 상태를 확인하게 되면, 즉 "자기 자신의 판단에 대해 스스로 생각해 볼 수 있게" 된다면 감정을 통제하고 자료에 근거해 평가할 수 있게 된 것이며, 그러면 관찰 결과나 판결은 상당 수준의 객관성을 확보할 수 있다.

첫 번째

메가트렌드
이것만은
기억하자!

- 메가트렌드가 크게 변하는 시기는 많은 경우 위기를 동반한다. 그러나 위기 속에 기회가 있다. 선입견을 버리고 준비하라.

- 미래는 갑자기 찾아오지 않는다. 변화를 정확하게 예측할 수는 없지만 단서는 있다. 관찰하고 이해하고 적응하라.

- 지금은 경제, 사회, 정치뿐만 아니라 세계 질서 자체가 바뀌고 있다. 기술과 지정학적 구조에 주목하라.

- 변화에 맞춰 스스로를 혁신할 수 있는 개인과 국가가 미래의 기회를 잡는다. 사실에 근거해 스스로의 생각을 갱신하라.

제2장

세계 질서의
주역들

MASTERING MEGATRENDS

미국과 유럽연합, 그리고 중국은 오늘날 세계 무대의 주역이다. 이 세 국가 혹은 집단이 어떻게 대응하고 행동하는지는 결국 그들의 역사, 문화, 정치의 산물일 수밖에 없으며 미래를 계획하고 추구할 목표를 선택하는 사고방식 역시 그러하다. 이 장에서는 이 주역들이 변화하는 환경 속에서 주어진 기회를 제대로 활용하기 위해 얼마나 잘 대응하고 있는지, 그리고 발전하는 지구촌 경제 속에서 성공의 가능성을 높이기 위해 이들이 극복해야 할 장애물은 무엇인지 살펴보려 한다.

/
미국: 동요하는 지구촌의 지도자
/

미국의 현재 상황을 보면 세계 경제를 이끄는 리더의 역할을 하기가 점점 어려워지고 있다는 사실이 확연하게 드러난다. 1980년 처음으로 세계 최대의 경제 대국 자리에 올랐던 미국은 지금까지도 여전히 그

지위를 유지하고 있지만, 세계은행에서는 구매력을 기준으로 했을 때
중국이 가장 큰 경제 대국이라고 발표한 상태다.

100년 전만 하더라도 미국의 대표들은 국가적 자부심을 내세우
는 일에 주저함이 없었다. 1900년 프랑스 파리에서 열린 만국 박람회
에 참석했던 미국의 영사 퍼디낸드 펙Ferdinand Peck은 자국의 무역 수지
규모가 독일과 프랑스의 그것을 합친 것보다 더 크다는 사실을 자랑
스럽게 내세웠다. 독일의 역사학자 필립 블롬Marshall은 자신의 저서《끓
어오르는 대륙, 유럽: 1900년에서 1914년까지Der taumelnde Kontinent, Europe 1900
bis 1914》에서 퍼디낸드 펙이 했던 말을 이렇게 인용하고 있다.

> 그 발전을 생각한다면 미국은 지구상에 존재하는 모든 국가
> 중에 비할 데 없는 위상을 자랑할뿐더러 그 문명의 수준 역시
> 최고조에 달한다고 자부할 수 있다.

제2차 세계 대전이 끝나고 난 후에 미국은 서구 사회의 우두머리
역할뿐만 아니라 자유와 진보의 수호자라는 위치까지 공고히 하게 된
다. 전후 실시된 미국의 마셜 플랜Marshall Plan과 이를 통해 유럽에 지원
된, 현재 가치로 대략 1290억 달러에 달하는 자금은 전쟁으로 폐허가
된 유럽의 산업과 도시를 다시 일으켜 세우는 데 큰 역할을 했으며 공
산주의의 확산도 막아냈다. 전쟁이 끝나고 21세기가 시작될 때까지
대부분의 새로운 혁신과 발명품, 운동 경기, 문화가 미국에서 시작되
어 전 세계로 퍼져 나갔다. 미국은 이미 1940년대 후반부터 반도체의

전신인 트랜지스터, 초음속 항공기, 컴퓨터, 신용 카드, 비디오 게임, 기저귀, 밀폐 용기 등을 쉬지 않고 전 세계에 소개했다. 인터넷과 새로운 경제 정책, 인터넷 사회 관계망, 그리고 대부분의 혁신적 기업이 시작된 곳도 바로 미국이었다.

저무는 태양

그러나 한때 보편적인 인권, 경제력, 군사력 등에서 두말할 것도 없이 세계 지도 국가였던 미국은 그 위세를 점점 잃고 있다. 미국의 몰락하는 중산층에 대해서는 상반된 내용의 연구 보고서가 존재하기에 나중에 기회가 되면 좀 더 자세히 다뤄 보자. 그렇지만 저자들의 경험에 비춰 볼 때, 부지런함과 성실함만으로 아메리칸 드림을 이뤄 낼 수 있다는 믿음은 이제 사라지고 있는 것 같다. 가족이나 친구의 사례를 통해 미국에서 높은 수준의 교육을 받은 백인이라 할지라도 부를 축적하는 일이 얼마나 어려운지 알 수 있었다. 하물며 아프리카계나 남아메리카계 미국인이라면 그 상황은 훨씬 더 고달플 것이다. 많은 사람이 정치가 자신과 같은 사람은 내버리고 기적이 일어나야 실현 가능한 헛된 약속을 믿고 따르는 사람들을 상대한다고 느끼는 것은 어쩌면 당연한 일이다. 여기서 또다시 공포와 두려움이 중요한 역할을 하게 된다. 공포나 두려움이 없다면 그런 어설픈 약속과 증오를 담은 선동이 어떻게 그토록 많은 사람의 마음을 흔들어 놓을 수 있겠는가?

물론 이런 모든 국내 문제에도 불구하고 미국이 군사력과 국방력만큼은 여전히 세계 최강이라는 사실을 부인할 수는 없다. 현재까지 그 어느 국가보다 많은 항공기와 최첨단 기술, 세계 최대 규모의 전술 핵무기, 고급 병력 자원 등을 보유하고 있다. 그러나 그런 군사력을 직접 과시하는 문제로 들어가면 금방 그 한계가 드러난다. 미국 입장에서 무엇보다 뼈아픈 손실은 지난 20세기 대부분에 걸쳐 다른 국가로부터 받아 온 경외심을 잃어버린 것이다.

지난 수십 년 동안 미국이 더 높고 새로운 목표를 세우는 일에는 아무런 문제가 없어 보였다. 그러나 역사에 등장했던 여러 초강대국의 사례를 볼 때 그동안 이룩해 놓은 것만으로는 현재의 지위를 계속 유지할 수 없음을 망각하는 건 흔한 일이다. 미국의 경우 사회 기반 시설과 대중교통, 사회 복지, 교육, 주택 문제 등을 제쳐 두고 너무 덩치가 커서 그냥은 내버려 둘 수 없었던 은행을 지원한 것이 끝없는 구렁텅이에 빠지는 결과를 불러왔다. 2015년 7월 14일, 《포브스》 온라인판의 특별 기고자인 마이크 콜린스Mike Collins는 미국 정부가 대형 은행을 구제하기 위해 쏟아부은 총금액이 이미 써버린 4조6000억 달러를 합쳐 무려 16조8000억 달러에 달한다고 추산했다.[1]

2008년 금융 위기를 기점으로 미국을 대하는 중국의 생각이 바뀌었다. 보통 사람이 느끼기에도 이 시점부터 미국에 대한 전 세계의 경외심이 무너져 내리기 시작한 것 같다. 그리고 중국의 공식 발언도 점점 더 단호해지기 시작했다. 추악했던 2016년 미국 대통령 선거전은 이미 상처를 입을 대로 입은 미국의 위상에 다시 한번 타격을 가했으며, 미국의 통치 방식을 모범적인 사례로 내세우는 일은 이제 훨씬 더 어렵게 되었다. 세계 초강대국 미국이 불과 30여 년 전만 해도 보잘것

없는 초라한 후진국이었던 국가에 의해 그 자리에서 밀려나고 있는 모
습은 그야말로 모든 사람의 환상을 깨버리기에 충분하다.

최강국에서 강대국으로

미국은 여전히 거대한 강대국이지만 다른 대부분의 국가가 볼 때 이
제는 '유일의 초강대국'은 아니다. 다른 여러 국가들, 그중에서 특히
중국은 미국을 따라잡고 있는 자국의 발전 상황을 잘 알고 있으며 이
를 통해 스스로를 강대국으로 인식하고 있는데, 그런 과정에서 미
국이 유일한 초강대국이라는 주장에 반론을 제기하고 있다. 인터넷
과 이를 이용한 새로운 대중 매체와 관련 있는 거의 모든 기술 혁신
이 미국에서 시작되었다는 건 부인할 수 없는 사실이다. 그러나 미국
은 가장 혁신적인 국가로서의 선도적 위상을 이미 상실했고 2015년
기준으로 세계 5위 수준에 그치고 있다. 유럽의 작은 중립국인 스위
스가 5년째 1위를 굳건히 지키고 있으며 그다음은 영국과 스웨덴 그
리고 네덜란드 순이다.[2] 미국의 연간 성장률이 3퍼센트 이상을 기록
했던 건 2004년이 마지막이었고 당시 국내 총생산 성장률은 3.7퍼센
트 수준이었다. 미국의 빅 데이터 여론 조사 기관인 퓨 리서치 센터Pew
Research Center의 2016년 5월 분석에 따르면 2000년에서 2014년 사이에
거의 모든 도심 지역에서 미국의 중산층이 크게 줄어들었다. 물론 상
대적인 몰락이 영원한 것은 아니며 언제든 반등할 수는 있다. 그렇지
만 개혁을 시작하고 정치적 혼란에서 빠져나올 수 있는 첫걸음은 바
로 현실을 제대로 직시하는 것이다.

순위	국가/경제	대륙	점수(0~100)	소득수준
1	스위스	유럽	68.30	높음
2	영국	유럽	62.42	높음
3	스웨덴	유럽	62.40	높음
4	네덜란드	유럽	61.58	높음
5	미국	북미	60.10	높음
6	핀란드	유럽	59.97	높음
7	싱가포르	동북아	59.36	높음
8	아일랜드	유럽	59.13	높음
9	룩셈부르크	유럽	59.02	높음
10	덴마크	유럽	57.70	높음
11	홍콩	동북아	57.23	높음
12	독일	유럽	57.05	높음
13	아이슬란드	유럽	57.02	높음
14	한국	동북아	56.26	높음

출처: https://www.globalinnovationindex.org

2015년 세계 혁신 지수

문제의 핵심은 정치

미국은 공식적으로는 자신의 위상이 무너지고 있다는 것을 부인하고 있으며 이는 충분히 이해할 수 있다. 미국의 공식 입장이라면 결국 공화당과 민주당을 이야기하지 않을 수 없는데, 점점 더 양극단으로 치닫고 있는 이 두 정당은 모든 문제의 원인으로 상대방을 지목하고 있다. 에베레스트 정상에 오르려는 두 사람이 서로의 등정 방식이 잘못되었다는 것을 증명하는 데만 혈안이 되어 있다면 둘 중 어느 누구도 정상에 오를 수 없을 것이다. 그러나 여러 사례를 통해 너무도 분명하게 알 수 있는 것이 정치적 현실에서는 잘 받아들여지지 않는 것 같다.

오바마 전 대통령은 2008년 선거전에서 '우리는 할 수 있다'를, 그리고 2012년 선거전에서는 '미래는 우리의 것'이라는 구호를 외치면서 미국의 희망과 야심을 다시 일깨우겠다는 강력한 포부를 드러냈다. 이는 트럼프 대통령의 '미국을 다시 위대하게'라는 구호와 일맥상통한다. 미국을 다시 위대하게 만들겠다는 주장에 반대하는 사람은 아무도 없겠지만, 거부감을 자아내는 부분이 있다면 혼자서만 우뚝 서겠다는 이른바 미국 예외주의다. 그리고 그런 주장이 사실이라면 정치적, 경제적 우위를 보장해 주지 못하는 전 세계적인 힘의 이동과 변화를 미국이 어떻게 환영하고 받아들일 수 있겠는가?

전 세계적인 대전환은 무엇인가를 얻거나 잃는 그런 문제가 아니다. 이런 대전환을 통해 새로운 환경이 조성될 때 그 환경에 확실하게 적응하는 것이 최우선 과제다. 2015년 5월 12일 필라델피아에서 열차 전복 사고가 발생했다. 그로부터 몇 시간 후 미국 하원에서는 어떤 결정을 내렸을까? 열차 운행 제도의 현대화를 위한 즉각적인 대책 마련에 들어가는 대신 전미여객철도공사National Railroad Passenger Corporation, Amtrak에 지원되는 예산 2억5200만 달러를 삭감하기로 결정해 이미 상황이 좋지 않은 분야를 더 쪼들리게 만들었다. 미국을 여행하면 무너져 가는 교량이며 여기저기 구멍이 뚫려 있는 고속 도로, 그리고 효율적인 대

중교통 제도가 전체적으로 부족한 현실이 눈에 들어올 수밖에 없는
데, 한때 다른 국가를 압도했던 미국의 사회 기반 시설은 이제 신흥 국
가보다도 뒤떨어지고 있다.

미국의 가장 서글픈 현실이라면 세계에서 가장 높은 수준의 투옥
률이다. 미국의 인구는 전 세계 인구의 5퍼센트 정도지만 투옥된 범죄
자는 전 세계 범죄자의 25퍼센트에 달하며 그 대부분은 대마초 소지
등과 같은 마약 관련 경범죄자다. 마약 사용자의 수를 보면 백인이 아
프리카계 미국인의 5배에 달하지만 투옥률은 오히려 아프리카계 미
국인이 10배나 더 높다.

다른 대부분의 국가도 마약 관련 범죄를 엄중하게 다루고 있지만
미국의 경우 기간에 관계없이 반드시 투옥시키는 사례가 많기 때문에
죄수 숫자가 폭발적으로 증가했다. 1980년에서 2008년 사이에 이렇
게 투옥된 범죄자의 숫자는 대략 50만 명에서 230만 명으로 증가했는
데, 사설 교도소의 허가가 결정타였다.[3]

아프리카계 미국인 범죄자의 대다수는 변호사를 고용할 여력이
없으며 대부분의 국선 변호사는 과중한 업무에 시달린다. 법률 개정
과 사법 제도의 개혁 없이는 이런 서글픈 현실과 기록은 앞으로도 점
점 더 심해질 것이다.

미국을 다시 위대하게?

아메리칸 드림이 곧 다시 일어날 가능성은 그리 크지 않아 보인다. 공
화당과 민주당이 국가에 이익이 되는 방향으로 서로 협력하고 경쟁하

는 대신 지금처럼 서로를 국가 생존의 장애물로만 여기고 있는 이런 어려운 정치 현실 속에서라면 분명 그 길은 요원하다.

영국의 경제 전문 주간지《이코노미스트Economist》에서는 공화당 전당 대회를 "무너진 미국의 위대함에 대한 4일간의 애도 기간"으로, 그리고 민주당 전당 대회는 "미국이 나아지지 않는 사회적, 인종적, 경제적 문제를 인정함으로써 개혁의 첫걸음을 뗐다는 것을 찬양하는 데 그쳤을 뿐"이라고 묘사하기도 했다.

오랜 기간 동안 미국은 전 세계적으로 몰아닥치는 경제적 어려움에도 거의 흔들리지 않는 국가처럼 보였다. 국내 내수에 집중하는 것만으로도 경제는 호황을 누렸으며 대부분의 일반적인 미국인은 미국 밖의 상황에는 거의 아무런 관심도 보이지 않았다. 태평양 건너 모든 국가가 미국의 생활 방식을 부러워하는 듯 보였으며 한때는 서구 민주주의를 도입하고 미국의 발자취를 그대로 따라가기만 하면 된다는 환상이 퍼져 나가기도 했다.

제2차 세계 대전이 끝난 후 서유럽이 경제를 부흥시킬 수 있었던 건 분명 미국의 전폭적인 지원과 도움 덕분이었다. 그렇지만 서유럽 자체에 그런 지원을 받아 꽃을 피울 만한 저력이 남아 있었던 것 또한 분명한 사실이다. 서유럽은 르네상스, 종교개혁, 계몽주의 운동, 프랑스 대혁명이 일어난 본고장이며, 독일의 경우 비록 제2차 세계 대전에서 괴멸적인 피해를 입었지만 1918년에서 1933년까지 이어졌던 바이마르 공화국Weimarer Republik의 전통을 바탕으로 다시 부활할 수 있었다.

그때나 지금이나 미국의 목표는 서구 사회의 민주주의가 전 세계에 뿌리내리도록 만드는 것이다. 그러나 자신의 의사와 상관없이 그어진 국경선 안쪽으로 밀려나게 된, 그리고 민주주의에 대한 이해가 전혀 없는 아프리카 부족 국가들에게 미국이 주도하는 서구 민주주의가 무슨 의미가 있겠는가. 이는 마치 전혀 받아들일 준비가 되어 있지 않은 문화권에 억지로 민주주의를 이식하는 것과 마찬가지다. 물론 수많은 국가의 대다수 국민이 미국의 안정되고 부유한 모습을 부러워하고 있는 것은 사실이겠지만, 아프리카 국가들에게는 자신의 부족, 종교, 문화적 사고방식을 그렇게 상대적으로 짧은 기간 동안 새롭게 바꿀 여력이 없었다. 민주주의는 강제로 이식되는 것이라기보다 천천히 자라나야 하는 것임을 서구의 경험이 말해 준다.

그럼에도 미국은 그것을 긍정적으로 보건 비판적으로 보건 서구 사회의 우월성을 지키고 대표해 온 장본인이었으며 다른 국가의 권위적이고 독재적인 움직임을 어느 정도 막아 내기도 했다. 이제 미국의 우월함은 무너졌고, 권위주의가 다시 득세하기 시작했다. 미국은 물론 서구 사회와 신흥 경제국, 그리고 글로벌 서던 벨트 안의 국가에서 그런 양상이 나타나고 있다. 특히 미국과 유럽에서는 대중의 인기에만 영합하는 선동적인 정치 형태가 크게 세력을 확장하고 있으며 극우 성향의 국가주의자들은 자신의 이념적 목표를 숨기지 않고 있다. 미국은 세계 무대에서 그 위세를 잃어 가고 있으며 이제 다중심의 세계 공동체라는 새로운 세계 질서를 만들어 나가야만 한다.

'미국을 다시 위대하게'라는 구호를 얼마나 크게 외쳐 대는가는 아무런 상관이 없다. 새로운 미래는 과거의 성공 공식을 답습해서는 만들 수 없다. 미국이 모범 국가의 자리를 다시 되찾는 문제는 세계 공동체에 속한 다른 국가의 판단에 달려 있다. 서구 민주주의의 수호자와 세계 경제의 심장으로서의 영향력은 미국이 자국 내의 문제를 어떻게 해결하고 새로운 지구촌 환경 속에서 자신의 위치를 어떻게 다시 정립할지에 전적으로 달려 있다.

유럽: 제대로 실행하지 못한 이상

두 차례의 세계 대전을 겪으며 서로 싸웠던 국가들이 하나가 될 수 있다는 원대한 이상이 있었다. 그 첫 단계로 경제적 목표를 함께 공유하는 건 어쩌면 너무나 당연한 일이었을 것이다. 벨기에, 프랑스, 독일, 이탈리아, 룩셈부르크, 네덜란드 등 6개국이 모인 유럽석탄철강공동체European Coal and Steel Community는 이렇게 세상에 처음으로 그 모습을 드러내었다.

냉전 기간 동안 유럽은 동구권과 서구권으로 나뉘어 있었지만, 1956년 헝가리에서 일어난 공산주의 반대 봉기를 소비에트 연방이 무력으로 진압하면서 상황이 달라졌다. 이 사건은 수많은 헝가리 난민이 서유럽으로 몰려드는 계기가 된다. 1957년이 되자 로마 조약Treaty of Rome을 통해 유럽경제공동체European Economic Community, ECC가 만들어지는데, 이 로마 조약은 1992년에 다시 마스트리히트 조약Maastricht Treaty으로 개

정되었고, 2007년 12월에 리스본 조약Treaty of Lisbon을 거쳐 현재의 유럽
연합 조약Treaty of the European Union이라는 공식 명칭으로 바뀌게 되었다.

유럽의 통일을 향한 다음 단계는 유럽 국가들 사이의 교역에서 관
세를 철폐하는 것이었다. 1973년에 덴마크, 아일랜드, 영국이 여기에
참여했으며 1981년에는 그리스가 10번째 유럽연합 회원국으로 가입
한다. 그 무렵 각각 극우 독재자였던 프랑코 장군Francis Franco과 살라자
르António de Oliveira Salazar 수상의 지배에서 벗어난 스페인과 포르투갈도 그
뒤를 따랐다.

경제 통합의 시작

1981년에는 단일유럽법안Single European Act, SEA이 제정되면서 유럽연합 회
원국 사이에 국경을 넘나드는 자유로운 교역이 가능하게 되었다. 또
룩셈부르크의 어느 작은 마을의 이름을 딴 셍겐 조약Schengen agreements으
로 유럽연합 회원국 국민은 여권 없이 회원국 국경을 자유롭게 오고
갈 수 있게 되었다. 유럽연합에 속해 있으면서도 셍겐 조약에 참여하
지 않은 국가는 영국, 불가리아, 크로아티아, 키프로스, 아일랜드, 루마
니아 등이었고 비회원국이면서 조약에 참여한 국가는 아이슬란드. 리
히텐슈타인, 노르웨이, 스위스 등이었다.

현재 19개 회원국이 공통 화폐로 사용하고 있는 유로Euro는 1999
년 1월 1일 정식으로 도입되었지만 새로운 지폐와 동전이 실제로 사
용되기 시작한 건 2002년 1월 1일부터였다. 유럽연합 회원국 대부분
의 공휴일인 1월 1일에 오스트리아 빈의 한 번화가 현금 자동 입출금

기 앞에 사람들이 줄지어 서 있던 장면을 혹시 기억하는지 모르겠다. 그들은 유로화를 처음으로 직접 사용하는 사람이 되고 싶었던 이들이었다.

강력한 지식 기반 경제의 꿈

유럽연합의 목적은 유럽 대륙의 평화와 안정뿐이 아니었다. "세계에서 가장 경쟁력 있고 역동적인 지식 기반 경제"를 일군다는 목적도 있었다. 꿈과 이상은 커져만 갔다. 직접 드러낸 적은 한 번도 없지만 유럽연합은 스스로를 미국의 경쟁자이자 도전자로 여기고 있었다. 2006년에 출간한 《마인드 세트》에서 저자들은 '누가 이 세계를 경영할 권리를 지니고 있는가?'라는 소제목 아래 이렇게 썼다.

> 유럽은 의심할 여지없이 스스로를 인본주의의 기수라고 자처하고 있다. 이 인본주의란 14세기에서 16세기에 이르기까지 이탈리아에서 일어난 특별한 사상으로 르네상스의 역사적, 문화적 절정기에 피어났다. 철학적으로 볼 때 인본주의는 인간의 필요와 관심에 집중하는 전망이나 삶의 방식으로 정의할 수 있다.
>
> 인본주의는 여러 가지 면에서 유럽의 이상이자 유산으로 여겨질 만하며, 그 형식과 문화 자체가 다분히 유럽적이다.
>
> 프랑스를 중심으로 한 유럽은 미국이 그린 그림보다 자신의 그림이 더 뛰어나다고 평가하고 있다. 프랑스는 조지 W.

부시 대통령이 이끄는 미국을 머리가 셋 달린 괴물로 묘사했
는데, 이 각각의 머리는 제국주의, 신보수주의, 근본주의라
는 화염을 내뿜는다. 유럽은 지적인 우월성을 바탕으로 경제
적 혹은 군사적 우위에 대항해 도덕적 권리를 내세우는 반면
미국은 삶의 방식에 대해 훨씬 더 자유로운 사고방식을 자랑
하며 경제력 혹은 군사력 면에서 확실한 우위를 점하고 있다.
따라서 이 둘 사이의 경쟁 관계는 필연적이다.

**돌이켜 보면《마인드 세트》를 통해 2006년에 그려 보았던 유럽연
합의 미래는 대단히 현실적이었다.**

현재 유럽연합은 분명 배출 가스 감축이나 재생 가능한 에너
지 자원, 생물 다양성과 사회적 포용 등에 집중하고 있다. 그
러나 이런 분야는 경제 성장에는 거의 영향을 미치지 않으며
일부는 오히려 경제 성장에 방해가 된다. 경제 개혁은 전혀
이루어지고 있지 않다. 유럽의 사회 모델은 대단히 인기가 높
아 이에 반대의 목소리를 높이는 정치가를 거의 찾을 수 없을
정도다. 일부에서는 정책을 바꾸거나 좀 더 효과적인 방법을
찾자는 주장도 하고 있지만 이 사회 모델 자체에 문제를 제기
하는 경우는 거의 없다.
　　경제 개혁이란 경제의 생산 역량을 향상시키는 것이다.
그것이 전부다. 경제 개혁과 관련된 모든 주장은 오직 이 기

준에 따라 평가해야 한다. 그런 점에서 본다면 현재의 유럽은 대체로 기업가에게 적대적이다. 지금 가장 필요한 것이 유능한 기업가인데도 말이다.

유럽연합통계청Eurostat에 따르면 1996년에서 2016년까지 유럽 국내 총생산의 연간 성장률은 1.68퍼센트였는데, 1995년 2분기에 5퍼센트로 가장 높았고 2009년 1분기에 −5.50퍼센트로 가장 낮았다.

이념의 실패와 경제 침체

미국의 버니 샌더스Bernie Sanders, 프랑스의 마리 르 펜Marie Le Pen, 이탈리아의 마테오 렌치Matteo Renzi와 함께 사회주의 이념이라는 유령이 다시 그 모습을 드러내고 있다. 그만큼 분명하게 실패한 이념도 드문데 말이다. 사회주의는 소비에트 연방과 구舊동독을 무너뜨렸으며 스웨덴을 국가 파산 직전까지 몰고 갔다. 세계에서 몇 손가락 안에 꼽히는 원유 자원을 보유하고 있으면서도 국민이 굶주림에 시달리고 있는 베네수엘라야말로 가장 끔찍한 사례가 아닐까. '21세기의 사회주의'는 2001년 노벨 경제학상을 받은 조지프 스티글리츠Joseph Stiglitz가 베네수엘라를 찬양하며 사용한 말이다. 영국의 새로운 사회주의자이자 노동당 당수 제러미 코빈Jeremy Corbyn의 자문역인 스티글리츠는 힐러리 클린턴에게 "큰 영향력을 행사하는" 자문역으로도 알려져 있어 우려를 자아낸다. 힐러리 클린턴은 미국 청년층에게 놀라울 정도로 큰 인기를 끌고 있는 버니 샌더스를 따라 이미 좌익 쪽으로 그 성향이 기울었다.

2017년 프랑스 대통령 선거를 겨냥했던 마리 르 펜의 경제 계획
은 스위스의 독일어 일간지 《NZZ Neue Züricher Zeitung》에 따르면 "극단적 좌
파이자 시장 경제를 반대하는 반자본주의 입장"으로 구분될 정도다.
오스트리아의 언론인 크리스티안 오르트너 Christian Ortner 는 이렇게 평했
다. "마리 르 펜의 경제 계획은 마치 프랑스에서 구동독이 부활한 것처
럼 들릴 정도다."

인터넷에서 사회주의를 설명할 때 사용하는 개념인 평등, 정의,
연대에 반대할 사람이 누가 있을까. 문제는 이론과 실제 사이의 괴리
다. 사회적 약자를 돕는 일은 무척 바람직한 일이지만 실제 현장에서
남는 건 경제적 부담과 광범위하게 퍼져 있는 사회 복지 제도의 남용
과 오용이다.

가장 큰 장애물, 회원국들 사이의 이해관계

유럽연합은 현재 갈림길에 서 있다. 한때 아무도 예상치 못했던 영국
의 유럽연합 탈퇴와 경제 불황, 영원히 끝나지 않을 것 같은 유로화와
관련된 불협화음, 난민 문제, 독일과 이탈리아 금융 위기의 위협, 유럽
연합을 이끌어 나가기엔 너무나 경직되어 있는 많은 규정, 부유한 북
부 유럽과 가난한 남부 유럽 국가들 사이의 늘어만 가는 갈등 등이 유
럽연합을 뒤흔들고 있다. 현재 이탈리아의 유럽연합 탈퇴 가능성에
대한 논의가 이루어지고 있지만, 유럽연합 단일 통화인 유로의 현재
상황으로는 이탈리아의 문제를 해결하는 데 필수적인 제도 개혁이 이
루어질 가능성은 거의 없어 보인다. 2008년의 위기 상황과 비교해 볼

때 이탈리아의 2015년 국내 총생산은 그때보다 오히려 7퍼센트 이상 줄었으며 실업률은 12퍼센트에 달하고 고용 안정률은 57퍼센트에 불과하다. 반면에 독일은 2008년에서 2015년 사이에 국내 총생산이 6퍼센트가량 늘었으며 실업률은 4.7퍼센트, 고용 안정률은 76퍼센트에 달하고 있다. 이쯤 되면 누구라도 현재의 위기 상황을 짐작할 수 있을 것이다. 이탈리아는 유럽연합에 계속 남아 있을 것인가? 그건 탈퇴의 두려움과 잔류의 고통 어느 쪽이 더 큰가에 달려 있다. 독일 막스플랑크연구소Max-Planck-Institut의 소장을 역임했던 볼프강 스트렉Wolfgang Streeck은 《디 차이트Die Zeit》 2016년 10월 13일자 칼럼에 이렇게 썼다.

국가 차원에서 행사할 수 있는 통화 역량을 회복하지 못하거나 혹은 그 대안으로 북부가 남부를 지원하는 데 동의하지 않는다면 지중해 지역이 빈곤 지역으로 쇠락하는 현상을 막을 수 없을 것이다. 게다가 이미 그런 조짐은 곳곳에서 확인할 수 있다. 그때가 되면 유럽이 이미 사망했거나 혹은 혼수 상태에 빠져도 누구하나 신경 쓰는 사람이 남지 않을 것이다.

유럽의 문제는 대부분 내부에서 비롯하고 있다. 그리고 이런 현상은 이미 2002년 독일 잡지《빌란츠Bilanz》에 실린 기사를 통해 예견된 바 있다.

유럽연합이 단순한 유럽의 합중국 형태로 끝나기를 원하지 않는 사람들이 얼마나 되든, 각 국가가 유럽연합 밖으로는 주권을 행사하면서 내부적으로는 권리를 포기하는 것 같은 문제는 적어도 경제적으로는 그리 중요치 않다. 중요한 것은 공동의 통화 정책은 공동의 경제 정책과 함께 각 지역에 어울리는 적절하고도 분명한 체제와 제도를 필요로 한다는 점이다. 공동의 경제 정책은 부분적으로 이루어졌지만 각 지역에 적합한 제도 같은 건 하나도 실행되지 못했다.

유럽중앙은행Europäische Zentralbank, EZB이 정한 금리 정책을 기반으로 만들어진 유럽연합의 통합 계획은 마스트리히트 조약이 정해 놓은 엄격한 기준과 맞물리면서 결국 실패하고 말았다. 그 이후 마스트리히트 조약이 유명무실해지면서 공동 금리 정책은 유럽의 부국과 빈국 사이의 격차를 더욱 심화시켰다.

남부 유럽 국가들을 어떻게 해서든 유럽연합에 끌어들이기 위해 가입 조건이나 기준이 무시되자 상황은 더 악화되었다. 미국의 경우와 마찬가지로 모든 문제의 뿌리는 바로 개혁의 부재, 선거 결과에만 목을 매는 정치가와 정당, 유럽연합 회원국 사이의 각기 다른 경제적, 사회적, 문화적 지위 등이었다. 현재의 상황은 대단히 심각하지만 이론상으로는 어느 정도 해결될 가능성이 있기는 하다.

유럽연합 결성을 주도했던 룩셈부르크의 전 총리 장 클로드 융커 Jean Claude Junker가 독일의 시사 주간지 《슈피겔》에 이런 자화자찬을 썼을 때는 유럽연합에 대한 신뢰와 확신이 바닥을 치고 있었다.

우리는 결정을 내리고 사람들에게 이를 알린 뒤 잠시 상황을 지켜본다. 대부분의 사람이 어떤 일이 결정되었는지 아직 모르는 상태이기 때문에 심각한 저항이나 불만이 터져 나오지 않을 수 있는데, 그때 더 이상 돌이킬 수 없는 수준까지 다시 한 걸음씩 더 전진한다.

바로 유럽의 국민들이 신물이 나도록 겪고 있는 상황이다.

이민자 문제

교만은 저지른 실수를 인정하지 않으려는 태도를 낳고, 선거 결과와 자신의 이익에만 목을 맨 수많은 정치가는 꼭 필요한 개혁을 차기 정부에 넘기려고만 한다.

경제 문제만으로도 정신없이 바쁜 와중에 이제 유럽에는 이민자 문제라는 공포까지 더해졌다. 대중의 인기에만 영합하려는 선동가가 자기 의견을 내세울 때 가장 많이 활용하는 것이 다름 아닌 이런 공포다. 이민자로 인한 실업의 공포나 테러의 공포가 그 대표적인 사례다. 파리, 브뤼셀, 니스 등지에서 끔찍한 테러 공격이 발생하면서 이런 공포 분위기의 조성이 전혀 근거가 없는 것은 아니라는 사실이 드러나긴 했지만, 실제로 분석해 보면 테러 공격의 피해자가 될 확률은 교통사고 피해자가 될 확률보다 훨씬 더 낮다. 사람들이 느끼는 공포감을 더욱더 부채질하는 건 각기 다른 통로를 통해 북아프리카와 사하라 사막 이남 아프리카 지역에서 유럽으로 들어오는 이민자의 숫자가 점점 더 늘어나고 있다는 사실이다. 게다가 유럽연합은 이런 상황에 효과적으로 대응하지 못하고 있다. 2013년에서 2016년 5월까지 이민자나 난민의 숫자는 40퍼센트가량 더 늘었다. 유럽연합 소속의 국경 경비 기관인 프론텍스Frontex에서는 유럽으로 넘어오는 사람의 숫자가 180만 명을 웃도는 것으로 추산한다. 많기는 하지만 7억2500만 명에 달하는 유럽 인구와 비교하면 이민자가 차지하는 비율은 전체의 0.3퍼센트에 불과하다.

또한 이렇게 두려움을 느끼고 있는 여러 국가 중에서 특히 독일과 프랑스 같은 경우는 사실 자국 내에 이슬람교를 믿는 주민이 살고 있는 것에 상당히 익숙해졌다. 독일의 경우 이민자의 대다수가 터키계이며 프랑스는 과거 식민지 시대의 유산 때문에 외국에서 태어나 프랑스로 들어온 이슬람교도가 많은 편이다. 유럽에 거주하는 이슬람교도는 프랑스와 독일에 절대적으로 몰려 있다. 일단 숫자로만 보면 프랑스와 독일에 각각 470만 명 이상의 이슬람교도가 살고 있지만 백분율로 계산하면 지중해의 작은 섬 키프로스 인구의 25.3퍼센트가 이슬람교도이며 불가리아가 13.7퍼센트로 그 뒤를 따르고 있다.[4]

정말 중요한 건 이런 이민자가 얼마나 잘 적응하고 사느냐다. 실수나 무지, 자유에 대한 잘못된 이해는 기존의 이슬람교도 중에 불만에 가득 찬 위험천만한 집단을 만들고 있으며 급진주의적 이슬람교도 난민과 하나로 엮이고 있다.

이런 현상을 대단히 부정적으로 보면 유럽에서 게릴라전이 벌어지고 있다고까지 생각할 수 있다. 반면에 표면적으로는 심각한 문제

처럼 보인다고 하더라도 다르게 생각하면 노동 문제를 해결할 기회일
수도 있지 않을까? 유럽은 현재 급속도로 노령화가 진행되고 있으며
독일의 경우 기업의 62퍼센트가 숙련공을 구하지 못하고 있는 실정이
라고 한다. 중소 기업들은 거의 36만 명의 인력이 필요하다고 추산하
는데, 이런 기업의 85퍼센트가 기꺼이 난민을 받아들일 테지만 복잡
한 제도와 언어 문제가 큰 장애물이 되고 있는 형편이다.[5]

문제의 핵심은 바로 교육과 경제다. 교육은 우리가 세상을 바라보
는 통로 중 하나이며 우리의 인생도 여기에 좌우된다. 가난한 국가에
사는 교육받지 못한 수백만 명의 사람이 인생의 기회를 판단하는 방
식은 충분한 교육을 받은 운 좋은 사람의 그것과 크게 다를 수밖에 없
다. 제대로 된 교육을 받은 사람은 세계화를 통해 자신이 사는 국가에
주어진 기회를 잘 포착할 수 있으며 종교적 근본주의자나 무장 세력
에게 마음이 이끌릴 확률이 더 낮을 수밖에 없다.

장 클로드 융커는 2016년 9월 14일 유럽연합집행위원회European
commission의 연두 교서를 통해 이렇게 말했다. "지금 현재 유럽연합이
최소한 어느 정도는 위기에 봉착해 있는 것이 사실이다." 유럽연합 의
회 의장 마르틴 슐츠Martin Schulz 역시 융커의 이런 우려를 확인해 주었다.
"우리는 유럽의 시민과 유럽연합 회원국, 그리고 유럽연합 그 자체를
연결하는 역할을 해야 한다." 그리고 슐츠는 영국을 향해 유럽연합을
약화하는 시도는 하지 말아 달라고 덧붙였다.

유럽연합 회원 27개국에게 보내는 공개 서한에서 유럽의회이사
회European Council의 상임 의장 도널드 투스크Donald Tusk는 또 이렇게 이야기

했다.

> 유럽의 시민은 정치 지도자가 중과부적일 정도로 난감하며
> 때로는 두려움마저 느끼게 되는 여러 사건과 과정을 제대로
> 관리할 역량이 있는지 알고 싶어 한다. 현재 영국을 제외하고
> 도 많은 국가의 시민은 유럽연합의 일부 국가가 안정과 안전
> 의 걸림돌이 된다고 생각하고 있다.[6]

/

중국: 떠오르는 강자

/

현재 세계 공동체의 국가 중 가장 논란의 중심에 있는 것은 중국이다. 중국은 여전히 거의 알려지지 않은, 제대로 이해받고 있지 못한 국가임에도 많은 사람이 그 나라와 지도자들에 대한 분명한 입장을 견지하고 있다.

미국과 유럽 등지에서는 널리 알려진 많은 사실이 중국에서는 비밀로 취급된다. 중국의 국가 주석 시진핑과 부총리 리커창李克強의 사생활은 중국의 다른 주요 정치 지도자들과 마찬가지로 거의 알려지지 않은 편이다. 정책 결정 과정은 조직적으로 잘 이루어지는 것처럼 보이며 논쟁이나 반대 의견 등은 일반 대중 사이에서 논의되지 않는다. 제대로 된 법치주의의 시행은 여전히 뒤처져 있고 각종 과정에서 보

이는 투명성의 부족으로 신뢰 관계 구축이 어렵다. 그렇지만 이런 모든 문제점에도 불구하고 중국은 이 정도 규모의 국가로는 역사상 유례가 없는 급속한 경제 성장을 이뤄 내고 있다.

물론 불안한 소식도 계속해서 여기저기에서 들려온다. 산업 각 부문의 생산 감소나 국내 총생산의 성장 둔화는 중국의 몰락이 임박했다는 전조처럼 보일뿐더러, 여기에 임금 상승, 환경 오염, 불평등 심화까지 더해지고 있다. 서구의 일간지와 잡지 등을 보면 중국의 부패와 인권 유린 기사가 넘쳐난다. 그러나 중국의 국내 총생산은 계속해서 늘어나고 있으며 사회 기반 시설의 경우 대부분의 서구 국가보다 더 최신식이다. 또한 중국 정부는 대단히 높은 지지율을 얻고 있다. 퓨 리서치 센터의 중국 관련 호감도 조사 내용을 보면 조사에 응한 국가 중 평균적으로 49퍼센트 정도가 중국에 호감을 갖고 있는 것으로 나타났다. 비호감을 표시한 국가의 비율은 32퍼센트 정도였다. 중국의 경제 성장이 자국 상황에 어떤 영향을 미칠 것이냐는 질문에 대해서는 반응이 각양각색이었으나 대체로 긍정적이라고 대답한 쪽이 53퍼센트, 부정적이라고 대답한 쪽이 27퍼센트였다. 가장 부정적인 견해를 밝힌 건 이탈리아로, 국민의 75퍼센트가 중국을 부정적으로 보고 있었다. 반면 케냐의 경우 80퍼센트 이상의 국민이 중국을 긍정적으로 평가했다.[7] 다만 이런 의견은 개인이나 국가에 상관없이 대부분 주관적이며 단기간의 결과만 보고 응답한 것임을 기억해야 한다. 이제 가능한 좀 더 객관적이고 개괄적이며 장기간에 걸쳐 중국을 관찰한 내용을 소개해 보려고 한다.

중국의 자유

우선 중국은 미국이나 유럽의 다른 국가처럼 완전한 통일 국가라고 보기 어렵다. 가장 적절한 비교 대상이라고 할 50개 주의 연방 국가 미국조차도 중국과 많이 다르다. 중국은 22개의 성省과 네이멍구와 티베트가 포함된 5개의 자치구, 그리고 충칭과 베이징, 톈진 등이 포함된 4개의 직할시로 구성되어 있다. 지방 자치 정부Municipality와 특별 행정 구역Special Administrative Region들의 경우 특별한 정부 권한과 상당 수준의 자치권을 보장받고 있다.

중국이 지리적 혹은 행정적으로 어떻게 구분이 되어 있는지를 살펴보는 것은 대단히 흥미롭다. 그러나 그보다 훨씬 더 중요한 건 중국이 어떤 생각을 하고 있는지 이해하는 일이다. 중국의 생각이나 사고 방식은 다른 국가의 그것과 사뭇 다르다. 중국의 관점에서, 중국 대다수 국민의 관점에서 본다면 정말로 중요한 건 중국 정부가 경제 발전과 경제 자유를 계속해서 유지할 수 있느냐다.

서구 사회에서는 대부분의 중국 사람이 서구식 민주주의의 확립을 원할 것이라는 의견이 주류를 이루고 있다. 중국 사람 역시 자유의 소중함에 대해서는 미국이나 유럽 사람과 의견을 같이할 것이다. 그렇지만 자유란 사람에 따라 각기 다른 의미로 다가올 수 있다. 중국 사람의 사고는 두 가지 기본 조건에 크게 영향을 받는다. 바로 사회 질서와 조화다. 사회 질서와 조화는 유교에서 가장 중시하는 가르침이며 공자孔子는 사람에게 진정한 자유를 보장할 수 있는 건 오직 질서뿐이라고 믿었다. 이것은 단체 운동 경기와 비슷한데, 참여한 선수 각자가 누릴 수 있는 자유의 범위는 경기 규정에 따라 결정된다. 마찬가지로 제대로 질서가 잡힌 사회라면 그 사회의 구성원이 어느 정도 주어진 자유를 가지고 어떤 범위까지 활동할 수 있을지 정해줘야 한다. 중국식 사고방식에서 질서란 자유를 억압하는 것이 아니라 그 자유의 범위를 정해 주는 기준이다.

미국 사람에게 자유란 다른 사람의 행동에 구애받지 않고 삶의 방식을 마음대로 결정할 기회나 권리를 의미한다. 서구 사회 대부분이 이와 비슷한 관점을 갖고 있으며 개인의 권리는 곧 서구 사회를 지탱하는 핵심이라고 볼 수 있다. 이런 관점에서 볼 때, 서구 사회에서 이해하는 자유란 각 개인의 선택이며 각 사회는 이를 위한 특정한 형태의 사회적, 법률적 환경을 제공한다. 그리고 이런 자유를 통해 누가 옳고 누가 그르냐를 결정하는 문제에 대한 집착이 계속해서 이어진다. 실제로 서구 사회에서는 혁신, 새로운 발상, 변화를 끌어내는 원동력이 논쟁과 다툼이라고 믿고 있다. 그렇지만 이런 갈등이나 부조화는 중국의 정신에는 어울리지 않으며 특히나 통치 방식과 같은 문제에 대해서는 더 그렇다. 사고방식의 차이를 극복하는 일은 여간 어렵지 않다. 상대방의 의견에 무조건 동의할 필요는 없다. 다만 그 차이점을 받아들일 수는 있어야 한다.

되찾은 조국과 삶

중국에서 만난 한 친구는 내게 이런 말을 해 주었다. "마오쩌둥毛澤東 주석은 우리에게 조국을 되돌려 주었고 덩샤오핑鄧小平은 제대로 된 삶을 되찾아 주었다." 그의 이런 설명을 이해할 수 있겠는가? 오랫동안 중국을 여행하며 다양한 지위와 교육 수준을 지닌 수많은 중국 사람을 만나 이야기를 나누었음에도 이 말이 지닌 의미와 감정을 제대로 이해하는 데는 많은 시간이 걸렸다. 마오 주석은 100년이 넘는 굴욕의 세월을 견딘 중국을 해방한 장본인이다. 20세기 중반부터 시작된 마오쩌둥의 대장정은 결국 중화인민공화국의 탄생으로 이어졌으며 중국은 본래의 영토를 되찾았다. 그러나 그 이후 대부분의 중국 사람은 험난한 30여 년의 세월을 견뎌내야만 했다. 경제적 자유와 각자의 인생을 선택할 기회를 다시 얻게 된 건 덩샤오핑 시대부터이며, 그는 중국에서 이른바 '개혁 개방 정책'을 최초로 실시한 지도자다.

대부분의 서구 사람은 마오쩌둥의 초상화가 여전히 버젓하게 천안문 광장을 장식하고 있다는 사실을 이해하지 못한다. 사실 마오 주석의 잘못된 전략적 판단과 정치 활동으로 인해 수많은 사람이 목숨을 잃었다는 사실을 모르는 중국 사람은 없을 것이다. 무수한 기아와 살인이 일어난 건 당시의 상황과 잘못된 참모들 탓이라고 주장하는 마오쩌둥 광신도도 많이 있지만. 그러나 마오쩌둥을 비판하는 사람조차 그가 없었다면 중국이 제대로 된 주권 국가가 되지 못했을 것이라 생각한다. 그래서 여전히 많은 중국 사람이 이미 세상을 떠난 마오쩌둥을 높이 평가한다. 정당 정치라는 관점에서 봤을 때, 그는 단 한 번도 중국 공산당이 중국의 유일한 정당이어야만 한다는 사실을 의심해본 적이 없다. 중국은 경제 문제나 여러 전략적인 실수에 대해서는 관대하지만, 공산당에 대한 도전은 절대로 용납하지 않는다.

서구의 시각에서는 이해하기 힘든 일이지만, 집단을 중요시하는 중국 사회에서 질서와 안정의 유지는 가장 중요한 문제다. 이런 사실을 통해서 우리는 중국과 서구 사고방식의 또 다른 중요한 차이점을 이해할 수 있지 않을까. 서구 사회는 이른바 '보편적' 사회로, 여기에서는 어떤 '진리'나 가치가 기본적인 인간 조건의 일부이며 설명이 필요 없는 자명한 것이라고 믿고 있다. 반면 중국을 포함한 또 다른 문화권은 '개별적' 사회라고 불리며, 나에게 옳은 것은 나에게 옳은 것이고 상대방에게 옳은 것은 상대방에게 옳은 것이라는 사상을 따르고 있다. 만일 우리가 집단에 대한 충성을 가장 우위에 두고 그다음에 개인을 생각하는 집단 지향적 사회에 속해 있다면 당연히 다른 사람은 거기에 관여해서는 안 된다. 다시 말해 사회의 각 구성원은 자기 자신의 필요를 근거로 해서 자신에게 가장 좋은 것을 선택하게 된다. 개인주의적 성향의 국가들 대부분은 보편주의를 따르고 집단 지향적 사회나 국가는 개별주의를 따른다.

중국의 변화

한 집단이나 국가 전체의 성향을 하나로 규정하는 건 그리 바람직한 일은 아니다. 그러나 모두가 느낄 수 있는 분위기라는 게 있기 마련이다. 우리 저자들은 미국과 유럽에서 전체적인 정서 자체가 변하고 있음을 느낄 수 있었다. 중국 역시 사회적인 분위기가 바뀌고 있다. 앞서 이미 언급했던 것처럼 중국은 현재 자국의 목소리를 높이고 있는데, 그와 동시에 좀 더 유연한 접근 방식을 통해 다른 국가의 마음을 얻기 위해 계속 노력하고 있다. 이유는 대단히 간단하다. 상식적으로 볼 때 한번 정해진 인간의 감정이나 정서는 잘 바뀌지 않기 때문이다. 이것은 정치는 물론 사업과 개인 생활에서도 마찬가지다. 다른 사람의 마음을 얻기 위해서는 우선 나 자신부터 열린 모습을 보여야만 한다.

이 책을 통해 중국 정부를 대변하려는 것은 결코 아니다. 다만 동전의 한쪽 면만 보는 편견을 고쳐 나가야 할 필요를 느낄 뿐이다.

지난 몇 년 동안 중국에 대해 좀 더 올바르게 이해하기 위해 노력했는데, 그 과정에서 우연히 만난 어느 중국 고등학교 학생이 많은 도움을 주었다. 17세의 이 남학생을 만난 곳은 충칭으로, 당시 우리 부부는 중국의 미래에 대해 발표하는 연사로 이 남학생이 다니는 고등학교에 초대되었다. 강당에는 대략 500여 명의 학생이 모여 있었고 4500명의 다른 학생은 교실에서 화면을 통해 발표를 보았다. 학교 측에서는 우리가 학생들이 원하는 모든 것을 알려 줄 미래학자라며 대대적으로 광고했다. 미래에 대해 어떤 걸 이야기하면 가장 좋을지 감을 잡기 위해 우리는 우선 학생들에게 지금 현재 가장 중요하게 생각하는 것이 무엇인지 물어보았다.

모두 입을 다물고 있는 와중에 세 번째 줄에 앉아 있는 한 남학생이 조심스럽게 손을 들어 올렸다. 그 학생은 이런 질문을 해도 되는지 망설이는 듯했다. 우리는 학생을 향해 웃어 보였고 얼마 뒤 학생은 조금 떨리는 목소리로 이렇게 물어왔다. "한 여학생을 좋아하고 있는데 그 여학생은 아닙니다."

그 남학생은 대답 없는 사랑을 얻고자 노력하고 있었다. 나중에

돌이켜 보니 그건 중국이 서구 사회를 대하는 태도와 비슷했다. 그리고 그 마음은 대부분 대답을 듣지 못했다. 그 남학생의 경우 중요한 건 서로에 대해 더 잘 이해하는 것이었고, 그건 중국의 미래를 이야기할 때도 마찬가지였다. 이후에 중국에 관해 이야기할 때마다 그 남학생의 일화는 우리와 독자, 혹은 청중을 잇는 감정적인 연결고리가 되어주었다.

물론 이 일화와 중국의 상황이 완전히 똑같지는 않다. 중국은 계속해서 마음을 열고 다가오고 있지만 냉담한 서구 사회에 대한 정서적 반응은 이제 바뀌고 있다. 자국에 대한 인식이나 자신감이 많이 달라졌고 당연히 서구 사회에 대한 관점도 변했다. 이미 언급했던 것처럼 그 결정적인 계기가 된 것은 바로 2008년 전 세계를 뒤흔든 금융위기다. 먼발치에서 서구 사회를 바라보니 금융 위기로 인해 그동안 감춰져 있던 체제의 약점이 드러났고 필요한 때에 필요한 개혁을 실행하는 것이 어렵다는 사실도 밝혀졌다. 중국은 관련 위기를 극복할 충분한 역량을 갖추고 있었으며 홀로 계속해서 국내 총생산 순위를 높여 나갔다. 이제 중국이 국내 총생산 부문에서 세계 최고의 자리에 오르는 건 시간문제일 것이다. 동시에 중국은 이제 세계 공동체의 변방에서 세계 관리의 핵심 주역으로 자리를 옮겼다. 서구 사회를 향한 중국의 기약 없는 짝사랑은 끝났다. 중국이 원하는 건 지금 모습 그대로 다른 국가의 존중을 받는 것이다.

이러한 변화와 발전을 바탕으로 개최된 2016년 항저우 G20 회담은 새로워진 중국의 위상을 확인하는 또 다른 전환점이었다. G20 회

원국의 총인구수는 전 세계 인구의 3분의 2이며 국내 총생산의 경우
는 모두 합쳐 전 세계의 75퍼센트를 차지하고 있다. 그중에서도 중국
은 공식적으로 인정받은 것은 아니지만 글로벌 서던 벨트로 묶이는
국가들의 이해관계를 대변하고 있는데, 여기에는 아르헨티나, 브라질,
인도, 인도네시아, 한국, 멕시코, 사우디아라비아, 남아프리카 등 8개
국이 포함된다. 시진핑 주석이 한 연설의 제목은 '중국 발전의 새로운
출발점, 그리고 전 세계 발전의 새로운 청사진'으로, 중국이 스스로를
이제 어떻게 생각하고 있는지 다시 확인시켜 주었다.

　　2016 항저우 회담의 주제는 '혁신적이며 활기 넘치고 다 같이 함
께 발전하는 세계 경제'였고 시진핑 주석이 자신의 기조연설을 통해
밝힌 것처럼 이 주제는 바로 "중국의 나아갈 방향과 서로 협력하는 세
계"라는 내용으로 연결되는 것이었다.

안정과 균형

중국 입장에서는 국민의 의식이 바뀌어 가는 지금의 분위기가 바로
새로운 출발 지점이며, 여기에는 시진핑 주석의 뜻이 충분하게 반영
되어 있다. 그가 국내에서 행한 많은 정책, 특히 부패와의 전쟁은 많은
국민의 환영을 받았다. 그러나 이런 '부패 일소 기간'은 정책 결정 과
정에 참여하는 정부 인사들을 위축시켰다. 정책 결정을 주저하게 된
것이다. 어떤 일을 하고 어떤 일을 포기해야 하는지 정확하게 알 수 없
는 상황에서 새로운 세대가 인력 시장으로 쏟아져 들어왔다. 이 새로
운 세대는 서로 긴밀하게 연결되어 있을뿐더러 세계와도 소통하는 세

대다. 이들은 중국을 자랑스러워하지만, 그들 부모나 조부모 세대와
는 비교할 수 없을 정도로 많은 것을 바라고 요구한다. 중국은 공산당
이 정한 목표와 틀 안에서 움직이며 그 안에서 개인이 자유롭게 목표
를 추구하며 발전해 온 국가였다.

《메가트렌드 차이나》에서 중국의 통치 제도를 이렇게 묘사했다.

> 새로운 중국 사회의 지속 가능성을 떠받치는 가장 중요하고
> 정교하며 결정적인 힘은 위에서부터 아래로 내려오는 힘과
> 밑에서부터 위로 치고 올라가는 힘의 균형을 잡는 기술이다.
> 이 균형의 기술이야말로 중국이 현 상태를 계속해서 유지할
> 수 있는가 하는 열쇠이며 동시에 중국이 정치적으로 자신을
> 어떻게 규정하고 있는가를 이해하는 열쇠다.
>
> 중국의 지도부는 당을 장악하고 있으며 공산당은 중국
> 전역의 통치 제도를 통제하고 있다. 그러나 명령과 통제의 개
> 념은 지난 30여 년 동안 크게 바뀌었다. 중국 공산당은 자의
> 적인 하향식 독재에서 아래로부터의 활발한 참여가 작동하
> 는 일당 지도로 바뀌었다. 정책을 결정하고 실행하는 데 있어
> 투명성이 점점 늘어나고 있는, 수직적으로 조직된 민주적인
> 사회의 모습을 보여 주고 있는 것이다.

지난 몇 년 동안은 이 체제가 좀 더 엄격해진 것 같은 느낌도 든다.
13억이 넘는 국민을 국가 발전의 다음 단계로 일사불란하게 이끌어

가는 일은 분명 엄청난 과업이다. 이런 상황에서라면 발전을 이끄는 힘이 어느 한쪽으로 너무 많이 치우쳐도 이해할 수 있을 것 같다. 그러나 장기적인 관점에서 본다면 결국 그 힘은 균형을 잡게 될 것이다. 창의성이 발휘되려면 그럴 만한 공간이 필요하며 새로운 혁신과 발명을 끌어 내는 것은 관료주의와 직선적인 사고방식이 아니라 상상력과 기업가 정신을 장려하는 환경이다.

우리가 보아야 하는 동전의 또 다른 면은 메가트렌드를 정복하려면 기업도 국가도 정책 결정 과정을 지체해서는 안 된다는 것이다. 일당 독재 정치의 장점인 효율성을 통해 중국은 "앞선 사람의 발자취를 따라가는 것에서 그 사람을 앞서가는" 목표를 달성하는 데 큰 경쟁력을 확보할 수 있다. 최근에 있었던 세계 최초의 양자 과학 통신 위성의 발사 성공은 그 한 가지 사례라고 볼 수 있다.

시진핑 주석은 경제를 올바른 방향으로 이끄는 문제의 중요성을 의식하고 공급 부문의 개혁을 위한 경제 재편성 과정이 대단히 중요한 단계에 접어들었다는 사실을 알아야 한다는 점을 분명히 하며 이렇게 말했다. "정책을 결정하는 데 머뭇거리며 일을 제대로 해내지 못한다면 우리는 이 귀중한 기회를 그냥 놓쳐 버리게 될 것이다." 전반적인 경제 문제에서 누구나 인정하는 사실이 있으면 그걸 믿고 따라야 하며 이는 기술 발전 과정에도 똑같이 적용된다.

중국이 원하는 진정한 발전
중국 공산당은 경제와 환경 개혁이라는 막중한 임무를 짊어지고 있을

뿐더러, 사람들을 성공이라는 엄청난 압박 속으로 내모는 국내와 국외의 경쟁 문제까지 해결해야만 한다. 고등학교와 대학교에서 많은 학생이 정신적인 압박감에 시달리는 사례가 늘어나고 있다. 중국의 고등학교나 대학교를 방문해 이야기를 나눠 보니 어린 학생들이 가장 신경 쓰는 문제는 다른 무엇보다 높게 세운 목표를 달성하고 가족과 교사 그리고 사회의 기대치를 충족시키는 일이었다. 그리고 거기에 덧붙여서, '의미'를 찾고자 하는 소망도 늘어만 간다. '이렇게 잠조차 충분히 자지 못하고 있는 나는 진정 누구인가. 어떻게 해야 나의 진짜 모습을 찾을 수 있는가.'

중국은 30년이 넘는 세월 동안 변신에 변신을 거듭해 오고 있으며 아직도 멈출 줄을 모른다. 물론 거기에는 수많은 위험이 도사리고 있지만, 그 일을 감당할 수 있는 건 중국 사람 자신뿐이다. 그리고 대부분이 낙관적인 전망을 하고 있으므로 아마도 그 일을 해낼 것이다.

2016년 퓨 리서치 센터에서 수행한 연구 결과에 따르면 대부분 국가에서는 사람들이 이 세계가 지금 위험한 상태라고 믿고 있지만, 중국 사람들만은 예외였다. 그들에게는 조국을 향한 무한한 믿음이 있었다. "중국은 세계라는 하늘 위로 우뚝 솟아오르는 별이다." 그들은 모두 다 이렇게 믿는다. 중국 사람들은 중국과 지구촌 경제 사이의 관계를 아주 긍정적으로 평가하며 이를 통해 중국의 성장을 위한 새로운 시장과 기회가 주어질 것으로 생각한다. 직접 가서 경험해 보니 그들은 개인의 미래에 대해서도 이와 똑같이 생각하고 있었다.

대부분의 중국 사람은 미국 사람과 마찬가지로 국내 문제에 관심이 많아서, 질문에 대답한 응답자의 56퍼센트가 국내 문제를 더 중요하게 생각하고 있었다. 다른 국가가 자신의 문제를 해결하는 데 중국이 도움을 주어야 한다고 생각하는 사람의 비율은 22퍼센트에 불과했다. 이런 결과는 중국 응답자의 77퍼센트가 중국이 10년 전과 비교해 지금은 국제 사회에서 더 중요한 역할을 하고 있다고 믿는 것과는 앞뒤가 맞지 않는 것 같기도 하다. 그들의 생각은 틀리지 않지만, 세계 공동체 안에서 중요 행위자가 된다는 것은 맡아야 할 책임도 더 늘어난다는 뜻이다.

전 세계의 시선이 중국으로 향하고 있다. 중국이 성취한 업적과 목표, 그리고 세계 공동체 안에서 맡게 된 새로운 역할을 앞으로 어떻게 수행할지 주목하고 있는 것이다. 2016년 중국은 세계 속에서의 위상을 또다시 새롭게 세우는 경사스러운 일을 맞이한다. 중국의 위안화가 국제통화기금International Monetary Fund, IMF에서 정한 특별 인출권Special Drawing Right 화폐 중 하나로 인정받게 된 것이다. 중국의 언론과 대중 매체는 당연히 열광했지만 사실 그 특별 인출권이라는 말을 한 번도 들어보지 못한 사람이 대다수였다. 그도 그럴 것이 IMF 안에서나 중요하게 여기는 개념이기 때문이다.

그럼에도 중국 사람들은 이 일을 통해 국제 무대에서 중국이 경제 및 금융 분야의 초강대국으로 인정받았다는 사실을 다시 한번 확인할 수 있었다.

높아지는 위상, 커지는 책임

중국은 자국의 군수 산업 규모를 전략적으로 늘림으로써 전 세계에 대한 영향력을 확보해 왔다. 중국의 군수 산업은 2015년 6월의 경우처럼 세계 주식 시장을 뒤흔들 만큼의 규모를 갖추고 있다. 중국은 재래식 무기 시장에서 세 번째로 규모가 큰 무기 수출국이 되면서, 미국, 러시아와 함께 시장을 좌지우지하게 되었다. 수출량은 2011년에서 2015년 사이에 88퍼센트나 증가했는데, 전 세계 시장 점유율로 보면 거의 6퍼센트까지 증가한 것이다. 비록 1위 미국의 33퍼센트, 2위 러시아의 25퍼센트와 비교하면 상당한 차이가 있지만, 이제부터가 시작이다. 《디 차이트》 2016년 10월 21일자 보도에 따르면 지금까지는 중국 무기 수출의 75퍼센트가 아시아 지역에 집중되어 있었으나, 미사일 방어 장비 수출이 성사된다면 터키는 NATO 회원국 중 처음으로 중국에서 무기를 주문하는 국가가 될 전망이라고 한다.

전 세계의 분위기가 심상치 않다. 세계 공동체도 기업도 더는 중국을 무시하거나 대수롭지 않게 여길 수 없게 되었다. 만일 국내 정치가 중국의 잠재력을 완전히 끌어낼 수만 있다면 중국의 위상과 중요성은 극적인 수준으로 높이 올라가겠지만 세계 공동체의 한 일원으로서의 책임감 역시 함께 올라갈 것이다.

세계 공동체의 운영에 중국이 적극적으로 참여하는 것은 국제적인 힘의 균형에 일부 변화가 오고 있다는 신호다. 중국이 전략적으로 중요한 위치에 있다는 사실은 중국이 대륙과 해양 영토 모두에서 동서의 중심축에 있다는 것에서 기인한다. 여러 국제 기관에서 경제, 안보, 법 정책을 만드는 데 중국의 중요성이 점점 더 커지고 있다. 중국이 주도해서 설립된 아시아인프라투자은행Asian Infrastructure Investment Bank, AIIB은 그 자체로 세계 공동체 운영 개혁의 중심에 서 있는 중국의 위상을 분명하게 드러내고 있다.

점점 커져만 가는 중국의 위상은 두려움과 과장된 기대를 모두 불러일으키고 있다. 중국에 관한 판단은 말이 아닌 행동을 보고 이루어져야 하며, 이는 국제 무대에서만이 아니라 국내 문제에도 마찬가지로 적용이 된다.

중국 사회의 사고방식이 급격하게 바뀌지는 않겠지만 개인의 권리 문제는 중국 국내외를 막론하고 점점 더 큰 문제가 되고 있다. 개인의 권리와 자유에 대한 중국의 입장은 세계 공동체를 운영하려는 중국의 계획과 어떻게 조화될 수 있는가?

중국 공산당은 경제적 성과와 과거에 이룩했던 성취에 대한 지지도를 이용해 합법적 통치 체제를 유지하고 있다. 중국 사람들은 돈을 벌고 싶어하는데, 정부 당국이 삶의 기준을 향상할 수 있는 환경을 조성해 제공해 주는 한 정치에서 문제가 생기지는 않을 것이다. 그렇지만 여기에는 국내 총생산의 증가가 각 가계 수입의 증가와 일치해야 한다는 문제가 있다.

세계은행에서는 중국을 선진 경제국 중 하나로 나아가고 있는 중급 이상의 경제국으로 인정하고 있으며 이런 현실은 중국 사람의 사고방식 속에도 반영이 된다. 높은 수준의 교육을 받은 중산층에서는 자신의 목소리와 주장을 높이는 일에 점점 더 많은 신경을 쓰고 있다.

중국 사회 제도 자체에는 그렇게 많은 의문을 제기하지는 않지만, 자신에게 직접적인 영향을 미치는 분야의 정책 실행, 예컨대 제대로 된 법질서의 확립, 환경 보호, 더 나은 사회적 안전망 확보 등에 대해서는 문제를 제기한다.

　　이런 문제가 있기는 하지만 중국은 서구 사회가 나서서 어떻게 발전하고 변화해 나가야 하는지 가르치기를 원하지 않는다.

메가트렌드 이것만은 기억하자!

• 세계 질서의 변화를 예측하려면 그 질서의 주역들을 살펴야 한다. 전통적인 강대국인 미국과 유럽 그리고 새롭게 떠오르는 중국의 상황을 알아야 한다.

• 미국은 세계를 지도하는 패권 국가였지만 경제 지표에서도, 규범적 정당성에서도 흔들리는 모습을 보이고 있다. 정치적 혼란을 극복하고 세계 속에서 어떤 나라가 되고 싶은지를 분명히 하지 않으면 지금의 위치를 잃을 것이다.

• 유럽은 유럽연합을 출범시키며 미국에 대항하여 세계 질서의 주역이 되고자 했다. 그러나 회원국들 사이의 이해관계가 복잡하게 얽혀 인본주의의 심장이라는 위상을 되찾지 못하고 있다. 정치를 해결하지 않고는 미래가 없다.

• 이제 중국이 새로운 강자로 떠올랐다. 비약적으로 성장한 경제력과 군사력을 바탕으로 나름의 세계 질서를 만들어 가고 있다. 서구와는 다른 점이 많지만 그것이 잘못되었다고 속단해서는 안 된다.

제3장
====

떠오르는 신흥 세력

MASTERING MEGATRENDS

MASTERING MEGATRENDS

우리 부부는 남아메리카, 아시아, 아프리카의 떠오르는 신흥 국가를 여행하며 현재의 경제 및 정치 상황에 대한 분노와 미래에 대한 희망을 동시에 느낄 수 있었다. 그러나 변화와 발전에 목마른 글로벌 서던 벨트의 신흥 경제국들이 그냥 앉아서 기다리고 있지만은 않을 것이다. 신흥 경제국들은 새로운 사회 경제적 목표를 세우고 또 다른 동맹 관계를 만들어 가고 있다. 일부 서구 국가들이 영광스러운 과거에 취해 잠들어 있는 사이에 신흥 경제국들은 자신의 모든 노력을 쏟아부어 찬란한 미래를 만들고 있다. 다만 성장을 위한 밑바탕을 만드는 데 방해가 되는 장애물부터 제거해야만 한다. 지속 가능한 성장을 위한 기반이 아직 다져지지 않았기 때문에 아직은 나아갈 길이 대단히 험난할 수밖에 없다. 그러나 아무리 큰 어려움이 있더라도 글로벌 서던 벨트의 신흥 경제국들이 부상하고 있다는 사실은 변하지 않는다.

현재 전 세계 인구의 80퍼센트가량이 서구 사회의 업적과 실수를 통해 배우면서 새로운 국가 건설 과정에 참여하고 있다. 중국에서는 변방에서부터 새로운 건설이 시작되고 있으며 여기서 증명된 사실은 전 세계에서 통용될 수 있다. 서구 사회가 한때 변방으로 여겼던 아시아, 아프리카, 남아메리카의 여러 국가가 지금과 같은 다양한 중심의 세계 안에서 새로운 경제 중심지로의 변모를 꾀하고 있다. 이 장에서는 21세기 전반부에 일어나고 있는 변화의 바람을 좀 더 자세하게 살펴본다. 이를 위해 다양한 출처를 통해 얻은 신뢰할 만한 자료와 정보를 다년간의 여행을 통해 현장에서 쌓은 개인적인 경험과 합쳐서 이야기할 것이다.

/

글로벌 중산층의 등장

/

우리가 일반적으로 글로벌 서던 벨트라고 묶어 부르는 신흥 경제국 상당수는 세계 경제에서 지금보다 훨씬 더 중요한 역할을 하게 될 것이다. 물론 그 발전의 수준은 국가별로 큰 차이가 있을 수 있다. 중국처럼 신흥 경제국이면서 동시에 강대국의 면모를 다 갖추고 있는 국가도 있고, 세네갈처럼 아직 신통한 결과를 얻지 못한 국가도 있으며, 더는 글로벌 서던 벨트에 들어가지 못할 정도로 몰락한 베네수엘라 같은 국가도 있다. 러시아의 경우는 정서적으로는 서구 쪽으로 기울어져 있지만, 전략적으로는 중국과, 정치적으로는 글로벌 서던 벨트와 밀접한 관계이면서 경제적으로는 아직 어려운 점이 많은, 일종의 경계선에 있다고 생각하기 때문에 여기서는 더 언급하지 않으려 한다.

글로벌 중산층의 부상에 대한 수많은 보고서가 존재하지만, 우선은 그 '중산층'이 어떤 의미인지에 대해 생각해 봐야 한다. 중산층은 주관적인 사고방식이면서 동시에 측정 가능한 객관적인 기준이다. 물론 각 대륙의 국가마다 모두 다르다. 필요와 사업적 기회를 읽어 내기 위해서는 각기 다른 지역의 중산층이 갖는 다양한 수준과 문화적 관습을 구분할 수 있어야 한다.

중산층의 정의

퓨 리서치 센터에서 2001년에서 2011년 사이에 조사한 바에 따르면 그 기간에 대략 7억 명에 달하는 사람이 가까스로 가난에서 탈출할 수 있었다고 한다.[1] 2011년에는 전 세계 인구의 13퍼센트 정도가 하루 10달러에서 20달러 정도를 벌면서 미국이 정한 빈곤 기준을 가까스로 벗어나 살고 있었다. "4인 가족 기준으로 계산했을 때 연 소득이 1만 4600달러에서 2만9200달러 사이다." 2011년 미국의 4인 가족 빈곤 기준은 연 수입 2만3021달러였다. 당연히 각 선진국이 생각하는 빈곤 기준과 신흥 경제국의 빈곤 기준 사이에는 커다란 격차가 있는데, 하루 수입 10달러에서 190달러까지 천차만별이다.

브루킹스연구소Brookings Institute가 내린 정의에 따르면 미국 중산층의 기준은 연 수입 4만1000달러다. 미국 보건복지부Department of Health and Human Services에서는 미국의 4인 가족이 연 수입 2만3850달러의 수입으로 생활하면 빈곤층으로 보고 있다. 스위스에서는 자녀가 없는 부부의 수입이 7만 달러 정도가 될 때 중산층으로 분류한다. 퓨 리서치 센터에서는 미국의 203개 대도시 지역에서 중산층의 숫자가 줄고 있다는 사실을 확인했다. 그렇지만 이 결과를 걱정하기 전에 그 내용을 좀 더 자세히 살펴야 한다. 이처럼 중산층 숫자가 줄어들고 있는 것은 그들이 빈곤층으로 떨어지고 있기 때문이라기보다는 오히려 그 위쪽으로 옮겨 갔기 때문으로 밝혀졌다.

새로운 시장과 구매력의 격차

이제 아프리카로 한번 시선을 돌려 보자.《이코노미스트》의 조사에 따르면 아프리카 사람의 90퍼센트가 여전히 하루 10달러 이하의 수입으로 살고 있다. 하루 10달러에서 20달러 사이의 수입이면 중산층으로 볼 수 있는데, 1인 기준으로 1년 365일 동안 3650달러에서 7300달러의 수입을 올리는 비율은 대략 6.2퍼센트 정도다. 하루 20달러에서 25달러 사이를 벌어 중산층 이상으로 분류되는 비율은 고작 2.3퍼센트에 불과한데, 이 정도 수입은 미국과 유럽 기준으로는 극빈층에 속한다. 코카콜라나 네슬레 같은 거대 다국적 기업은 시장 조사를 하면서 아프리카 중산층의 증가가 대단히 느리며 아시아의 중산층이 대단히 빠르게 증가하는 상황을 따라가지 못하고 있음을 인정할 수밖에 없었다. 아시아 지역에는 상대적으로 좋은 급여를 제공하는 공장이 있어 엄청나게 많은 사람이 빈곤에서 탈출할 수 있었다. 동남아시아 국가연합Association of Southeast Asian, ASEAN 소속의 국가는 자국의 중산층을 하루에 10달러에서 100달러 사이의 수입을 올리는 사람으로 규정하고 있다. 이 기준에 따라 2012년에는 거의 2억 명에 달하는 사람이 중산층으로 올라섰다. 미디어 조사 기관 닐슨Nielson은 2020년까지 그 2배에 달하는 4억 명이 중산층으로 분류될 것이라 추산하고 있다. 1990년대 후반까지도 중산층을 거의 찾아볼 수 없었던 중국은 이제 2억2500만 명에 달하는 국민이 1년에 1만1500달러에서 4만3000달러가량의 수입을 올린다.

또한, 이 새로운 중산층의 대부분은 도심 지역에서 탄생한다. 급속한 도시화와 중산층의 부흥은 서로 긴밀하게 연결되어 있다. 그리고 아프리카가 예상보다 더 뒤처지고 있는 사이, 아시아 지역의 구매력은 나날이 상승하고 있다.

남아메리카의 경우 중산층의 비율이 지난 2001년 16퍼센트에서 2011년 27퍼센트로 올라갔는데, 덧붙여 설명하자면 남아메리카와 아프리카, 그리고 아시아 지역의 소비자 행동에는 차이가 있다. 남아메리카를 방문하고 보니 대부분의 국가에서는 이른바 '즐거운 인생pura vida'을 외치며 맛집을 찾거나 친구들과 만나며 인생을 즐기는 데 돈을 쓰는 모습을 쉽게 볼 수 있었다. 브라질 사람은 수입의 10퍼센트 정도만 저축하는 반면 중국 사람은 수입의 3분의 1 이상을 저축한다. 이렇게 돈을 저축하는 일은 모든 중국인의 일상에서 중요하지만, 남반구로 내려갈수록 인생을 즐기자는 풍토가 강하다. 점점 더 많은 사람이 부유해지고 있는 곳은 중국이다.

/

아프리카: 새로운 기회의 땅

/

아프리카의 상황을 오랫동안 관찰한 사람은 새로운 변화를 감지할 수 있으리라. 안타까운 일이지만 중국의 경우와 마찬가지로 아프리카에 대한 나쁜 소식은 전 세계 대중 매체를 따라 좋은 소식보다 훨씬 더 빠른 속도로 퍼져 나간다. 사하라 사막 북부 아프리카의 나쁜 소식이라면 아마 앞으로도 더 오랫동안 우리에게 전해질 것이다.

이 책에서 아프리카에 대해 언급할 때는 주로 사하라 사막 이남 지역에 집중하려고 한다. 대단히 애석한 일이지만, 지금의 상황을 봤을 때 북아프리카 지역의 발전을 기대하기는 힘들다. 아프리카 북부의 경우 우선 주민들부터 마그레비Maghrebi라는 이름으로 인종적으로 뚜렷이 구분되어 있으며 여기에는 베르베르Berber, 콥트Copt, 이집트Egypt, 푸르Fur 사람이 포함되어 있다. 종교적으로도 이슬람교의 한 갈래로 다수파인 수니Sunni파와 소수파인 시아Shiite가 1400년이 넘는 세월 동안 서로 으르렁거리고 있는 형편이다. 아랍 및 북아프리카 지역에 퍼졌던 반정부 운동인 이른바 '아랍의 봄Arab spring'은 서구 민주주의에 대한 목마름보다는 경제 정책의 실패와 부패, 그리고 불평등에 대한 저항이었다. 북아프리카 지역에는 새로운 국가나 공통 기반을 건설하려 했던 역사가 없다. 기존의 체제나 제도의 뿌리가 대단히 깊은 만큼 모든 것을 새로 건설할 가능성 역시 낮을 수밖에 없다.

북아프리카의 어려움

아프리카 문제 전문가이자 국제 변호사, 경제학자, 저술가이고 경제 문제 해결을 위한 히말라야 및 아프리카 협의체Himalayan and African Consensus 를 세운 로런스 브람Laurence Brahm 은 이렇게 믿고 있다.

> 테러는 일부 주류 언론이나 대중 매체에서 주장하는 것처럼 근본주의 종교의 믿음에서만 비롯한 것이 아니다. 사람은 가난한 환경이나 인종적 박해, 혹은 이 두 가지 모두로 인해 쌓인 좌절감을 제대로 분출할 수 없을 때 극단적인 수단을 선택한다. 종교적 신념이나 믿음은 이런 극단주의의 근거나 구실로 비극적으로 이용된다. 이렇게 테러로 이어지는 깊게 쌓인 불만과 좌절이 해결되지 않으니 문제가 반복되는 것은 당연하다. 인종에 따른 소외감과 관련된 문제의 경우 경제 능력 부여와 교육, 의료 지원 등을 통해 그 근본적인 원인을 제거해야 해결할 수 있으며 거기에 사람이 스스로 다양성, 정체성, 자긍심을 되찾을 수 있도록 유도하는 것도 중요하다. 그러지 않으면 해당 국가가 아무리 뛰어난 군사력이나 사회 재구축 이론을 갖고 있더라도 그 불만과 갈등은 사라지지 않을 것이다.

사하라 사막을 경계선으로 북부와 남부 아프리카의 차이는 제외하더라도 아프리카 대륙 자체가 아시아처럼 대단히 다양한 면모를 갖고 있다. 그 면적이 미국 텍사스주보다 3.5배나 큰 238만1741평방킬로미터의 알제리가 있는가 하면 델라웨어주의 절반에도 미치지 못하는 1만120평방킬로미터의 감비아 같은 나라도 있다. 나이지리아는 국내 총생산이 5000억 달러인 반면 아프리카 중서부에 위치한 섬나라 상투메 프린시페 공화국의 국내 총생산은 3억3300만 달러에 불과하다.

아프리카의 다양한 면모

아프리카를 대륙이 아니라 마치 한 국가인 것처럼 말하는 사람도 있지만, 아프리카에는 각기 다른 54개의 독립국이 다양한 면면을 보여준다. 거기에는 갈등, 절망, 빈곤으로 인한 불안감에서 현대적이고 자신감에 찬 중산층의 역동적인 모습까지 다 들어 있다.

한때 아프리카 대륙에서 가장 전망이 밝았던 국가 중 하나인 남아프리카공화국은 지난 10년 동안 350만 명에 달하는 사람을 절대 빈곤에서 건져냈다. 또한, 비록 아시아의 중산층과 비교하면 그 증가율이 훨씬 더딘 수준이긴 하지만, 아프리카의 새로운 중산층 역시 발전의 원동력이 되고 있으며 새롭게 등장한 3억1000만 명의 소비 계층은 아프리카 하면 떠오르던 무력감, 빈곤, 게으름 같은 예전 모습과는 전혀 어울리지 않는다. 물론 국내 총생산이 많이 증가했다고는 해도 아프리카 대륙의 실업률과 빈곤, 불평등의 수준은 여전히 세계 최고 수준이며 경제 전망도 그리 밝지만은 않다.

남아프리카공화국의 부상으로 경제 규모가 아프리카 2위로 내려간 나이지리아의 경우, 나이지리아 중앙은행에 따르면 국내 총생산이

2015년 4분기와 비교해 2016년 1분기에 −13.70퍼센트를 기록하며 경기 침체기로 돌아설 가능성이 높아졌다. 2004년만 해도 국내 총생산이 33퍼센트나 뛰어올랐고 2007년까지도 7퍼센트대를 유지했지만 이후 이토록 실망스러운 결과로 이어지고 말았다. 젊고 역동적인 소규모 기업가와 나이지리아의 이슬람 계열 과격 무장 단체인 보코 하람Boko Haram은 완전히 다른 사고방식을 가지고 있으며 서로 극명한 대비를 이룬다. 한쪽에서는 테러를 내세우고 다른 한쪽에서는 기업가 정신과 야망을 내세우고 있다.

아프리카의 변신

아프리카의 이런 모든 문제에도 불구하고 세계이동통신사업자연합회Global System for Mobile Communication Association, GSMA의 2016년 8월 지역 발전 지원 협회 행사에 따르면 아프리카의 기술 거점 지역의 숫자는 2015년 117곳에서 2016년 8월 314곳으로 거의 2배 가까이 늘었다. 이 협회가 하는 일은 새로운 기술 사용자와 공급자 사이의 관계 강화를 통해 신흥 시장에서 혁신 및 지속 가능한 모바일 통신 기술 사용의 규모를 늘려가는 것이다. 이 중요 거점의 과반수는 이집트, 케냐, 나이지리아, 모로코, 남아프리카공화국 등 5개국에 집중되어 있으며 특히 남아프리카공화국에 54곳이 밀집되어 있다.

미국의 공격적인 투자자들은 아프리카 대륙의 신생 기업에 대한 투자를 점점 더 늘리고 있다. IBM은 라고스와 카사블랑카에 기술 혁신 센터를 열었다. 구글과 마이크로소프트 같은 대기업은 이제는 아프리카에 투자할 시기라는 결론을 내린 후 7500만 달러를 투자했다. 2015년 11월 태양광 설비에 1200만 달러를 투자한 구글은 거기에 덧붙여 투르카나 호수 풍력 발전 계획Lake Turkana Wind Power Project에 투자할 계획임을 밝혔다. 투르카나 호수는 케냐에 위치해 있으며 이후 이곳에는 아프리카에서 가장 큰 풍력 발전 단지가 조성되었다. 기술 관련 비용이 줄면서 이런 대규모 투자가 가능해진 것인데, 거기에 아프리카 대륙 전체에 디지털 시대로의 변신이라는 새 바람이 불고 있다. IBM의 연구원이자 과학 기술 부서를 이끄는 솔로몬 아세파Solomon Assefa 박사는 아프리카의 변신에 대해 이렇게 이야기한다.

기술적인 안정성이 증가하고 활용할 수 있는 주파수 대역이 확보되면서 엄청난 경제 성장, 사회 기반 시설 건설, 외국 투자가 이어지고 있다.

아프리카 국가의 가장 큰 문제점이라고 한다면 사회 기반 시설과 도로의 부족, 그리고 제대로 된 은행 제도의 부재일 것인데, 이로 인해 전자 상거래의 비중이 폭발적으로 늘어나고 있다. 그렇지만 온라인을 통해 물건 값을 지불하는 일은 그리 쉽지 않았으며 무선 통신 시설은 발전이 더디고 기존의 유선 시설은 지연되는 시간이 너무나 길었다. 2014년 온라인 결제 방식인 페이팔PayPal이 시작되면서 나이지리아는 세계 3위 규모의 무선 전자 상거래 시장으로 부상했다. 거래 금액은 2015년 6억1000만 달러에서 2016년에는 페이팔 추산으로 8억1900만 달러까지 치솟았는데, 대부분 국제 거래이긴 하지만 이런 전자 상거래는 새로운 중산층을 겨냥하는 각 지역의 소규모 상인에게는 엄청난 기회가 되고 있다. 케냐의 엠-페사M-Pesa는 아프리카에서는 보기 드문 무선 통신 금융 거래 분야의 성공 사례다. 엠-페사는 적은 비용과 쉬운 결제 방식으로 기존 오프라인 은행의 대안으로 떠올랐다. 특히 사하라 사막 이남 지역의 성인 중 3분의 2 이상이 이미 휴대 전화를 사용한다는 점을 고려하면 지금이 바로 사업을 펼칠 적기다.

지난 2016년 2월 모나코에서 열린 삼성 아프리카 포럼Samsung Africa Forum에서 삼성전자는 '사람의 삶을 변화시키는 혁신'을 내세웠다. 삼성전자 아프리카는 또한 아프리카가 지속 가능한 개발 목표를 달성할 수 있도록 돕는 차원에서 기업 기여를 더 높여 갈 것이라고 천명하기도 했다. 삼성전자는 자사의 디지털 기술을 활용해 아프리카 국가들의 교육 방식을 변화시키는 데 노력을 쏟고 있다. 태양광 발전으로 움직이는 인터넷 스쿨Internet School, 스마트 스쿨Smart School, 이러닝 아카데미 E-Learning Academy 등을 통해 교육과 학습 과정을 개선하겠다는 것이다. 이렇게 되면 학교를 중도에 그만두는 학생의 수를 줄이고 졸업 후에 성공적으로 취업하는 데 도움을 줄 수 있다.

새로운 기회들

새로운 발상은 소비자의 습관을 바꿀뿐더러 아프리카 일반 국민에게 새로운 기회까지 제공할 수 있다. 거기에는 그리 큰 투자가 필요하지도 않다.

에어비앤비Airbnb는 관광의 형태를 바꾸고 있을 뿐만 아니라 집을 빌려주는 사람의 새로운 수입원도 된다. 2015년에는 남아프리카공화국 한 곳에서만 13만 명이 넘는 관광객이 에어비앤비에서 연결해 준 숙소에 묵었다. 케이프타운에는 1만여 곳, 요하네스버그에는 2000여 곳의 숙소가 에어비앤비에 등록되어 있으며 숙소를 제공한 사람은 연평균 2260달러의 수입을 올리고 있다. 사용자와 차량 소유주를 연결해 주는 우버Uber의 아프리카 홍보 담당 사만다 알렌버그Samantha Allenberg는 우버의 사회적 영향력에 대해 이렇게 설명한다. "우리는 아프리카 전역에 걸쳐 수천 개가 넘는 새로운 일자리를 제공할 수 있으며 장차 수천 개의 일자리를 더 만들어 낼 것이라 믿는다." 우버는 현재 아프리카 8개 도시에 지사를 설립한 상태인데, 중산층의 부상과 더불어 높은 성장을 기대하고 있다.

아프리카 사람들은 다국적 기업이 찾아오기를 그저 앉아서 기다리지만은 않는다. 각 지역의 기업가는 아프리카 맞춤형 디지털 상품을 개발하고 있다. 예를 들어 르완다의 관광 및 커피 농장 지원 사업, 케냐의 IT 전문가와 휴대 전화 애플리케이션, 에티오피아의 화훼 수출 산업 관련 상품 등이다. 보츠와나는 다이아몬드 사업과 관련된 수익 구조를 국내로 돌리려고 애를 쓰고 있는데, 이제 장차 다이아몬드 원석만 수출하는 것이 아니라 직접 가공한 다이아몬드나 가공 방식 자체를 수출할 날도 멀지 않았다.

아프리카 중산층 소비자의 대대수는 디지털 공간 안에서 소비 활동을 하고 있다. 경영 자문 기업 프로스트앤드설리번Frost & Sullivan에서는

2020년까지 아프리카 대륙의 인터넷 보급률이 75퍼센트에 이를 것이라는 전망을 내놓았다. 아프리카에 보급된 휴대 전화기는 6억5000만대에 달한다. 인터넷 사용에 익숙하고 관련 정보에 더 쉽게 접근하여 더 많은 이익을 보고 있는 아프리카의 젊은 세대에게 이런 현상은 사업을 시작할 새로운 기회다. 또한, 이를 통해 시민 사회가 형성되고 사회 변화가 더 빨리 일어날 수 있다.

《뉴욕 타임스》에서는 '자유와 함께 성장하는 아프리카의 예술가들'이라는 제목의 논설에서 기술 발전의 긍정적인 영향에 대해 이렇게 논평했다. "민주주의에 대한 기대가 높아지고 독재 정치가 사라졌으며 인터넷이 폭발하면서 아프리카 예술가들도 날개를 활짝 펴게 되었다." 한 걸음 한 걸음 새로운 작품이나 계획을 통해 아프리카에 화려한 예술의 향연이 펼쳐진다. 놀리우드Nollywood라고도 불리는 나이지리아의 영화 산업, 케냐의 리프트 벨리 페스티벌Rift valley Festival 과 《콰니?Kwani?》 같은 문학 잡지가 그런 사례다. 《콰니?》는 케냐의 인기 높은 신세대 작가들이 모여 만든 대표적인 출판물이다.

아프리카 미술계는 스스로 우뚝 서기 위한 노력의 일환으로 유럽이나 미국의 영향력에서 벗어나려 하고 있다. 2013년 1월, 지아난 브라우넬Ginanne Brownell 기자는 《뉴욕 타임스》에 이런 기사를 실었다.

다른 모든 분야와 마찬가지로 아프리카 미술계도 오랫동안 서구 사회를 통해서 전달되는 재정 지원과 자격 인정에 의지할 수밖에 없었다. 그러나 아프리카의 정치와 경제 지형이 변

하고 서구 사회의 금융 위기가 지속되면서 새롭게 성장하는
아프리카의 예술가와 기획자 그리고 비영리 단체는 이제 유
럽과 미국 중심에서 벗어날 방법을 모색하고 있다.

아프리카의 성장 가능성

세계은행이 펴낸 〈아프리카 펄스Africa's Pulse〉에 실린 자료를 보면 아프리
카 대륙의 경제 흐름과 자료 분석 내용을 확인할 수 있다. 2014년의 전
체적인 전망에서는 사하라 사막 이남 지역이 사회 기반 시설에 대한
막대한 투자 덕분에 농업, 각종 용역, 전기 발전과 교통 설비에서 대단
한 회복세를 보였다고 나와 있다. 아프리카의 경제 성장률은 2014년
의 4.6퍼센트에서 2015~2016년에는 5.2퍼센트로 뛰어올라 계속해서
가장 빠르게 성장하는 지역 중 한 곳으로 남을 것이다.

아프리카 대륙이 계속해서 밝은 미래를 열어 나갈 것인지에 대해
서는 아직 확신할 수 없다. 이 책에서 이야기하는 판단은 투자자의 판
단과 마찬가지로 아프리카의 잠재력을 기준으로 하고 있으며 동시에
현재 현장에서 실제로 확인할 수 있는 것들을 근거로 한다. 사하라 사
막 이남 지역 44개 국가를 분석한 어느 연구 조사를 통해 빌 앤드 멜
린다 게이츠 재단Bill & Melinda Gates Foundation에서는 아프리카 국가들의 디지
털화 발전 가능성을 계산해 보았다. 케냐의 디지털화를 기준으로 했
을 때, 남아프리카 공화국의 발전 가능성은 28퍼센트였고, 에티오피
아는 155퍼센트에 이른다. 다만 이동 통신 사업자 시장의 상당 부분은
아직 제대로 개발되지 않았고 좀 더 확실한 확인을 위해서는 신뢰할

수 있는 자료가 더 많이 필요한 것도 사실이다.

아프리카가 '진정한 기회의 장'이 될 수 있을지는 젊은 세대의 사고방식에 달려 있다. 이들은 식민지 시대의 희생자라는 답답한 과거의 유산에 얽매이지 않은 세대다. 많은 아프리카 국가가 제대로 된 정치를 하지 못해 젊은 기업가의 가능성을 가로막고 있다. 그런 아프리카의 성장을 뒷받침하는 기둥 중 하나가 앞서 언급했던 것처럼 아프리카의 가장 큰 교역국이기도 한 중국이다. 중국의 신세기 사회 기반 시설 구축 계획이나 새로운 해양 실크로드 정책 등은 아프리카 국가와 기업이 전 세계 시장의 교역 현장에 더 쉽게 접근할 귀중한 기회를 제공하고 있다.

나이지리아의 전 대통령인 올루세군 오바산조Olusegun Obansanjo는 21세기가 아프리카의 시대가 될 것이라 예언했고 베르제Berger는 '진정한 기회의 장'이란 말도 했다. 그 정도 수준은 아니더라도 어느 정도 낙관적인 전망을 할 수 있을 것 같다. 이제 필요한 건 기업가 정신과 혁신적인 발상, 그리고 성실한 노력에 대한 보상뿐이다.

아프리카의 운명이 바뀌려면

2015년 11월 12일, 유럽연합과 아프리카 24개국은 이른바 발레타 사업 계획Valletta Action Plan을 자랑스럽게 발표했다. 그리고 독일의 외무부 장관이 명확하게 밝힌 것처럼 이해관계와 요구 사항을 분명하게 정의한다면 굳이 기존의 체계를 바꾸지 않더라도 변화의 계기가 될 수 있을 터였다. 유럽연합은 자체적으로 18억 유로에 달하는 기금을 조성했고

28개 회원국은 자발적으로 추가 기금을 지원해 달라는 요청을 받았다. 그렇지만 2016년 10월까지 실제로 추가된 기금은 8100만 유로에 불과했다고 한다.

"아프리카를 구원할 수 있는 건 아프리카뿐이다." 옥스퍼드대학교의 교수이며 독일이 2017년 G20 회담의 의장 자리를 이어받았을 때 독일 재무부의 고문이었던 폴 콜리어Paul Collier의 주장이다. 아프리카 이민자 문제는 대부분 가장 활동적이고 창의적인 사람들이 고국을 떠나는 두뇌 유출의 문제로 이어진다. 콜리어는 외국 정부가 아프리카 지역 정부의 할 일을 알려 주고 사회 문제에 너무 신경 쓰면 중대한 문제로 이어질 거라고 내다봤다.

> 국민에게 주택과 교육 여건을 제공해야 하는 아프리카 정부의 책임을 우리가 대신 떠맡는다면 실질적으로 국가를 발전시키는 데 필요한 지원을 어떻게 계속 확보할 수 있겠는가?

콜리어의 주장은 계속된다.

> 기업은 국가에 부를 가져다준다. 기업은 발전의 원동력이며 대규모의 사회적 변화를 가져오는 시발점이다. 지금 중국에서 바로 그런 일이 일어나고 있다.

개인적인 경험에 비추어 볼 때, 중국을 발전의 모범으로 내세우는 일은 서구 사회의 인정을 받기 어렵다. 각국의 국민은 스스로의 힘으로 주어진 운명을 극복해야 하며 역시 스스로 구축한 모습을 모범으로 삼아야 한다는 것이 콜리어의 요점이다.

> 내가 어렸을 때만 해도 중국은 더럽고 가난한 나라였지만 지금은 세계적인 경제 대국이다. 모든 일이 순리대로만 풀려 간다면 어떤 나라든 한 세대 정도면 빈곤을 극복할 수 있다.
>
> 대영제국은 아편전쟁을 벌이며 중국을 아편 중독에 빠트렸지만, 중국 사람들은 무너지지 않았다. 나는 아프리카에 남아 있는 제국주의의 유산을 과소평가하지는 않는다. 그러나 아프리카를 희생자로만 규정하면 그저 모든 것을 도와주려고만 하게 될 뿐이다. 개인적인 경험에 비추어 보면 특히 아프리카의 젊은 세대는 그런 과거사를 더는 듣고 싶어 하지 않는다. 여기, 스스로의 힘으로 주어진 운명을 개척하고자 하는 세대가 있다. 이들이 바로 아프리카의 미래다.

/

아시아: 변방에서 중심으로

/

아시아는 여러 면에서 탁월한 지역이다. 세계에서 인구가 제일 많은 중국을 필두로 아시아 대륙에는 가장 많은 사람이 모여 살고 있으며 러시아는 세계에서 영토 면적이 가장 넓다. 히말라야산맥은 세계의 지붕으로 불릴 정도이며 바이칼 호수는 세계에서 가장 깊고 오래된 내륙 호수다. 마리아나 해구海溝는 세계에서 가장 깊은 바다다. 그리고 사해死海는 육지에서 가장 고도가 낮으면서 염분의 농도가 가장 높은 호수다. 인도는 세계에서 가장 대규모로 직접 민주주의를 시행하는 국가로 알려져 있다.

아시아에 속해 있는 국가는 대륙과 대륙 사이에 걸쳐 있는 경우가 많다. 예를 들어 러시아, 카자흐스탄, 인도네시아, 일본, 이집트, 터키가 그렇다. 아시아는 예로부터 수많은 문화의 요람 역할을 해 왔으며 대부분의 세계적인 종교 역시 아시아 지역에서 태동했다.

개인적으로도 아시아와는 특별한 인연이 있다. 나는《메가트렌드 아시아》를 집필하면서 지금의 아내와 저자와 출판업자 관계로 만났다. 당시만 해도 이렇게 부부가 되어 특히 아시아와 중국에 대한 책을 함께 펴내게 될 줄은 상상조차 하지 못했다.《메가트렌드 아시아》의 초고가 완성된 건 1994년의 일이고 당시 우리는 다가올 세기에 아시아가 중요한 역할을 할 것이라 확신했다.

아시아에서 일어나고 있는 일들은 단연코 지금 세계 속에서 일어나는 가장 중요한 발전상이다. 비단 아시아 사람들뿐만 아니라 지구 전체를 둘러봐도 이와 비슷한 경우는 찾아볼 수 없을 정도다. 새로운 세기를 향해 나아가고 있는 지금, 아시아의 현대화는 이 세상을 영원히 바꿔 놓게 될 것이다.

《메가트렌드 아시아》는 이렇게 마무리된다.

지난 150여 년 동안 서구 사회는 발전과 번영을 누린 반면 아
시아 지역 대부분은 빈곤에 시달렸다. 이제 아시아는 새로운
부흥의 길로 나아가고 있으며 과거에 누렸던 문명의 장엄함
과 영감을 다시 내세울 기회를 잡았다. 또한, 과학과 기술이
접목되면서 새로운 모범을 제시했는데, 그 모범이란 현대화
과정에서 자유와 질서, 개인주의와 집단주의의 장점을 조화
시켜 동양의 덕성과 서양의 가치를 한곳에 담는 것이다. 동양
의 부흥이 만든 가장 중요한 결과는 새로운 현대화 모델의 탄
생이라고 볼 수 있다.

아시아 국가는 기회를 중요하게 생각한다. '아시아의 4마리 용'이
라고 불렸던 홍콩과 싱가포르, 한국과 타이완은 1960년대와 1990년
대 사이에 놀라운 성장과 빠른 산업화를 이룩했다. 싱가포르는 산업
화의 단계를 넘어 정보화 시대에 모든 것을 쏟아부었다. 이 작은 도시
국가는 세계에서 가장 복잡하고 정교한 사회 기반 시설 체계를 구축
하고 여러 다국적 기업의 운영 본부가 들어올 만한 환경을 제공했다.
홍콩은 런던과 뉴욕에 뒤지지 않는 세계적인 금융 중심지로 부상했으
며 한국은 최첨단의 공산품을 만들어 내는 일에서 세계 최고 자리에
올랐다.

혁신을 이끄는 중국 인민해방군

중국에서 놀랍도록 창의적인 기업가 정신을 드러내는 집단은 바로 중국의 정규군인 인민해방군이다. 국방 예산이 줄자 인민해방군은 허리띠를 졸라매는 대신 돈을 벌 방법을 찾아냈다. 언론이나 대중 매체에서는 크게 다루지 않았지만 1984년에서 1995년 사이에 인민해방군은 2만여 개가 넘는 기업을 세워 50억 달러가 넘는 수익을 거두었다. 중국에서도 가장 규모가 크고 수익을 많이 내는 상업 제국을 건설한 것이다. 현재 인민해방군 소속 병력의 절반 이상이 군 업무와 상관없는 상업 활동을 병행하고 있는 것으로 알려져 있다.

인구 7억의 시장

1997년 금융 위기가 아시아를 강타하면서 우려의 목소리가 여기저기에서 흘러나왔던 때를 기억하는가. 동아시아 경제 부흥의 주역이었던 일본도 그 자리를 내려놓게 되었는데, 1995년 일본의 국내 총생산은 5년 연속 제자리걸음을 하고 있었다. 일본이 장기적인 불황에 빠지게 될 것이라는 《메가트렌드 아시아》의 예측은 불행히도 들어맞고 말았다.

그러나 일본의 장기 불황에도 불구하고 세계 경제에서 아시아의 중요성은 점점 커졌고, 세계에서 가장 빠르게 성장하는 아시아 국가들의 위세는 수그러들지 않을 것이다. 그중에는 인도가 있고 점점 더 강력해지는 한국과 빠르게 발전하는 동남아시아국가연합, 즉 ASEAN이 있다. ASEAN은 약 50년 전에 결성되었으며 한동안 세계 무대에서 별다른 존재감을 내비치지 않았다. 그러나 세월이 흐르는 동안 10

개 회원국인 인도네시아, 말레이시아, 필리핀, 싱가포르, 태국, 브루나이, 미얀마, 캄보디아, 라오스, 베트남 등은 상당히 중요해졌다. 2014년 기준으로 인구수 7억 명에 국내 총생산의 총합계가 2조4000억 달러에 달하는 ASEAN 회원국은 글로벌 서던 벨트 국가 중에서도 경제 중심지로 떠오르게 되었다. ASEAN을 단일 국가로 보면 그 국내 총생산은 세계 7위 수준이며 유럽연합과 북아메리카, 그리고 중국의 뒤를 잇는 세계 4위 규모의 수출 지역이 된다.

옥스퍼드경제연구소에서는 세계 경제에서 아시아 지역이 차지하는 비중이 2025년에는 45퍼센트에 육박할 것으로 보고 있다. 아시아 지역은 이제 지구의 3분의 1을 덮고 있는 덩치만 큰 지역이 아니라 세계를 지배하는 길로 나아가고 있다. 또한 현재 세계에서 가장 빠르게 성장하는 지역도 바로 아시아다. 어떻게 보나 아시아는 현저하게 두각을 나타내고 있다.

기업 환경의 변화

《이코노미스트》는 2014년 5월 31일 '아시아 지역 기업 환경에 대한 특별 보고서'라는 제목의 기사를 실었다. "2030년까지 아시아 지역은 국력 면에서 유럽과 미국을 합친 것보다 더 큰 위세를 자랑하게 될 것이다. 국내 총생산, 인구수, 군사력, 기술 투자 부문 등 모든 분야를 종합해본 결과다."《포브스》및《이코노미스트》자료에 의하면 아시아 지역에 있는 거대 기업만 해도 시가 총액 2030억 달러의 중국 페트로차이나PetroChina, 역시 중국에 있는 1980억 달러의 공상 은행中國工商銀行, 1610

억 달러의 한국 삼성전자, 1930억 달러의 일본 도요타, 1620억 달러
의 중국건설은행中国建设银行股份有限公司, 2000억 달러의 중국 알리바바Alibaba,
1010억 달러의 대만적체전로제조고분유한공사台灣積體電路製造股份有限公司, TSMC
등이 있는데, 시가 총액 1000억 달러 이상의 기업만 이만큼이나 된다.
인도 최대 규모의 민간 기업인 릴라이언스인더스트리즈Reliance Industries
의 시가 총액은 506억 달러 정도다.

　　아시아 지역 밖의 유명한 대기업을 살펴보면 애플은 5860억 달
러, 독일의 지멘스는 910억 달러, 스위스의 노바티스가 2030억 달러
정도의 규모다.

　　《포브스》가 정한 세계 10대 기업의 절반은 미국에 있고 나머지 절
반은 중국에 있다. 그런데 중국의 5개 기업은 국영 기업이고 미국의 5대
기업은 민간 기업이다. 그런데 시진핑 주석의 새로운 중국 정책의 일
환으로 이 중국의 국영 기업은 이제 민간 투자자에게 문호를 개방해
야 한다.

　　아시아 지역은 이제 전 세계 자본주의 시장의 27퍼센트를 차지하
고 있다. 아시아의 소비 시장은 그 규모가 엄청나며 글로벌 중산층 소
비의 30퍼센트가량을 차지한다. 그리고 전 세계 공산품의 47퍼센트
가 아시아 지역에서 생산되고 있다. 아시아 교역량의 약 55퍼센트는
아시아 지역 내에서 이루어지고 있다.[2]

　　이것이 중국이 바닷길과 육지 실크로드의 부활을 꿈꾸며 시작한
일대일로 계획의 정황이다. 이런 상황이 향후 몇십 년 안에 주변의 다
른 모든 지역에 영향을 미치며 경제적 대전환을 가져오리라는 것은

불을 보듯 명백하다. 이에 대한 좀 더 자세한 내용은 다음 장에서 살펴볼 것이다.

남아메리카: 이보전진 일보후퇴

만일 남아메리카 사람들이 자기 몸속에 흐르는 열정과 힘의 절반 정도만 경제 발전에 쏟는다면 세계적인 성공 사례가 만들어질 수 있지 않을까. 어쩌면 이 지역 사람이 코앞에 닥친 모든 어려움에도 불구하고 언제나 긍정적인 모습을 보일 수 있는 건 아름다운 자연과 햇살 덕분인지도 모르겠다. 리우 카니발이나 바닷가에서 즐기는 카이피리야 Caipirinha 칵테일 한 잔, 탱고, 혹은 '즐거운 인생'을 지향하는 생활 양식 등 남아메리카는 전 세계의 관심을 받고 있는 측면도 있다.

그러나 현지에 직접 가서 남아메리카 국가와 그곳 사람에 대해 좀 더 깊이 알면 곧 그 환한 햇살 뒤의 그림자가 눈에 들어오기 시작한다. 행정과 사법 제도, 시민 안전과 정치 모두가 대단히 취약한 곳이 바로 남아메리카다. 다른 한편으로는 이런 공공 분야의 취약성으로 인해 자기 의존적 성향이 크게 발전한 것인지도 모른다. 남아메리카 사람은 스스로 인생을 해결할 수 있다고 생각할 때는 국가가 개입할 때까지 막연하게 기다리지 않는 경향이 있다. 그리고 국가의 도움 없이도 잘 해내는 경우도 많다. 브라질은 1930년대 이후 최악의 경기 침체를 겪는 중인데, 브라질의 미셰우 테메르Michel Temer 행정부는 '새로운 시대와 희망'을 다시 가져올 것을 약속했지만 본인부터 부패 관련 혐의로 조사 대상이 된 상황이다. 이런 와중에 브라질 사람에게 좋은 소식이 있다면 부패한 기업가와 관료가 실제로 법의 심판을 받고 있다는 사실일 것이다.

1950년대만 해도 세계에서 가장 부유한 국가 중 한 곳이었던 아르헨티나의 현 대통령 마우리시오 마크리Mauricio Macri 는 경제 위기에 맞서 싸우기 위해 과감한 정책을 펼치고 있다. 2016년의 경제 위기에도 불구하고 IMF에서는 2017년에 아르헨티나 경제가 2.8퍼센트 정도 성장할 것이라 예측한다. 다만 그러려면 국민에 대한 정부의 지원을 크게 삭감하는 고통이 뒤따라야 한다. 그렇게 되면 필연적으로 마크리 대통령을 처음 권좌에 올렸던 지지 계층에서부터 반감이 터져 나올 것이다. 현재 브라질과 아르헨티나는 이 위기를 타개해 나가기 위해 외국 투자 유치 경쟁을 벌이고 있다.

지난 수십 년 동안 남아메리카는 사람들의 낙천적인 본성 때문인지 자신의 위치와 상황을 명확히 인지하지 못한 채 얼떨결에 세계화의 물결에 휩쓸렸다. 이때 잘 정비된 사회 기반 시설이 국제 교역의 필수 조건임을 간과하고 말았다. 이런 상황은 남아메리카 사회 기반 시설 구축 계획이라는 사업의 가장 큰 투자자인 중국에게는 좋은 기회가 아닐 수 없다. 중국은 다른 어떤 지역보다 남아메리카의 사회 기반 시설 구축 사업에 더 많은 투자를 하고 있는데, 아직은 전체 외국인 직접 투자 중에서 6퍼센트 정도의 비중 밖에 차지하고 있지 못하다. 전반적인 상황을 보면 남아메리카는 미국과 점점 사이가 멀어지는 반면 중국과 점점 더 가까워지고 있다. 남아메리카와 중국 사이의 교역량은 2000년 2퍼센트에서 2010년 11퍼센트까지 빠르게 증가했다. 한때 이 지역에서 막강했던 미국의 영향력은 이제 점점 더 줄어들고 있다.

남아메리카에서 미국이 중국의 영향력과 경쟁할 의지가 없건 혹은 역량이 없건 그 결과는 똑같다. 미국의 시장 선도 전략과는 아주 다른 중국의 접근 방식은 바로 '전략적 사고의 실행'으로, 수천 년 동안 갈고닦아 온 기술이다. 전략가 손자孫子는 《손자병법孫子兵法》을 통해 이미 기원전 5세기경에 종합적이며 대국적으로 상황을 바라보라고 가르쳤다. 현재 상황에서라면 바로 중국의 지정학적인 접근 방식에 적용할 수 있을 것이다.

남아메리카는 중국의 막대한 투자에 따른 이익을 얻었고 그건 미국도 마찬가지였다. 그리고 현재 남아메리카 곳곳의 첨단 통신망을 구축해 주고 있는 건 중국이라기보다는 화웨이華為가 에릭슨Ericson을 압도하도록 만들어 준 시장 경제다. 예를 들어 브라질의 4G 이동 통신망 7개 중 6개가 그렇게 만들어지고 있다. 성장하고 있는 소비 시장으로부터 발생하는 이익은 비단 이동 통신망에만 그치지 않는다. 프랑스의 다국적 유통 기업인 까르푸Carrefour는 환율 효과를 감안하더라도 남아메리카에서의 매출이 9.7퍼센트 증가했으며 브라질에서는 25퍼센트나 증가했다.

투자 환경 조성

현재 남아메리카와 카리브해 연안의 33개 국가는 전 세계에서 가장
다양한 면모를 지닌 지역 중 하나다. 이 지역의 인구수는 현재 6억
4200만 명까지 증가했는데, 수천 년 동안 3000만 명을 넘어선 적이
없다. 역사와 문화 또한 다채로워서, 높은 문명 수준을 이룩했던 아즈
텍이나 잉카, 마야와 같은 여러 토착 문화가 다른 문화의 간섭 없이 독
자적으로 발전했다. 이 지역의 역사와 문화가 야만적인 공격으로 무
너져 내리기 시작한 건 1492년부터다. 이탈리아 제노바 출신의 모험
가 크리스토퍼 콜럼버스Cristoforo Colombo가 스페인 왕국의 후원을 받아 바
다를 건너와 이른바 '신세계'에 발을 디뎠다. 16세기에 접어들자 이번
에는 포르투갈의 페드로 알바레즈 카브랄Pedro Alvarez Cabralled이 함대를 이
끌고 지금의 브라질 땅에 상륙해 포르투갈 국왕 마누엘 1세Manuel I의
새로운 영토라고 선언한다. 이 스페인과 포르투갈 정복자들의 뿌리
가 바로 라틴 민족이기 때문에 남아메리카는 이후 '라틴 아메리카Latin
America'로도 알려지게 되었다.

20세기 동안 정치적, 경제적으로 어려운 시기를 겪었던 남아메리
카 국가들은 이제는 대부분 민주적이며 자유 시장 경제를 지향하는
국가로 변모했다. 극단적인 사회주의를 표방하는 북부의 베네수엘라
와 볼리비아, 에콰도르의 경우 2016년 헤리티지재단Heritage Foundation의
경제 자유 순위Economic Freedom Ranking에 따르면 각각 176위와 160위, 159
위로 모두 '크게 위축된 상태'로 분류되고 있다. 이들은 이른바 볼리비
아연합Alianza Bolivariana para los Pueblos de Nuestra América, ALBA의 일원으로 국가 주도

형 정책을 도입해 중앙 정부에서 모든 교역과 투자를 관장한다. 이와 비슷한 정책을 취하고 있는 중국은 베네수엘라에만 147억 달러를 투자한 상태다.

남아메리카 대륙 서쪽에서는 칠레, 콜롬비아, 코스타리카, 멕시코, 페루, 파나마 등이 모여 태평양동맹Alianza del Pacifico, AP을 결성했다. 태평양동맹은 자유 시장 경제를 지향하며 자본의 흐름과 유통, 법치 제도, 지적 재산권 보호의 투명성과 효율성의 개선을 목표로 한다. 2008년 5월에는 현재 남아메리카 12개국이 가입해 있는 남미국가연합Unión de Naciones Suramericanas이 만들어졌다. 남미국가연합의 목표는 경제 통합, 공통 화폐와 의회, 여권의 발행이다. 미국의 분석가들은 이러한 움직임을 이 지역에서 미국의 영향력이 약화되면서 나타난 중요한 발전 단계로 해석하고 있다.

헤리티지재단과 세계은행에 따르면 지난 10년 동안 태평양동맹 소속 국가가 볼리비아연합 소속 국가에 비해 훨씬 더 외국인 직접 투자에 매달려 왔다고 하며, 이는 전혀 놀랄 일이 아니다.

남아메리카의 가능성

남아메리카는 글로벌 중산층 증가에도 기여하고 있는데, 2011년은 사상 처음으로 중산층이 빈곤층의 숫자를 넘어섰던 기념비적인 해이기도 하다. 남아메리카 지역은 중국이나 동유럽과 더불어 퓨 리서치 센터의 일일 수입 10달러에서 20달러의 기준으로 2001년에서 2011년 사이에 중산층이 가장 많이 증가했던 세 지역 중 하나이며, 2014년 세계은행의 발표에 따르면 글로벌 중산층의 30퍼센트를 차지한다. 남아메리카 지역은 이제 더 새롭고 평탄한 길로 들어섰다. 전체적인 성장률 경쟁에서는 특히 파라과이가 앞서고 있는데, 세계은행은 파라과이의 경제 성장률을 11퍼센트로 추산하고 있다. 파나마가 9퍼센트, 페루가 6퍼센트로 그 뒤를 추격하고 있다.

남아메리카 사람들은 교육과 성공에 목말라 있으며 다가올 시대의 변화가 만들어 낼 기회를 붙잡을 준비가 되어 있다. 남아메리카 주재 특파원 출신으로 내 오랜 친구이기도 한 볼프강 스톡Wolfgang Stock 박사는 페루 여행에서 돌아와 이렇게 말했다.

> 분위기는 이미 조성되었다. 남아메리카 각국의 정부는 자신의 약점을 장점으로 바꿀 능력을 갖췄다. 외국인 직접 투자는 사회 기반 시설 건설에만 활용되는 것이 아니라 투자자와 각 지역 모두에 새로운 일자리와 시장을 제공해 주고 있다.

브라질 기업과 최고 경영자 고문역을 수행하는 월터 링크Walter Link는 현 정부와 기업은 지금 상태를 유지하기를 바라지만, 젊은 기업인과 야당은 실질적인 변화를 추구하고 있어 어려움이 발생한다고 보고 있다. 그러나 링크 역시 많은 경영자가 유죄를 선고받고 감옥으로 가게 된 지금이 말보다는 행동이 이루어질 수 있는 적절한 시기라고 생각한다.

개혁은 지지부진한 부분도 있으나 진지한 노력이 계속해서 이어지고 있다. 지속 가능한 발전은 풍부한 천연자원을 보유한 남아메리카 국가가 그런 자원에 대한 의존을 줄이고 좀 더 장기적인 발전 계획을 세워 나가지 않는 한 제대로 실현되기 어렵다. 주요 투자가 결과로 나타나려면 상당한 시간이 걸릴 것인데, 불행하게도 정치적 관점에서 보면 결과보다 선거가 더 중요하기에 장기적인 경제 발전 대신 단기적인 정치적 성공에 더 집중하게 된다. 이런 악순환에서 벗어나기란 남아메리카와 카리브해 연안 국가뿐만 아니라 대부분의 서구 민주주의 국가에게도 어려운 일이다. 그렇지만 해법은 아프리카나 남아메리카나 모두 같다. 각 국가는 스스로의 힘으로 문제를 해결해 나가야 한다. 누구도 그 일을 대신해 줄 수는 없다.

세 번째

메가트렌드
이것만은
기억하자!

- 세계의 변화 속에서 기회를 포착하려면 떠오르는 새 로운 국가들에 대해서도 알아야 한다. 아시아, 아프 리카, 남아메리카의 신흥 경제국들이 빠르게 성장하 며 글로벌 중산층의 허리가 되고 있다.

- 북아프리카는 여전히 정치적 혼란으로 발전을 기대 하기 힘든 나라가 많지만 케냐, 에티오피아 등을 중 심으로 다국적 기업의 사회 기반 시설, 정보 통신 기 술에 대한 투자가 활발하게 이루어지며 그와 함께 다 양한 문화 사업도 꽃피고 있다.

- 아시아는 중국과 일본 그리고 '아시아의 4마리 용'을 주축으로 이미 빠르게 경제 성장을 일구어 생산뿐 아 니라 소비의 중심이 되었다. 자유와 질서, 개인주의 와 집단주의, 서구의 가치와 동양의 덕성을 결합하 는 새로운 현대화 모델의 실험장이다.

- 남아메리카는 잘못된 경제 정책, 부정부패 등으로 인해 고군분투하고 있다. 그러나 서서히 빈곤을 극 복하고 있고, 자원을 비롯해 경제 성장의 잠재력이 높아 외국인 직접 투자가 늘고 있다.

제4장

새로운
세계 지도

MASTERING MEGATRENDS

이 책은 어느 특정 국가의 청중을 위해서가 아니라 다양한 대륙과 국가의 사람을 위해 기획되었다. 따라서 우리 저자들은 이 책이 현재 상황을 어떻게 설명하느냐에 따라 독자가 세상을 다른 관점으로 보게 될 수도 있다고 생각한다. 사람은 대부분 자국의 이해관계를 중심으로 세상을 바라보며 자신이 속한 국가가 세상의 중심이라 여기기도 한다. 자라온 환경과 가족, 문화와 조국을 통해 지금 우리의 세계관이 형성되었다고 해도 과언이 아니다. 그러나 때로는 생각과 그 생각의 근간을 이루는 모든 것을 재정립해야 할 때도 있으며, 그러려면 어떻게 현재의 생각과 사고방식이 형성되었는지 과거를 거슬러 올라가며 살펴볼 필요가 있다. 이 장에서는 새롭게 그려지는 세계 지도를 꿰뚫어 볼 수 있는 통찰을 개발하기 위해 과거를 새로운 시선으로 살펴보려고 한다.

2000년의 긴 그림자

어떤 대륙이든 헤게모니를 쥔 세력, 강력한 주권을 가진 국가, 시대를
이끌었던 지식인은 자국의 영토를 넘어서도 일정한 영향력을 행사 해
왔다. 고대 그리스의 철학자 소크라테스, 플라톤, 아리스토텔레스를
한번 생각해 보자. 고대 아테네는 민주주의의 요람이었으며《일리아
스Iliad》와《오뒷세이아Odyssey》는 서양 문학의 시초였다. 아테네와 로마
의 정치, 법률, 문화의 영향력은 오늘날까지도 이어지고 있다. 1900
년에 처음 제정되어 지금까지 개정과 수정을 거듭하며 이어지는《독
일 민법전Buergerliches Gesetzbuch》의 뿌리는 고대 로마법까지 거슬러 올라간
다. 유럽의 서로마 제국과 아프리카의 쿠시 및 이집트 왕국, 중국의 주
周 왕조와 그 뒤를 이은 춘추5패春秋五覇, 남아메리카 대륙에서 번성했던
잉카와 마야, 아즈텍 문명 등도 모두 인류 문화에 거대한 발자국을 남
겼다.

경제 발전의 문제 역시 과거에서 그 뿌리를 찾을 수 있다. 영국의
경제학자 앵거스 매디슨Angus Maddison 덕분에 우리는 과거 2000년의 경
제 발전상을 대략 추정할 수 있다. 그의 분석을 진지하게 받아들이는
사람도 있고 아닌 사람도 있겠지만 부족한 자료와 잦은 국경선의 변
화, 그리고 수백 년의 세월로 인해 정확한 수치를 확인하기 어렵게 만
드는 여러 장애물을 생각하면 아마도 제일 근사치에 접근한 자료라
볼 수 있다. 매디슨의 계산에 논쟁의 여지는 있겠으나, 세계 권력 이동

의 역사에 대한 그의 관찰력과 통찰력은 상당히 객관적이고 정확하다고 볼 수 있다.

	1	1000	1500	1600	1700	1820	1850	1870
1	인도	인도	중국	중국	인도	중국	중국	중국
2	중국	중국	인도	인도	중국	인도	인도	인도
3	로마제국	아프리카	아프리카	아프리카	아프리카	러시아	영국	영국
4	서아시아	서아시아	이탈리아	프랑스	프랑스	영국	프랑스	미국
5	아프리카	서유럽	프랑스	이탈리아	러시아	프랑스	독일	러시아

	1890	1940	1960	1970	1990	2008	2016	2030(예상)
1	미국	미국	미국	미국	미국	미국	중국	중국
2	중국	소련	소련	소련	일본	중국	미국	미국
3	영국	독일	서독	일본	중국	인도	인도	인도
4	인도	영국	영국	서독	소련	일본	일본	일본
5	러시아	중국	중국	중국	독일	독일	독일	독일

앵거스 메디슨이 추정한 세계 경제력 순위 변동

이 표를 보면 3가지 사실을 분명하게 알 수 있다. 첫째 중국은 최근에 들어서야 국내 총생산의 최상위에 들어온 것이 아니다. 19세기 후반에 미국에 내어 준 자리를 되찾는 것에 가깝다. 둘째, 군사력과 경제력 면에서 미국이 강대국의 지위에 오른 것은 불과 얼마 전의 일이다. 셋째, 전체적으로 볼 때 서구 국가들이 국내 총생산 순위 상위권에 올랐던 적은 별로 없었다. 예수가 탄생했을 무렵에 이탈리아반도를 중심으로 한 로마 제국이 위세를 떨쳤지만, 전체 순위에서는 3위에 그쳤다. 그리고 영국이 대영제국으로 최전성기를 구가할 때 역시 중국의 벽을 한 번도 넘지 못했다.

2001년에 발표한 과거 2000년 역사에 대한 개괄적인 설명에 덧붙여 매디슨은 서기 1년 무렵의 전 세계 경제 생산량을 1990년 물가를 기준으로 1054억 달러 정도라고 추산했다. 이 액수는 2016년 2월 기준으로 1246억 유로에 달했던 베를린의 생산량보다도 적은 것이다. 메디슨은 물가와 관련해 화폐 가치 폭등을 비롯해 각기 다른 국가의 다양한 변수를 염두에 두고 국내 총생산과 구매력을 평가해 이런 결과를 추산해 냈다.[1]

서기 1500년경, 세계 최대의 도시는 중국 베이징으로 당시 인구수는 60만에서 70만 명 정도로 추산된다. 당시 국내 총생산 1000억 달러를 자랑했던 중국은 세계 최대의 경제 강국이었고 그 뒤를 인도가 바짝 뒤쫓고 있었다. 프랑스의 국내 총생산은 대략 1800억 달러 정도였다. 프랑스 수도 파리는 유럽 최대의 도시로 20만 명가량이 살고 있었다. 한때 로마 제국의 수도이기도 했던 로마는 로마 교황청이 프랑스 아비뇽으로 옮겨 간 것과 상관없이 이미 몰락해 가고 있었다.

기존 패권 국가의 몰락

14세기 이탈리아에서 르네상스가 시작되자, 과학적 발견 등을 통해 기독교 세력이 무너져 내리기 시작했다. 신을 중심으로 하는 세계관에서 이제는 인간을 훨씬 더 중요하게 생각하는 인간 중심의 세계관으로 바뀌기 시작했다. 그리고 교육 활동으로서의 인문주의가 가톨릭의 신학적 기반에 대한 비판적 의견과 결합하면서 기존 패권국의 지위가 위태로워졌다.

1517년, 독일의 마르틴 루터Martin Luther는 비텐베르크에 있는 성城 교회Schlosskirche의 정문에 훗날 〈95개조 반박문Die 95 Thesen〉으로 알려진 항의 격문檄文을 못으로 박아 붙인다. 이 한 남자의 행동은 당대 가장 강력한 권력의 중심, 가톨릭교회를 뒤흔들고 기존의 세계관을 뒤엎어 버리는 눈사태로 발전한다. 이날은 역사의 분기점이 되었으며 나중에는 유럽의 가장 강력한 집단을 뒤흔든 대사건으로 기록된다. 당시 가톨릭교회의 힘은 속세의 권력자인 황제, 왕, 대공大公에게까지 미쳤으며 그 교리는 과학까지 발아래에 두었다.

강력한 문화적, 교육적 활동과 운동이 이탈리아 북부에서 시작되어 전 유럽으로 퍼져 나갔다. 변화는 의문과 질문, 대안 탐색, 사고방식의 전환, 기존 지식에 대한 새로운 관점과 함께 시작되었다. 교육은 문화와 사회, 그리고 정치 요소들의 상호 작용을 뒷받침해 주었으며 사람들의 정신을 열어 주었다. 급속한 도시화에 발맞춘 교육은 다양한 직업을 가진 사람이 적당한 수준으로 부를 축적할 기회를 제공했으며 도시를 살찌웠다. 교회가 전권을 휘두르던 교육 과정, 그리고 각 교회의 경제력은 당시 가톨릭교회의 패권을 지탱하던 중요한 기둥이었다. 르네상스와 종교 개혁이 유럽 대륙에 퍼져 나가면서 사회적 지위가 낮은 사람이라 할지라도 교육을 받을 수 있는 시대가 열렸다.

가톨릭교회의 권위가 흔들리면서 지동설의 세계관이 천동설의 세계관을 대신했고 과학은 종교라는 그늘 아래 천 년 가까이 묶여 있던 족쇄를 끊고 나오기 시작했다. 이런 가톨릭교회 패권의 종말도 시대의 근본적인 변화가 없었다면 불가능했을 것이다.

유럽의 부상

가톨릭교회가 세력을 얻은 건 1700여 년 전, 로마 제국의 후계자 중한 사람이었던 콘스탄티누스가 황제의 자리에 오르면서부터다. 콘스탄티누스는 기독교로 개종한 최초의 로마 황제였으며 이후 다신교를 믿던 로마 제국은 일신교를 따르게 된다. 그리고 새로운 황제는 자신의 권위를 신과 나눈다. 신은 천상을 지배하고 콘스탄티누스는 지상을 지배하며 신은 지상의 지배자인 로마 황제에게 축복을 내린다.

이를 기점으로 유일한 종교로 인정받은 가톨릭교회와 제국의 동행이 시작된다. 서로 밀접하게 연결된 이 둘은 각자의 이익을 달성하기 위해 서로의 권력을 지지하고 인정해 주었다. 신이 인간에게 내려준 건 바로 불평등이었다. 사회 계급은 성직자와 귀족, 시민과 농부 등으로 나뉘어졌다. 각 계급은 자신의 위치에서 각기 다른 법과 기준의 적용을 받았다.

당시에는 각종 유행병이나 역병 등이 창궐했고 사망률도 높았다. 세상에 희망을 갖지 못하던 사람들은 내세의 구원을 갈망했고 이런 소망을 들어줄 수 있는 곳이 다름 아닌 가톨릭교회였다. 그러나 시간이 흐름에 따라 가톨릭교회는 신자를 섬기는 곳이 아니라 신자의 필요를 자신의 이익을 위해 이용하는 곳으로 변질되었다. 천국으로 가는 문에는 가격표가 붙었고 이런 모습은 15세기에 이르러서야 비로소 달라지기 시작했다.

그러는 사이에 1890년이 되자 대서양 건너편의 미국이 중국과 인도, 일본을 제치고 마침내 세계 최대의 경제 대국으로 부상했다. 여러 국가와 공국公國으로 갈라져 있던 유럽은 국내 총생산 규모에서 경쟁 상대가 되지 못했다.

서구 중심 세계의 시작

1517년 이후 500년 동안, 그중에서도 특히 지난 100년 동안 그 어떤 문화권도 유럽이나 미국처럼 전 세계를 아우르는 영향력을 발휘하지 못했다. 미국은 유럽의 이민자가 모여들어 세운 국가로 북아메리카 대륙의 원주민을 말살하며 국가의 모습을 갖춰 갔다. 미국의 정치, 경제, 문화의 영향력은 전 세계로 퍼져 나갔으며 거의 모든 대륙에서 각 지역의 문화를 압도했다. 서구의 의복, 음악, 거래 방식, 발명품과 혁신이 서구를 제외한 나머지 세계로 퍼지게 되었는데, 시간이 지남에 따라 서구 사람은 자신이 다른 지역의 사람보다 더 우월하다고 생각하게 되었다. 서구 사회는 스스로에게 도덕적인 권위가 있다고 보고 서구 중심의 세계관을 바탕으로 새로운 세계의 기준을 세웠다. 그리고 그런 서구적 기준에 맞춰 다른 세계를 판단했다.

다시 떠오르는 중국

세계를 돌아다니며 조사하다 보면 서구 사회의 권위가 더 이상 무소
불위가 아니며, 서구 중심의 세계관 역시 더 이상 보편적으로 받아들
여지고 있지 않다는 사실을 눈으로 확인할 수 있다. 전 세계의 신흥 경
제국은 스스로의 기준을 발전시키고 있다. 사실 이 신흥 경제국이라
는 용어는 이제 낡은 감이 있다. 이 용어로는 세계 공동체의 모습을 새
롭게 그리기 힘들다. 예컨대 중국을 비롯한 몇몇 국가는 기존의 산업
강국과 신흥 경제국의 특성을 모두 갖추고 있는 경우가 있으며, 중동
의 부국富國 카타르 같은 경우는 1인당 국민 소득이 엄청나게 높음에도
불구하고 여전히 신흥 경제국으로 불리고 있다.

　　20세기 초반에 들어서자 미국의 지도력은 점점 더 그 실체를 분
명하게 드러냈다. 그러나 1930년대까지만 해도 중국은 국민당과 공
산당이 서로 대립하며 사회적인 불안에 시달리고 일본에게 조금씩 침
략을 당하고 있었음에도 여전히 경제 규모는 세계 2위였다. 다만 미국
국내 총생산과 비교하면 3분의 1 정도의 규모로 독일, 영국, 인도와 비
슷한 수준이었다.

　　제2차 세계 대전이 막을 내린 후 50년이 지난 1980년대까지 일본
은 여전히 세계 2위의 경제 대국이었고 독일이 그 뒤를 이었다. 중국
은 10위까지 미끄러졌고 인도가 중국을 앞서 9위에 올랐다. 그렇지만
덩샤오핑의 개혁 개방 정책이 시작되면서 중국의 국내 총생산 순위가
다시 상승하기 시작했다.

　　IMF는 2015년까지 중국이 국내 총생산 대비 구매력 평가 지수

purchasing power parity, ppp에서 세계 1위에 오를 것이라는 예측을 발표했다. 국내 총생산 순위에서도 1위에 오르는 건 시간문제였다. 영국의 다국적 회계 자문 기업인 프라이스워터하우스쿠퍼스Price Waterhouse Coopers, PWC 에서는 장차 더 중대한 변화의 시기가 올 것이라 내다보는데, 2050년까지 중국이 국내 총생산 61조 달러를 달성하고 인도가 42조 달러로 2위 자리를 되찾으며 41조 달러의 미국을 밀어낸다는 것이었다. 마치 과거의 패권국들과 상대적으로 세계 무대에 올라온 지 얼마 되지 않은 국가가 미래를 지배하게 되는 그런 모습이 그려지지 않는가. 그러나 누가 가장 큰 경제 규모를 가질지는 질문 거리가 되지 않는다. 중화中華 제국은 세계 최대의 경제국이라는 왕관을 다시 찾게 될 것이다. 사람들이 훨씬 더 중요하게 생각하는 건 어디가 가장 살기 좋은 국가가 될 것인가다.[2]

　수십 수백억 개의 결정, 예측할 수 없는 발전 상황, 돌발 상황들로 인해 미래를 함부로 예견할 수 없다면, 가장 안전한 결론은 중국이 최강국이 된다는 것 아닐까. 아주 단순하게 계산해서 인구가 많을수록 인재가 많을 것이라고 생각한다면, 현재 압도적인 인구를 자랑하는 중국과 인도가 엄청난 발전을 이룰 수 있다는 건 너무도 당연한 결론이다.

　그러나 국가가 반드시 확률 이론을 따라 발전하는 것은 아니다. 미래를 예측하는 가장 안전한 방법은 현재를 연구하는 것이다.

/

서구 중심에서 다중심 세계로

/

글로벌 서던 벨트의 국가들은 새로운 세계 지도를 그려 나갈 것이다. 그 국가들이 각기 다른 발전과 개발 단계에 있으며 또 일부 국가는 경제적, 정치적으로 어려움을 겪고 있지만 모두 힘을 합쳐 판도를 바꿔 나갈 것은 분명하다.

서구 사회가 갖고 있던 주도권은 여러 부문에서 사라지고 있다. 경제력이 점점 줄면서 서구 사회가 내세웠던 민주주의와 자유 시장 경제를 바탕으로 한 발전 공식은 더 이상 먹히지 않는다. 새로운 역학 관계가 세계 공동체를 변화시키고 있으며 서구 중심의 세계는 사라지고 다중심의 세계가 만들어지는 중이다. 그 세계 안에서는 수많은 나라가 이전보다 중요한 위치를 차지하게 되는데, 이른바 '새로운 도시 국가들의 세상'과 같은 분위기가 조성될 것이다. 여러 의견과 경제적, 문화적 다양성이 함께 뒤섞일 수 있는 세상이 펼쳐질 것이며 좀 더 장기적인 관점에서 보면 새로운 통치와 경영의 모델이 만들어진다. 그리고 그 중심에는 글로벌 서던 벨트의 국가와 도시가 있다. 이들은 가까운 미래에 우리가 살고 있는 세상을 새롭게 개편할 것이다.

역사와 미래의 관계

앞서 서문에서 설명한 것처럼 우리는 아무것도 없는 백지 상태에서 시작한 것이 아니다. 이 세상과 그 안에 있는 자신, 자신이 속한 국가의 위치를 바라보는 관점은 상당부분 국가, 그리고 그 국가 안에 살면서 경험한 개인적 환경에 따라 달라진다. 시간이 흐르면서 생각이 자라 온 환경에 크게 영향을 받는 것처럼 국가의 자아 인식이나 개념 역시 과거에 의해 조성된다.

개선이나 발전은 서구 사회의 전유물이 아니다. 불과 200여 년 전만 하더라도 대부분의 국가는 불평등이 만연했고 토지를 소유한 귀족과 평민이라는 가진 자와 못 가진 자로 나뉘어 있었다. 사회 계층의 이동 가능성은 대단히 낮았으며 자기 자신이 처한 비참한 현실은 종종 신이 정한 운명으로 받아들여졌다. 200년이 지나자 이번에는 선진국과 후진국 사이에 거대한 간극이 생겨났다.

정치와 경제 분야에서만 세계 지도가 새롭게 그려지는 것은 아니다. 정서적인 면들, 그리고 그런 문제를 어떻게 다루어야 하는지도 달라지고 있다. 서구 사회가 전 세계를 지배했던 지난 200여 년 동안, 스스로를 세계의 지배자이며 도덕적 권위 그 자체로 여기는 서구의 인식은 점점 더 강해졌다. 물론 서구 사회가 단지 국내 총생산만 높은 것이 아니라 1인당 국민 소득이며 삶의 질도 높다는 사실을 인정해야 한다. 서구 국가들 안에서도 불평등의 문제가 점점 더 큰 부담과 정치적 논쟁거리가 되는 것도 사실이지만 말이다. 이제 서구 사회의 위치는 신흥 경제국과 내부의 문제로 인해 점점 위협받고 있으며 서구 국가와 글로벌 서던 벨트의 국가 모두 변화하는 새로운 세계 질서 안에서 다시 자리를 잡아야 할지도 모른다.

수명이 다한 국제기구들

UN과 브레턴 우즈Bretton Woods 체제의 설립은 70년 전의 세계 권력 지도를 대표하며, 현대의 국제기구나 서구 정부로는 신흥 경제국을 계속해서 조화롭게 이끌어 나갈 수 없을 것이다. 세계를 운영하는 일과 관련된 조직들은 서구 사회가 스스로의 유익을 위해 만들었으며 제2차 세계 대전 이후부터 지금까지 주로 정치적 문제를 조율해 왔다. 그러나 지금 세상은 UN, IMF, 세계은행 등이 세워졌던 시절과는 확연히 다르다.

"이런 조직이 20세기의 문제를 다루는 데는 어느 정도 적합할지 모르나 지금 우리가 마주한 새로운 국제적 난제를 제대로 풀어 나가지 못하고 있다." 세계은행의 부총재를 역임했던 이언 골딘lan Goldin이 자신의 저서《분열된 세계: 세계 운영의 실패와 우리가 해야 할 일Divided Nations, Why Global Governance is Failing and What We Can Do About It》에서 쓴 말이다.

UN 설립은 1945년의 일로, 그 전신은 국제연맹League of Nations이었다. UN의 목표는 세계 평화를 유지하고 국가 간의 우호적인 협상의 장을 만드는 것이었다. 그러나 UN은 조직 자체의 구조적 문제와 권한 이임 문제, 그리고 각국의 이해관계와 전문 인력 확보의 어려움 등으로 인해 미래의 문제로 직결되는 현재의 어려움을 제대로 다루지 못하고 있다.

뉴욕의 UN 건물 앞에는 1959년에 과거 소비에트 연방이 기증한 동상 하나가 서 있고 그 밑에는 "칼을 녹여 쟁기를 만들자"라는 성경에서 인용한 글귀가 새겨져 있다. 그렇지만 실제로는 그 말을 제대로 실천하지 못하고 있다.

1944년 브레턴 우즈 회의를 통해 만들어진 세계은행은 원래는 유럽의 부흥을 위한 조직이었으나 이후 신흥 경제국에 개발 자금을 지원하는 일을 주로 하게 되었다. 그러나 빈곤 문제를 해결하기 위한 세계은행의 지침이나 지시는 종종 정부 예산 삭감과 같은 '구조 조정'에 대한 요구로 이어졌고 개발 도상국에게는 재앙에 가까운 환경이 조성되기도 했다.

IMF의 핵심 목표는 환율의 안정성을 확보하는 것이지만 그 권한은 금융 규제에서 환경 문제까지 모든 방면에 걸쳐 우후죽순처럼 퍼져 있다.

21세기의 세계 운영

진화하는 새로운 세계 질서는 전 세계 각국 정부의 요구 사항과 복잡하게 얽혀 있다. 향후 몇십 년 안에 각각의 개별적인 메가트렌드는 체계적이며 통합적인 변화와 정치적, 경제적, 사회적, 세계적 전환으로 이어질 것이다. 이러한 모든 과정에서 증가하는 상호 의존성과 복잡성은 새로운 시스템적 위험 요소와 국제기관의 취약성을 드러내었다.

그 대표적인 사례가 바로 지난 2008년에 일어났던 금융 위기다. 세계의 각 기구나 조직은 이런 위기를 사전에 막거나 효과적으로 대응할 역량이 없었지만 이런 분명한 실패에도 불구하고 구조적인 변화가 곧바로 이어지지 않았다. 21세기의 다양한 시스템적 위험에 대응하지 못했던 것이다. 시간이 흐를수록 새로운 조직의 필요성은 점점

더 커지는 반면 개혁과 혁신을 할 역량은 위험과 변화의 속도를 따라
가지 못하는 상황이다.

　　IMF와 세계무역기구World Trade Organization, WTO에 따르면 전 세계 해외
투자 흐름은 1980년에서 2005년 사이에 18배 더 늘어났다. 실질적인
전 세계 국내 총생산은 대략 32퍼센트가량 증가했으며 수출입 물량은
7배 이상 늘어났다. 국제기관이 가장 대응하기 어려워하는 문제 중 하
나인 이민자나 이주자의 수는 2015년 2억4400만 명에 달하며 최고 수
준을 기록했다. 유럽으로의 망명 신청은 2015년에 처음으로 120만 명
을 넘어섰다. 대단히 많은 숫자처럼 보이지만 유럽연합의 전체 인구
가 5억1000만 명에 달한다는 점을 감안하면 이런 난민 문제는 충분히
통제 가능하다.

　　21세기의 복잡성과 상호 연관성, 의존성에 맞게 국제기관이나 조
직을 개편해야 한다는 목소리가 여기저기에서 들려온다. 국내 정책에
영향을 미치는 전 세계의 시스템적 위험으로 인해 지정학적, 국가적
이해관계를 넘어서는 각 정부 사이의 협상이 필요해지고 있다.

　　국제기관의 구조적 개편이 얼마나 빨리 이루어지는지는 새로운
세계적 힘의 균형을 어떻게 받아들이는가에 달려 있다.

'역사의 종언'의 종언

알베르트 아인슈타인Albert Einstein은 "내가 어떤 사람이 될 수 있을지, 또
어떤 잠재력을 지니고 있는지를 전혀 알 수 없다"라고 말했다지만 우
리는 그 말의 의미를 다시 한번 곱씹어볼 필요가 있다.

우리가 메가트렌드를 어느 정도 수준으로 이해할 수 있는가는 스스로에 대해 어느 정도 알고 있는가와 깊은 연관이 있다. 쓸데없는 고집을 버리고 지금의 상황에 적합한 새로운 사고방식을 개발하려는 자세가 되어 있는가? 각 개인이 생각하는 옳은 방향은 더 큰 관점에서 보아도 여전히 옳은가? 결국 전체적으로는 해가 될 것을 알면서도 기존의 관습과 자신이 누릴 수 있는 권리만을 고집하는 사람이나 조직은 얼마나 많은가?

서구 사회의 권위는 이제 예전 같지 않다. 서구 사회는 세계 공동체의 윤리적, 경제적 중심지라는 지위를 지키며 보편적인 가치와 권리의 수호자 역할을 계속하기 위해 앞으로 나아갈 방향을 다시 새롭게 정하려 하지 않을 것이다.

그런 서구 사회가 종종 무시해 온 글로벌 서던 벨트의 신흥 시장은 서서히 자신의 세계관을 발전시켜 나가고 있다. 각자의 고유한 역사와 문화를 바탕으로 과거의 어두운 유산을 청산하고 미래를 위한 계획에 따라 새로운 발판을 마련하고 있다. 이 신흥 경제국과 시장은 서구의 지시를 받는 대신 서로 의지하고 돕는 방법을 깨달았다. 그리고 자기 스스로의 힘으로 우뚝 설 수 있다는 사실 역시 알게 되었다. '역사의 종언'이라는 선언은 새로운 지정학적 가치, 변화하는 세계관, 새로운 경제적 협상의 맥락 안에서 새로운 경제 동맹을 위한 '세계 역학 관계의 변화'로 바뀌게 되었다.

/
새로운 세계 공동체의 역학
/

언뜻 보기에 중국과 아프리카, 남아메리카 대륙은 서로 공통점이 거의 없어 보인다. 인생을 즐기는 남아메리카의 생활 방식은 야심이 가득한 중국의 직업 윤리와는 어울리지 않아 보이며, 각각의 부족이 고유한 문화를 가지고 58개 국가를 세운 아프리카에서는 공통 기반을 찾아 협력하는 일이 좀처럼 쉽지 않다.

남아메리카 20개 국가가 소수의 원주민과 프랑스, 스페인, 포르투갈, 독일 이민자까지 하나로 섞여 세워진 것에 비하면 중국의 민족 구성은 좀 더 통일성이 있다고 볼 수 있다. 어쨌건 각자 인종이 다르고 문화가 다르며 또 역사가 다른 중국과 아프리카와 남아메리카는 하나로 합쳐져 세계 공동체 안에 젊은 피를 수혈하고 있다. 중국은 제일 먼저 수백만 명의 국민을 빈곤에서 구했고 남아메리카 역시 많은 문제가 있지만 지난 15년을 전후해서 빈곤 문제를 크게 줄였다.

세계은행이 펴낸 〈아프리카 빈곤 보고서A World Bank Africa Poverty Report〉에 따르면 아프리카에서는 예상보다 일반적인 빈곤층의 숫자가 줄고 있는 대신 극빈곤층은 더 늘어나는 모순이 발견된다고 한다. 그 이유 중 하나가 높은 출산율이다. 사하라 사막 이남 지역에서는 여성이 평균적으로 5명의 자녀를 출산하는데, 전 세계 평균 출산율은 약 2.5명 정도다.

중국의 떠오르는 경제력과 장기적인 전략을 따라 수행되는 정책,

그리고 개혁을 실행하는 능력과 의지는 남아메리카와 아프리카 국가가 경제 성장, 사회 안정, 발전이라는 공동의 목표를 향해 서로 협력할 발판을 제공했다. 중국이 개입하면서 만들어낸 역학은 신흥 경제국에게는 서로 상생相生하는 관계로 나아가는 수많은 가능성을 열어 주었다. 각국이 법치 제도를 개선한다면 서로의 관계를 강화하고 상업에서 투자 문제에 이르기까지 다음 단계로 나아갈 수 있을 것이다.

미국의 정책 자문 집단인 대서양 위원회Atlantic Council가 펴낸 2015년 보고서에 따르면 2000년 이후 중국과 남아메리카 사이의 교역량은 거의 2000퍼센트 가까이 늘어났는데, 칠레나 페루 같은 국가와 자유무역 협정을 맺은 것이 주된 원인이라고 한다. 그렇지만 원자재 시장의 규모가 줄면서 이런 관계도 조금씩 약화되고 있는데, 중국 측에서는 시장과 원자재 공급 및 투자를 좀 더 다각화하고 싶어 한다.

남아메리카의 국가들은 중국에게 좌지우지되는 상황을 피하면서 동시에 미국과 유럽이라는 주요 교역국에게 지나치게 의존하는 상태에서 벗어나고 싶어 한다. 2016년 기준으로 남아메리카의 최대 수입국은 1위가 미국이고 2위가 중국인데, 각국의 통계청과 중앙은행, IMF에 따르면 브라질이 2014년에 780억 달러 상당의 교역량으로 남아메리카에서 중국 최대 교역국이 되었다고 한다. 경기 침체와 정치권의 부패로 신음하고 있는 브라질 입장에서 기쁜 소식이 아닐 수 없다. 중국은 또한 2016년까지 남아메리카에 대한 투자를 2500억 달러, 교역량은 5000억 달러까지 늘릴 것이라 발표하기도 했다.

이번이 처음이 아니다

아시아와 아프리카 국가에 대한 중국의 영향력이 늘어나는 상황은 20세기와 21세기에 본격적으로 늘어난 것처럼 보이지만 사실 중국 해양 개척의 역사는 기원전까지 거슬러 올라간다. 아주 오래전부터 시작되어 수백 년에 걸쳐 이루어진 중국, 아시아, 아프리카의 관계는 기록으로는 남아 있으나 거의 알려지지 않았다.

아프리카와 중국의 관계가 처음 기록된 것은 15세기 모로코의 이븐 바투타Ibn Battuta가 모로코에서 중국까지 여행한 일이다. 중국의 황제들은 바다를 통해 자신의 영향력을 계속해서 넓혀 갔다. 중국 사람들은 배를 타고 아프리카까지 항해했으며 인도 사람과 이슬람교도도 중국을 방문했다. 이를 통해 중국 사람의 견문이 크게 넓어졌으며 조선과 항해 기술을 발전시키는 일에도 큰 도움을 받았다. 송나라 시절에는 원자재를 수출하고 향신료와 향료를 수입하는 대규모 교역 관계가 구축되었다.

중국의 보물선 항해에 대해 들어본 사람은 그리 많지 않을 것이다. 15세기 명나라 시절, 정화鄭和 제독은 70척의 선박과 2만7000여 명의 선원으로 꾸려진 대함대를 이끌고 일곱 차례에 걸쳐 이른바 '보물선 항해'를 시작한다. 정화 제독의 기함은 그 길이가 120미터에 달했고 9개의 돛대에 12개의 붉은색 돛을 매달았다. 승선한 선원은 1000명이 넘었다고 한다. 정화의 함대는 당시 포르투갈 최대의 함대조차 무색하게 만들 규모였다. 그는 심지어 지금의 아메리카 대륙까지 항해했다고 한다.

이런 엄청난 규모에도 불구하고 정화 함대의 목적은 정복이 아닌 중국의 영향력을 전 세계에 과시하는 것이었다. 보물선 함대는 태평양과 인도양을 항해해 아라비아반도와 아프리카 대륙 동부까지 나아갔는데, 포르투갈 함대가 아프리카 대륙 남단을 거쳐 인도에 도착하기 거의 100년 전의 일이다.

정화는 7번째이자 마지막 항해에서 동남아시아 지역과 인도양 연안, 페르시아만과 홍해, 그리고 아프리카 동부 연안까지 진출했고 제독 자신은 2년 뒤 1433년 인도의 콜카타에서 세상을 떠났다. 그의 사후에 함대는 중국으로 돌아갔다. 15세기 초가 되자 보물선 함대는 비용이 너무 많이 든다는 이유로 그 규모가 크게 줄어들었다.

과거와 현재의 징검다리

중국은 해군력을 바탕으로 그 영토를 확장할 수 있다는 사실을 깨달았지만 그렇게 하지 않았다. 오늘날에 이르러서 중국 사람이 기억하는 정화는 '화평을 전하는 사신'이며 피를 뿌리는 약탈과 전쟁이 아닌 도자기와 비단 기술을 전 세계에 전파한 사람이라고 자주 자랑스럽게 언급된다. 이런 과거의 역사 때문일까, 말레이시아의 국무총리인 마하티르 모하마드Mahathir Mohamad 가 베이징에서 열린 한 회의에 참석했을 때의 일화는 아주 유명하다. 청중 가운데 한 사람이 마하티르 총리에게 중국이 말레이시아를 침략할까 두렵지 않느냐고 묻자 마하티르 총리는 웃으며 이렇게 대답했다. "말레이시아가 중국과 처음 교역을 시작한 지 거의 2000년이 다 되어 간다. 그동안 중국은 단 한 번도 말레이시아를 침략하려 하지 않았는데, 어느 날 포르투갈에서 온 배 세 척이 말라카 해안에 그 모습을 드러냈다. 그리고 채 1개월이 지나지 않아 우리는 포르투갈의 식민지로 전락하고 말았다."

2005년 중국은 정화 제독의 첫 항해 600주년을 기념하며 그의 기함을 축소해 만든 배를 타고 중국 칭다오를 출발해 아시아와 아프리카 항구까지 항해했다. 중국 사람들에게 정화 제독은 중국이 두려움의 대상이 아니라는 것을 확인시켜 주는 상징과 같은 존재다.

공통 기반의 모색

중국과 아프리카 사이의 관계와 정서는 20세기 들어 더 강화되었다. 아프리카가 서구 사회로부터 벗어나는 첫걸음을 내디디며 좀 더 평등한 관계의 새로운 동맹국을 찾아 나섰을 때 중국이 인종 분리 정책에 반대하며 아프리카를 지지하면서다.

현재 중국과 아프리카의 관계는 잘 뿌리내리고 있다. 그리고 과거가 지금의 중국을 만든 것처럼 서구에서 역사를 가르칠 때 잘 다루지 않는 부분은 과거에 대한 잘못된 이해로 이어진다. 힐러리 클린턴이 한 학년을 다녔던 메인이스트 고등학교에서는 독일이나 오스트리아의 고등학교와 마찬가지로 중국의 해양 개척 역사에 거의 관심이 없었던 것 같다. 현재 아프리카로 향하고 있는 중국의 새로운 '보물선 항해'에 대한 힐러리 클린턴의 평가는 사실상 서구 사람들이 저질렀던 일을 중국 사람들도 저질렀을 것이라는 착각에 기초해 있다. 힐러리 클린턴이 2011년 아프리카 잠비아를 방문해 중국을 비난했을 때 그녀는 사실상 누워서 침을 뱉은 것이나 다름없었다. "우리는 식민지 시대를 기억한다. 그런 시절은 언제든 다시 돌아와 우리의 천연자원을 약탈해 가고 주권을 뒤흔들 수 있다."

잠비아의 경제학자이자《중국의 천연자원 확보와 그것이 세계에 미치는 영향China's Race for Resources and What It Means for the World》의 저자인 담비사 모요Dambisa Moyo는 다른 견해를 가지고 있다. 그녀는 2012년 6월 29일자《뉴욕 타임스》기고문을 통해 중국의 아프리카 투자는 새로운 형태의 제국주의가 아니며 오히려 경제 성장을 위한 아프리카의 궁극적인 희망이라고 주장했다. 2015년이 되자 중국과 아프리카 사이의 교역량은 3000억 달러 규모까지 치솟아 올랐는데, 이는 2014년의 2200억 달러에 비해 30퍼센트 이상 증가한 것이다. 게다가 시진핑 주석은 중국이 앞으로 20만 명의 기술 인력을 양성해 아프리카 국가들의 교육 문제를 개선하는 데 필요한 지원을 아끼지 않겠다고 선언했다. 2040년이 되면 매년 약 1000만 명의 아프리카 젊은이가 취업 시장에 쏟아져 나올 것이라는 예상이다.

급속하게 늘어나는 젊은 세대의 실업률을 개선하기 위해 아프리카는 서둘러 경제를 활성화시킬 필요가 있다. 개인이건 국영 기업이건 누구의 투자라도 상관없으며 규모에 상관없이 어떤 기업의 경영자라도 아프리카의 경제 안정화에 도움을 줄 수 있다. 특히 천연자원이 부족한 국가의 경우 이러한 투자는 다른 국가, 특히 유럽으로 향하는 이민자 문제를 해결하는 데도 도움을 줄 것이다.

아프리카의 노동 인력

UN에서는 사하라 사막 이남 지역의 15세에서 64세까지의 노동 인력이 2015년 5억3800만 명에서 2050년에는 25억 명 이상으로 늘어날 것으로 예상하고 있다. 이런 현상은 유럽과는 극명하게 대비된다. 유럽에서 노동이 가능한 인력은 2015년 4억9200만 명에서 2050년에는 4억500만 명으로 줄어들 것으로 예상되는데, 이민자를 대량으로 받아들이거나 출산율을 급격하게 올리지 않으면 해결 방법이 없지만 두 방법 모두 실현될 가능성은 희박하다.

통계상으로만 보면 중국 역시 어느 정도 타격을 입을 것으로 예상된다. 중국의 노동 가능 인구는 10억에서 상당히 줄어 7억9400만 명 정도가 될 전망이다.

미국의 상황은 조금 낫다. 2015년 2억1300만 명에서 2억3400만 명으로 늘어날 전망인데 다만 1960년에서 2015년까지의 기간과 비교하면 증가율이 훨씬 낮다.

브라질, 러시아, 인도, 중국, 남아프리카공화국을 뜻하는 BRICS 국가는 대체로 노동 인구가 크게 증가했던 경험이 있다. 그렇지만 앞으로는 늘지도 줄지도 않을 것으로 예상되며 다만 인도의 경우 계속 증가할 것이다.[3]

모두의 승리

중국은 아프리카의 농업을 현대화하기 위해 10개에 달하는 아프리카 농업 담당 기관과 협력 관계를 맺을 예정이다. 그렇게 되면 현재 유기

농 천연 농작물이나 건강식품 등에 대한 수요가 증가하고 있는 중국 입장에서도 유익한 일이 될 것이다. 아프리카 국가들은 늘어나는 중국의 부유층 소비자에게 특별하고 고급스러운 식재료를 공급할 수 있을 것인데, 예컨대 커피의 경우 고급 커피 전문점에서 독특한 풍미를 지닌 단일 원산지 직송 커피를 제공하게 되는 것이다.

엑셀런스 파운데이션 시노 아프리칸 센터Sino African Centre of Excellence Foundation의 소장 류장후는 아프리카에 대한 중국 사람의 일반적인 생각은 "이국적인 문화의 야성과 자연이 살아 있는 대륙"이라고 말한다. 그리고 이런 모습이 중국의 소비자에게 인상적으로 다가갈 수 있다고 믿는다. 양에 의존하는 대량 생산 식품이 아닌 품질 위주의 이국적인 재료는 아프리카와 중국 사이의 교역에 새로운 기회를 열어 줄 것으로 기대된다.

중국과 아프리카의 관계를 평가할 때 중국은 종종 단일 국가처럼 취급되지만, 중국과 아프리카의 협력 관계에서 전통적인 정부와 정부 사이의 교류 외에 각 지방 정부에서 독립적으로 추진하는 협력 관계도 있다. 예를 들어 가자-후베이 협력 농장Gaza Hubei-Friendship Farm은 중국 후베이성과 모잠비크의 가자 정부가 공동으로 만든 시설이다.

또한 개인 기업의 참여도 속도를 높이고 있다. 중국 기업은 점점 더 시장 중심을 지향하고 있으며 진출하려는 국가의 언어를 배우는 수준 정도를 넘어서 자사의 제품을 판매하는 지역의 취향과 수요에 맞추기 위해 노력하고 있다.

미국 브루킹스연구소의 조사에 따르면 아프리카 전역으로 퍼지는 중국의 투자는 나이지리아와 남아프리카공화국 같은 부국에서 에티오피아와 케냐, 그리고 우간다처럼 천연자원이 부족한 국가까지 가리는 곳이 없다. 서구 국가의 투자가 일반적으로 법치 제도가 제대로 시행되지 않는 국가를 꺼리는 반면 중국은 그런 문제에는 관심이 없으며 대신 해당 국가의 정치적 안정성을 먼저 고려하는 편이다.

아프리카 인구의 가능성

적절하게만 대응한다면 세계 각국은 아프리카의 늘어나는 인구로부터 큰 도움을 받을 수 있을 것이다. "정치적으로 볼 때 자유 민주주의 방식은 그 매력을 잃어 가고 있다." 오랫동안 아프리카 지역 특파원을 지낸 아프리카 전문가 바르톨로모이스 그릴Bartholomäus Grill이 저서《오, 아프리카Oh, Africa》에서 한 말이다. 본받을 만한 새로운 정치 방식을 찾는 과정에서 아프리카의 정치 지도자들은 아프리카와 공통점이 거의 없는 미국이 아니라 신흥 경제국의 방식을 참조하고 있다. 빈곤을 이겨내고 세계 경제의 일원이 되는 것이 가능하다는 사실을 실제로 증명해 보인 국가들이다. 스스로를 도덕적, 정치적 권위의 기준이라고 주장하는 서구 사회의 영향력은 사라져 가고 있으며 서구의 보편적 가치관 역시 더 이상 받아들여지지 않는다.

미국 정부가 새로운 경쟁자를 공격하는 건 어쩌면 너무나 당연한 일이다. 중국이 아프리카에 막대한 투자를 하는 동안 미국은 그 옆에 서서 아프리카 대륙에 대한 자국의 영향력이 사라지는 걸 지켜볼 수밖에 없었다.

담비사 모요의 말이다. 2013년 비영리 무료 강연인 TED 강연에서 그녀는 또 이렇게 말했다.

> 중국은 신흥 시장에서 사람들이 따르고 싶어 하는 제도를 가진 국가로 그 위치를 굳히고 있다. 삶의 수준을 가장 빠르게 개선시켜 줄 체계와 제도를 중국이 가지고 있다고 믿는 사람이 점점 늘어나고 있기 때문이다.

이렇게 보면 중국이 에티오피아의 수도 아디스아바바에 아프리카 연합 54개 회원국을 위한 새로운 본부 건물을 건설해 준 것은 단순한 선물 그 이상일 것이다. 2012년 케냐에 진출한 중국의 CCTV는 중국의 공식적인 목표를 위한 발판을 마련하고 있다.

> 중국 사람들에게 아프리카에 대한 정확한 이해를 제공하며 중국과 아프리카 사이의 우호를 증진한다. 그렇게 되면 중국의 진짜 모습 또한 아프리카에 전해질 것이며 아프리카의 진정한 모습을 세계에 알릴 수 있게 될 것이다.

지나치게 많은 의미를 부여하지 않고 이 말을 받아들인다면, 중국과 아프리카가 세계 공동체 안에서 미미했던 존재감을 더 크게 키워

가는 변화의 상징 정도로 이해할 수 있을 것이다.

새로운 집단 역학 관계와 정치 발전

중국의 새로운 자기 인식과 세계 무대에서 높아지는 자신감은 관계의
변화를 낳고 있다. 이제는 더 이상 '선진국'이 자비를 베푸는 그런 개
념이 아니라 각자의 필요와 선택에 따라 관계가 형성된다.

2014년 1월 영국의 일간지《가디언Guardian》에서 온라인 언론 매체
인 www.theworldpost.com에 실린 기사 한 편을 인용해 보도했는데,
칭화대학교의 현대 국제관계연구소 소장 옌쉐퉁阎学通은 이 기사를 통
해 중국은 새로운 외교 정책을 시작하고 있으며 갈등이 아닌 협력의
길로 나아가려 한다고 주장했다.

> 덩샤오핑은 자세를 낮춘 채 미국과의 관계 개선을 최우선 과
> 제로 삼았다. 이른바 '도광양회韬光养晦', 즉 빛을 감추고 어둠 속
> 에서 힘을 길러 때를 기다린다는 전략이다. 시진핑 주석이 최
> 근에 한 연설들을 보면 이제는 그때와 다른 전략을 취하고 있
> 음을 분명히 알 수 있다. 바로 '분발유위奋发有为', 즉 노력을 통
> 해 뭔가를 이루어 내겠다는 것이다.

> 옌쉐퉁은 이어 또 다른 새롭고 흥미로운 내용을 소개했다.

> 지난 20여 년 동안 중국은 친구도 적도 없다는 기본적인 신

조 아래 외교 정책을 실행해 왔다. 일부 예외는 있었지만, 다른 모든 국가는 중국의 발전에 가장 크게 도움이 되는 외부적 환경을 조성하는 데 기본적으로 모두 똑같은 취급을 받았다. 중국으로서는 자국의 이익이 언제나 최우선이었던 것이다. 시진핑 주석이 이끄는 중국은 이제 친구와 적을 구분해서 대하게 될 것이다. 중국의 발전을 위해 건설적인 역할을 맡고자 하는 사람이 있다면 중국은 그에게 중국의 발전을 통해 발생하는 더 큰 실제적인 이익을 나눠 줄 방법을 찾을 것이다.

네 번째

메가트렌드 이것만은 기억하자!

- 앞으로 세계의 판도가 어떻게 달라질지 예측하려면 과거의 변화 특히 서구가 본격적으로 세계 무대의 주인공이 될 수 있었던 이유를 알아야 한다.

- 미국이 세계 최강국이 되고, 서구가 세계적인 지배력을 키울 수 있었던 분기점은 르네상스와 종교개혁이었다. 의문과 질문, 대안의 탐색, 사고방식의 전환, 기존과는 다른 관점의 성장이 서구의 힘이었다.

- 이제 기존의 서구 중심 세계는 붕괴하고 다중심 세계가 만들어지고 있다. 기존 국제기구들의 힘은 약화하고 있으며 그간 약소했던 글로벌 서던 벨트, 즉 아시아, 남미, 아프리카의 국가들이 성장하여 세계 역학 관계에 변화를 주고 있다.

- 변화하는 세계 질서의 중심에는 중국이 있다. 중국은 남아메리카와 아프리카의 사회 기반 시설, 교육, 산업 등에 투자하며 해당 국가들과 좋은 관계를 다져가고 있다. 글로벌 서던 벨트의 국가들은 중국과의 관계를 통해 활력을 되찾고 중국은 해당 국가들의 인력을 활용하며 함께 성장하고 있다.

제5장

기술 혁신과
일자리의 미래

MASTERING MEGATRENDS

무엇을 공부해야 할지 고민하는 학생에게 어떤 말을 해 줄 수 있을까? 직장 생활에서 답답함을 느끼는 사람에게는 어떤 충고를 해 주는 것이 좋을까? 일자리를 잃은 사람에게 해 줄 수 있는 말은? 일자리의 미래는 어떨까? 모두를 위한 일자리가 남아 있을까?

다가올 미래에 인간과 기계는 서로 공존하게 될까 아니면 기계가 인간의 일자리를 빼앗게 될까? 어쩌면 자기가 현재 하는 일은 절대로 기계에게 빼앗기지 않을 것이라 생각하는 사람이 있을지도 모르겠다. 어쩌면 그럴 수도 있다. 그러나 대부분은 자신의 생각이 틀렸다는 사실을 곧 알게 될 것이다.

200여 년 전만 해도 대부분의 사람은 농업에 종사했다. 이후 기계 사용이 일반화되면서 농업과 관련된 거의 모든 직업은 사라지고 말았다. 그리고 지난 수십 년 동안 이번에는 공장에서 일하는 노동자가 망치질, 단조, 조립, 용접, 절단 작업을 하는 산업용 로봇에게 자리를 점차 내주고 있다. 다만 이렇게 농업이나 산업 노동자가 다른 일자리 없이 마냥 밀려나지는 않는다. 같은 시간에 이런 기계화나 자동화에 의해 수백만 개의 새로운 일자리가 다시 만들어지기 때문이다. 다음 세대가 종사하게 될 직업의 대다수는 윗세대에서는 상상도 하지 못했던 것들이다. 그리고 상황은 여기에서 더 나아갈 것이다. 21세기가 저물 무렵에는 현재 존재하는 일자리의 70퍼센트가 로봇에 의해 대체되고 인공 지능에 의해 사라질 수 있다는 예측을 하는 건 너무나 자연스러운 일이며, 어쩌면 그조차도 지나치게 소극적인 예측일지도 모른다.

어쩌면 우리의 삶에 별다른 영향을 미치지 않을 수도 있는 먼 미래를 내다보는 것은 우리의 일자리와 삶 모두에 영향을 미치는 발전을 이해하며 10년이나 20년 앞을 예측하는 일보다 더 쉬울 수 있다. 뭔가를 충분히 이해하고 실감을 하는 데는 언제나 시간이 걸리는 법이다. 우리는 육체노동 분야에서 자동화와 기계화가 진행되는 것을 경험했다. 그리고 얼마 동안은 기계에 의한 이런 일자리 대체가 육체노동과 관련된 일자리나 분야에 국한될 것이라 믿거나 혹은 그런 희망을 갖기도 했다. 그렇지만 이제는 기계화와 자동화가 지식 노동 분야까지 진출했으며 더 정교하고 복잡한 분야까지 확대되고 있다는 사실이 분명해졌다.

우리의 후손은 필름 사진기로 사진을 찍고 손으로 사진을 인화하던 시절을 잘 알지 못할 것이다. 사진의 인화 과정은 기계화가 되었다가 다시 디지털 사진기가 개발되면서 사실상 사라져 버렸다. 이제는 병원에서 혈액 검사를 할 때 인간 전문가가 필요 없다. 병원 입원 환자에게 약을 나눠 주는 일도 간호사가 할 필요 없고, 심지어 치과 기공사도 다른 일자리를 찾아봐야 할 처지가 되었다. 3D 프린터가 훨씬 더 정밀해진 처방전을 바탕으로 크라운, 브리지, 임플란트 등 인공 치아 관련 제품을 더 짧은 시간 안에 더 싸게 만들 수 있기 때문이다.

일자리가 사라지는 것은 분명한 사실이다. 그러나 사라진 일자리만큼 새로운 일자리가 생겨나고 있다. 이런 메가트렌드를 따라잡으려면 대전환을 준비하는 것이 가장 중요하다.

/

알고리즘 혁명

/

인공 지능Artificial Intelligence, AI과 광학식 문자 인식 프로그램optical character recognition, OCR이 장족의 발전을 이루면서 앞으로 이와 관련 없는 일자리는 거의 없을 것으로 예상된다. 이미 많은 기계 장치에 인공 지능이 도입되었으며 우리가 미처 깨닫지 못한 곳에도 들어가 있는 경우가 많다. 예를 들어 중국 도시의 어느 거리를 걷다가 묵고 있는 호텔로 돌아가는 길을 찾지 못한다고 생각해 보자. 이제는 걱정할 필요가 없다. 아마도 어디를 가든 영어나 다른 언어로 된 질문을 입력할 수 있는 스마트폰을 갖지 않은 중국 사람은 드물 것이며, 그 스마트폰은 질문을 그 자리에서 중국어로 옮겨 줄 것이다. 전문 번역가라 해도 자신이 하는 일에 뭔가 특별한 기술이나 능력을 더해야만 그 일을 계속할 수 있는 시대가 그리 멀지 않았다.

또한 구글을 이용하면 인터넷에서 찾은 어떤 사진이라도 그 사진에 대한 정확한 설명을 제공받을 수 있다. 이런 첨단 기술이 없었다면 아마 이 책을 쓰기 위한 사전 조사에 얼마나 시간이 더 걸렸을지 모른다. 아주 정교하게 만들어진 백스터Baxter라는 이름의 작업용 로봇이 일터에서 어떤 일을 할 수 있는지 알고 싶은가? 관련 정보 자체는 말 그대로 손가락만 까딱하면 다 찾을 수 있다. 그리고 말로 하는 어떤 설명보다 동영상을 한번 보면 이 로봇이 인간 작업자의 지시를 받아 작업을 수행하는 데 필요한 내용을 스스로 학습한다는 것까지 알 수 있다.

지금 직업은 어느 정도나 사라질까

우리가 흔히 타는 여객기의 대부분은 자동 항법 장치를 이용해 조종사 없이도 비행이 가능하다. 그렇다면 이런 장치가 트럭 등에 적용되는 날은 언제쯤일까? 미국트럭운송협회American Trucking Association에 따르면 미국에는 현재 350만 명 정도가 트럭 운송업에 종사하고 있다고 한다. 2050년쯤에 대부분의 트럭이 자율 운행된다고 가정할 때 아직 나이가 젊은 트럭 운전기사는 지금부터라도 새로운 일자리를 찾아보는 것이 더 좋지 않을까? 그렇다면 현재 거의 200만 명에 달하는 증권 거래소 직원, 250만 명의 화물 운송 관련 인력, 350만 명에 달하는 계산원은 앞으로 어떻게 될까?

중국의 막대한 노동력은 주로 생산 공장이나 용역 분야에 종사하는데, 그중 상당수는 미국의 노동자와 비슷한 상황에 처해 있다. 공자는 "준비가 성공의 열쇠"라는 말을 남겼다고 하는데 그 준비를 해야 할 때가 바로 지금이다.

물론, 인공 지능 같은 첨단 기술의 다음 단계에 대한 대담한 전망은 흥미로운 만큼 불확실한 면이 많다. 많은 과학자는 이제 우리가 장기적으로 인공 지능을 넘어서는 이른바 초인공 지능Artificial Superintelligence, ASI의 시대를 준비해야 한다고 확신하고 있다. 1998년 초 옥스퍼드 대학교 인류미래연구소Future of Humanity Institute 소장이었던 닉 보스트롬Nick Bostrom은 초인공 지능에 대해 이렇게 설명했다.

> 이른바 초지능이라는 것은 사실상 모든 분야에서 인간의 두뇌가 할 수 있는 최선을 뛰어넘는 훨씬 더 똑똑한 지능을 의미한다. 여기에는 과학적 창의성과 일반적인 상식, 그리고 사회적 기술 등도 들어간다. 이런 정의 자체가 초지능이 어떻게 해석되고 이용될 수 있는지를 예측하기 힘들게 만든다. 초지능은 디지털 컴퓨터가 될 수도 있고, 네트워크 컴퓨터의 합동 작업일 수도 있으며, 문화적 중층 조직이나 우리 자신이 가지고 있는 어떤 능력도 될 수 있다. 또한 초지능에 의식이 있고 주관적 경험을 할 수 있는가 하는 문제도 가능성이 열려 있다.

인공 지능과 관련된 몇몇 연구 조사에서 전문가들은 초인공 지능의 시대가 실제로 언제쯤 도래할 것인지에 대해 질문받았다. 그 결과 세계가 깜짝 놀랄 만한 초인공 지능은 2060년쯤 출현할 가능성이 있다는 결론이 나왔다. 인공 지능에 대한 논의가 처음으로 이뤄진 후 실제로 사용 가능한 인공 지능이 개발될 때까지 걸린 시간을 생각해 보면, 이 2060년이라는 예측은 믿기 힘든 정도는 아니다.

물론 우리가 예상하는 것보다 더 긴 시간이 걸릴 수도 있으며 반대로 그때가 더 빨리 다가올 수도 있다. 그런데 이 초인공 지능이 과연 안전할까? 우리는 초인공 지능의 개발과 사용에 있어서 안전성을 최우선 과제로 두고 있는가? 현재의 상황을 생각하면 과연 그럴 수 있을까 하는 의구심이 드는 것도 사실이다. 다만 이 초인공 지능의 시대가 도래하면 많은 일자리가 기계에게 그 자리를 내주게 될 것임은 분명하다. 그렇다면 어떤 일자리가 완전히 사라지고, 어떤 일자리가 대신 생겨나며, 또 결국에는 일어나게 될 이런 변화에 우리는 어떻게 대응하고 준비할 수 있는가?

다가오는 변화들

로봇이 지금 당장 솜씨 좋은 변호사를 대신하지는 않겠지만 이미 다른 일반적인 사무는 대부분 기계가 처리하고 있다. 미국의 보스턴 컨설팅 그룹과 독일의 부체리우스 법학전문대학원Bucerius Law School이 발표한 내용에 따르면 가까운 장래에 현재 이뤄지는 변호사 업무의 대략 50퍼센트 정도는 알고리즘algorithm으로 해결할 수 있다고 한다. 내가 채무와 파산 처리 전문 변호사라고 가정해 보자. 누군가 채무가 많은 어떤 부실기업이 계속 운영될 수 있을지 물어 왔다. 인간 변호사라면 조사를 하는 데 며칠은 걸리겠지만 법률 전문 로봇은 단 몇 초 안에 관련 문제를 해결할 것이다. 법률 문서를 담당하는 인공 지능은 수백만 건의 문서를 확인하고 법조문과 판례를 읽으며 적절한 해답을 찾은 다음 거기에 부가 설명까지 붙일 수 있다. IBM이 개발한 인공 지능 컴퓨터 왓슨Watson에 사용되는 프로그램은 끊임없이 학습하고 절대로 아무것도 잊어버리지 않으며 동시에 방대한 양의 자료를 검색할 수 있다. 심지어 영어가 아닌 다른 언어로도 같은 작업을 수행할 수 있다.

알고리즘은 법률 관련 업무에 일대 혁신을 가져올 것이다. 과거에는 신참 변호사와 보조 사무원이 일반적인 사무를 처리했다. 앞으로 그런 일반 사무는 컴퓨터가 자동으로 처리하게 된다. 이런 현상의 긍정적인 측면은 비용을 줄여 준다는 것이며 거기에 더해 각종 계약서나 법적 문서 작업에서 생기는 오류의 근본적 원인인 인간의 실수 자체를 제거하고 어려운 법률 용어도 모든 사람이 이해할 수 있도록 쉽게 풀어서 설명해 줄 수 있다.

미국 법률 회사 베이커 앤드 맥킨지Baker & McKenzie의 독일 프랑크푸르트 지사에서는 이 변화를 받아들여야 하는 이유를 꿰뚫어 봤다. 일반적인 사무를 컴퓨터가 알아서 처리하자, 변호사는 계약이 채결되고 문제점이 나타나기 훨씬 전의 계획 단계에서부터 의뢰인과 업무를 함께 시작할 수 있게 된 것이다.

베를린에서는 법률 관련 기술 스타트업 레버톤Leverton이 성장을 거듭하고 있다. 레버톤은 스스로 학습이 가능한 알고리즘을 개발했고 이를 통해 불과 몇 분 안에 수백 장이 넘는 부동산 관련 계약서를 읽어 낼 수 있다. 이제 머지않아 법률 회사는 각종 법전이며 관련 서류, 컴퓨터에 저장된 문서철과 함께 과거의 유산이 될 것 같다. 현재 레버톤

은 부동산 계약 업무에 주력하고 있지만 다른 분야로 확장될 가능성
이 무궁무진하다고 보고 있다.

《디 차이트》2016년 9월 22일자 보도에 따르면 플라이트라이트
Flightright, 유클레임Euclaim, 페어플레인Fairplane과 같은 스타트업은 지금의
제도에 불편을 겪고 있는 여객기 이용객의 편의를 위한 상품을 개발
중이다. 이들이 개발한 알고리즘으로 몇 초 안에 이용객이 주장하는
불편 사항이 타당한지 확인하고 대책을 마련한다고 한다.

법률 분야에서의 기술 혁신은 법 집행과 관련된 다른 많은 부문에
도 당연히 영향을 줄 것이다. 그러나 알고리즘의 적용은 비단 법 관련
문제에만 그치지 않는다. 의료, 투자, 계량이나 측정, 그리고 앞으로도
더 많은 분야와 문제로 영역을 넓히게 될 것이다.

알고리즘의 숨겨진 힘

100년 전만 해도 사람들은 자신이 믿는 신앙과 상관없이 신은 무소부
재無所不在한 존재라고 배웠다. 이제는 알고리즘이 무소부재하다. 이는
믿고 안 믿고의 문제가 아니라 주어진 사실이다.

《뉴욕 타임스》2016년 3월 8일자의 헤드라인은 '알고리즘을 믿을
수 있는가'였다. 우리가 미처 알아차리지 못하는 순간에도 알고리즘
은 우리의 결정 과정뿐만 아니라 정부 각 부처를 포함한 기업이나 기
관의 업무 처리에도 도움을 주고 있다. 정부의 경우는 우리의 삶에도
직접적인 영향을 준다. 알고리즘을 응용하면 지원자의 이력서와 자격
등을 미리 평가할 수 있으며, 은행의 경우 대출 희망자의 신용도를 평

가할 수 있다. 보험 회사에서는 가입자별로 다양한 보험료를 계산할 수 있다. 심지어 개인이 장차 범죄에 연루될 가능성을 예측하는 일이 가능해질지도 모른다.

MIT 객원 교수이자 마이크로소프트사의 연구원이기도 한 케이트 크로포드Kate Crawford는 이렇게 주장한다. "우리는 삶에 영향을 미치는 알고리즘이 좀 더 정당한 법적 절차에 따라 움직일 수 있도록 한시라도 빨리 조치를 취할 필요가 있다." 메릴랜드대학교 법학과 교수 프랭크 파스콸레Frank Pasquale는 경고한다. "내가 알지도 못하는 사이에 나에 대한 잘못된 정보 하나가 모든 것을 다 망칠 수도 있다."

누구의 책임인가

2016년 1월 미국의 교양 잡지《와이어드WIRED》에는 기계화나 자동화로 인해 내 일자리가 사라진다면 그건 누구의 책임인지를 묻는 기사가 실렸다. 드디어 알고리즘이 내리는 결정의 법적 책임을 진지하게 묻기 시작한 것이다. 유럽연합에서는 2018년 5월부터 발효되는 새로운 법률안을 상정했는데, 여기에 따르면 유럽연합 소속 국가 국민은 자동화로 내려지는 결정에 대한 설명을 요구하고 여기에 반론을 제기할 수 있다. 그러나 이 법안은 인간의 판단이 포함되지 않은 내용에만 적용이 가능하다. 예를 들어 온라인 신용 카드 개설이나 구인 구직 등인데, 그렇게 되면 많은 사안이 이 법안의 적용을 받지 않을 수 있다. 미국 하원에서는 오바마 대통령이 제안한 이른바 '소비자 사생활 권리 장전consumer privacy bill of rights'을 부결시켰는데, 이는 유럽연합의 개인 정보

관련 규정을 바탕으로 만들어졌다.

인간의 사생활이 마치 펼쳐진 책처럼 점점 더 많이 공개되는 데 반해서, 알고리즘의 처리 과정은 여전히 명확하게 알려지지 않고 있으며 따라서 책임성이 떨어진다. 만일 정보나 자료가 잘못되었거나 전제가 잘못되었더라도 희생자는 법적인 조치를 취하지 못할 수도 있는 것이다. 이럴 경우 유일한 해결책은 개인 정보나 자료를 수정하거나 아니면 알고리즘 자체가 언젠가 고쳐지기를 기다리는 것뿐이다.

일자리는 어떻게 되는가

로봇들은 이제 서로 반응하며 움직이기 시작했다. 우리는 이제 이른바 협동 로봇collaborative robot, cobot이라는 새로운 로봇의 시대에 살고 있다. 이 협동 로봇은 또 다른 로봇과 협력하며 주어진 임무를 완수한다. 인간이 기계에게 지시하는 시대에서 기계가 기계에게 지시하는 시대로 옮겨 가고 있으며 이 기계는 스스로 일하는 환경에 대해 판단할 수 있다. 게다가 그 작업 속도를 생각해 보자. 기계는 아프지도 않고 휴가도 필요 없으며 임금 인상을 요구하지도 않고 동료와의 불화도 없다. 이런 기계와 인간이 어떻게 경쟁할 수 있겠는가.

그런데 이런 '인간 노동의 종말'은 처음 나온 이야기가 아니다. 역사를 거슬러 올라가면 이와 비슷한 일이 반복적으로 일어났다. 농업 시대에서 산업 시대로 전환되는 동안에도 그랬고, 조립 라인이 도입되고 로봇이 그 라인에 들어가 인간 대신 일하게 되었을 때도 그랬다. 개인 컴퓨터가 등장해 많은 사무직 직원의 일을 대신하게 되었을 때도 마찬가지였다. 우리는 점점 더 적은 인원으로 점점 더 많은 제품을 생산할 수 있는 시대로 한 걸음씩 발전해 왔다. 그러면서 산업 자동화의 수준 역시 계속 심화되었다. 그런데도 전체적으로 볼 때 일자리 문제는 전반적으로 잘 해결되었다. 모든 구조적 변화 뒤에 사라지는 일자리보다 새로 만들어지는 일자리가 더 많았기 때문이다.

/

4차 산업 혁명, 기대 혹은 불안

/

4차 산업 혁명은 말 그대로 4번째 단계의 산업 혁명이란 의미다. 이 4번째 단계에서는 자동화와 로봇 기술에 기계가 다른 기계와 서로 소통할 수 있는 능력까지 합쳐진다. 따라서 인간의 관리나 감시가 거의 없어도 물건의 제조나 운송이 가능한 시대가 다가왔다. 또한 4차 산업 혁명은 사물 인터넷Internet of Things, IoT 시대를 견인한다. 스마트폰을 이용해 자동차에 명령을 내려 그 차가 집 앞까지 스스로 와서 기다리게 한다거나, 차가 연료를 넣기 위해 알아서 멈춰 선다고 상상해 보자. 아니면 냉장고가 필요한 식료품을 알아서 스스로 주문할 수 있다면 어떨까. 이런 영화 같은 상상이 바로 사물 인터넷 시대의 일상이다.

　　모든 기술 발전과 마찬가지로 적절한 시기에 적절한 판단을 내리는 것이 4차 산업 혁명의 열매를 누리는 방법이다. 그리고 다음 단계의 기술을 훨씬 더 빠르게 적용할 수 있는 중소 규모의 기업이 그 중심

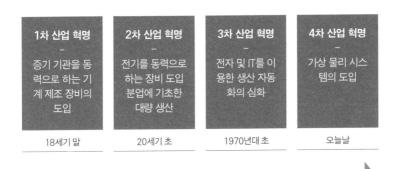

1차 산업 혁명 – 증기 기관을 동력으로 하는 기계 제조 장비의 도입	2차 산업 혁명 – 전기를 동력으로 하는 장비 도입 분업에 기초한 대량 생산	3차 산업 혁명 – 전자 및 IT를 이용한 생산 자동화의 심화	4차 산업 혁명 – 가상 물리 시스템의 도입
18세기 말	20세기 초	1970년대 초	오늘날

시 간

네 가지 산업 혁명   출처: Indstrie 4.0

이 될 가능성이 높다.

4차 산업 혁명은 분명 많은 기대를 모으고 있다. 세계은행에서 글로벌 ICT Information and Communications Technologies 개발 부서를 담당하는 크리스 앨런 베인 Chris Allen Vein 은 이렇게 이야기한다. "사물 인터넷은 세계 경제의 흐름을 바꿀 중대한 사건이다. 생산성이 향상되는 것은 물론, 사회 기반 시설의 간극을 넘어설 수 있게 되고, 혁신의 속도가 빨라진다." 다만 아직 이 모든 것은 진행 중일 뿐이고, 조금 더 기술이 성숙해야 한다.

실제로 현장에서 뛰는 최고 경영자 및 경영진은 당장 어떤 일을 어떻게 시작해야 할지, 필요한 투자는 어느 정도인지, 이런 기술 체계를 갖추고 실행하는 데 필요한 인력을 어디서 찾아야 할지가 불확실하다고 말한다.

주인을 몰아내는 로봇

우리가 현재 경험하는 근본적인 변화는 로봇이 노동자가 생산성을 올리기 위해 사용하는 도구에서 노동자 자체가 되어 가는 전환의 과정이라고 볼 수 있다. 그리고 앞에서 언급했던 것처럼 로봇은 인간 못지않게 똑똑할뿐더러 인간 노동자와 같은 요구 사항도 없다. 설사 우리가 '고급'의 일을 한다고 해도 '안정적인' 직업의 전망이 밝지는 않다. 지금의 디지털 혁명은 그것을 주도했던 혁신가의 자리까지 위협한다. 높은 보수를 받던 전문직 일자리도 점점 더 인간이 아닌 더 편리한 기계로 대체되고 있다.

SEW 유로드라이브SEW Eurodrive는 모터 및 각종 구동 장치의 자동화 기술을 이끄는 세계 유수의 독일 기업으로, 완전히 자동화된 공장을 꿈꾼다. SEW의 직원들은 1980년대부터 반쯤 농담처럼 언젠가는 이 회사에 정문 경비 한 사람만 남게 될 것이며 그 사람이 회사의 유일한 인간 노동자가 될 것이라 말했다. 그러나 실제는 좀 다르다. SEW는 디지털 생산 방식 때문에 실업 문제가 발생할 것이라는 전망을 무색하게 만들고 있다. 불필요한 인력을 줄이고 생산성은 30퍼센트 이상 증가했지만 실제 노동자의 숫자는 별다른 변화가 없다고 한다. 그만큼 회사 일거리가 계속해서 늘어나고 있기 때문이다. SEW의 향후 계획은 협력사와 유통 업체, 그리고 고객을 모두 한 자리에 모아 모든 것이 완전하게 하나로 연결되어 움직이는 공장을 만드는 것이다.

변화에 적응하기 위한 노력

중국 기업은 독일의 전문 지식을 배워 활용하고 싶어 한다. 중국 최
대의 로봇 제조 회사인 시아순新松은 아예 독일의 일급 기계 공학 직업
학교 한 곳을 사들였다. 토이틀로프 직업 교육 비영리 유한회사Teutloff
Training and Welding Education Non Profit Ltd Liability Company가 그곳이다. 이미 전 세계 판
매량의 4분의 1을 차지하고 세계 최대의 산업용 로봇 시장으로 성장
한 중국에서 로봇 전문가 수요는 크게 증가한 상황이며, 거기에 연간
로봇 생산량을 3배 이상 올린다는 계획도 갖고 있다. 이 목표를 달성
하기 위해 국가가 주도하는 최첨단 생산 산업 고도화 전략인 '중국 제
조 2025'가 시작되었다. 이미 수요가 급증하고 있는 세계 최고 수준의
로봇 연구 개발 인력과 최첨단 전문 인력을 더 많이 양성하겠다는 전
략이다. 거기에 세계 유수의 직업 학교와도 협력 관계를 맺어 갈 것이
라고 한다. 이에 따라 시아순은 앞으로 2년 안에 중국 내에 10~20개

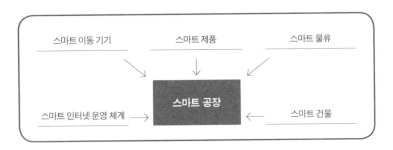

중국 제조 2025의 핵심인 스마트 제조 구상도   출처: Indstrie 4.0

정도의 직업 훈련 학교를 새로 여는 것이 목표다.

시아순과 마찬가지로 독일의 ABB Ltd.와 KUKA 로봇 주식회사 KUKA Aktiengesellschaft 중국 지사 역시 로봇 사용의 효율성에 대해 잘 알지 못하는 고객들에게 관련 교육을 제공하는 사업을 진행 중이다.

중국에게 산업용 로봇을 사용하려는 모든 노력은 결국 증가하는 인력 부족과 임금 상승, 그리고 인구 문제를 균형 있게 해결하려는 시도라고 볼 수 있다.

기술 발전에 의해 거세지고 있는 변화의 바람 때문에, 특히나 기술 분야에서 기업도 개인도 더 이상 과거의 영광에만 안주할 수 없게 되었다. 애플, 페이스북, 구글 등의 최첨단 거대 기술 기업은 계속해서 또 다른 혁신의 흐름은 물론, 앞으로 치고 올라올 중소 규모 경쟁자를 대비하고 있다. 기술 산업 밖에 있는 여러 조직이나 개인 역시 그러한 분위기를 따라갈 수밖에 없다.

호텔 사업으로 유명한 힐튼 그룹Hilton Group은 100년의 역사와 230억 달러의 기업 가치를 갖고 있는데, 지난 2016년 10월에 중국의 HNA 그룹이 그중 25퍼센트의 지분을 매입했다. 한편 전 세계를 아우르는 숙박업계의 선두 주자 에어비엔비는 불과 8년 남짓한 기간 동안 기업 가치를 300억 달러로 끌어올렸다. 이제 어느 누구도, 어떤 것도 안전하지 않다.

양이 질이 된다

마이크로소프트는 2016년 기준으로 설립 41주년을 맞았으며 인터넷

과 스마트폰이 폭발적으로 성장하던 시기를 따라잡지 못했다는 이야
기를 들어왔다. 어떻게 그런 일이 일어났을까? 어쩌면 경직된 관료주
의는 세계 첨단 IT 산업의 중심지인 실리콘 밸리도 비켜 가지 않는다
는 사례가 아닐까. 시가 총액 6840억 달러의 이 거인은 이제 새로운
길을 찾으려 하고 있다. 적어도 현 최고 경영자 사티아 나델라Satya Nadella
의 계획은 그러한데, 마이크로소프트를 완전히 다르게 변신시키고 싶
어 한다. "인공 지능은 우리가 바라는 목표의 갈림길에 서 있다."IT 전
문가들의 모임인 이그나이트 컨퍼런스Ignite Conference에서 그가 한 말이
다. 그는 "인공 지능을 통해 그동안 축적된 자료를 분석하고 새로운 정
보로 변환할 수 있을 것"이라고 주장했다.

　　마이크로소프트는 4차 산업 혁명을 위한 플랫폼을 제공하겠다고
천명했다. 독일의 가정용품 제조 기업인 립헬Liebherr은 감지 장치를 통
해 내부에 무엇이 들어 있는지 확인하고 알려 주는 냉장고를 개발 중
이다. 다만 이런 발상을 처음 한 건 립헬이 아니고 이미 1990년대에
많은 책을 통해 소개되었다. 독일의 어느 커피 기계 제조 회사에서는
안면 인식 기술을 활용해 각자의 취향에 딱 맞는 완벽한 커피를 내리
는 서비스를 제공하려 하고 있다.

　　마이크로소프트는 예전에 '일인당 개인용 컴퓨터 한 대'라는 목표
를 내세웠지만 이제는 모든 인간과 조직이 더 높은 목표를 성취할 수
있도록 돕는 것으로 바꾸었다. 그 목표가 어떤 것이든 상관없이 말이
다. 다른 많은 경쟁자와 마찬가지로 마이크로소프트 역시 가상 저장
공간인 이른바 클라우드 컴퓨팅cloud computing을 활용해 각 기업의 디지

털 정보와 처리를 대신 맡아서 해 주는 운영 체제를 개발하는 데 중점을 두고 있다. 그렇게 되면 각종 정보나 자료 등을 언제 어디서든 인터넷을 통해 쉽게 찾아서 사용할 수 있다.

　　클라우드 컴퓨팅에서 앞서 나가기 위해 마이크소프트, 오라클, 세일즈포스Salesforce 같은 미국 기업은 미국 내부에서뿐만 아니라 SAP 같은 독일의 소프트웨어 회사와도 경쟁하고 있다. SAP는 중국에서 클라우드 컴퓨팅에 뛰어들어 2016년 2분기와 3분기 연속으로 세 자릿수 성장을 일구어 냈다. 미국의 IT 관련 연구 조사 기업인 가트너Gartner Inc.는 전 세계 클라우드 컴퓨팅 산업이 2016년에 거의 17퍼센트 이상 성장해 그 규모가 2040억 달러에 달하며 2019년에는 3012억 달러에 이를 것으로 전망한다.

정보 보안 문제

위험이 없으면 영광도 없다. 많은 클라우드 컴퓨팅 기술 덕분에 기업들은 IT 관리를 다른 회사에 맡길 수 있게 되었다. 이는 IT 관리 업무가 비용의 부담이 될 수 있는 중소 규모의 기업에게는 희소식이다. 그러나 클라우드 컴퓨팅 기술은 큰 이익이 되면서도 동시에 새로운 위험과 걱정거리를 만들어 낸다. 많은 조직은 자료 저장 문제가 자신의 관리 밖에 있으면 위험하지 않을까 염려한다. 자료가 손실될 수도 있고, 승인받지 않은 외부 인물이 무단 침입할 수도 있으며, 인터넷상에서 공격 대상이 될 수도 있다. 혹은 정부가 검열을 시도하거나 법적인 책임 문제가 불거질 수도 있으며, 부주의한 혹은 악의적인 행동으로 손상을 입을 수도 있다. 그런데도 관련 업계 종사자는 IT 전문가가 관리하는 멀리 떨어진 곳에 있는 서버, 즉 별도의 저장소에 자료를 보관하는 것이 실제로는 위험을 줄이는 방법이라고 지적한다. 보안 문제에 대한 전문성과 기술을 갖고 훨씬 더 신중하게 일을 처리하는 보안 전문가가 있기 때문이다. 실제로 미국의 클라우드 서비스 전문 기업인 사이퍼 클라우드Cypher Cloud가 펴낸 〈2016 전 세계 클라우드 데이터 보안 보고서Global Cloud Data Security Report〉에 따르면, "각 조직이나 단체, 기업의 64퍼센트가 클라우드 컴퓨팅 서비스를 이용해 자료나 정보를 관리하는 가장 큰 이유는 규제 준수와 정보 보안 기준 때문"이다.

자료를 사내에 보관할지 아니면 클라우드 서비스를 이용해 외부 저장소에 보관할지의 문제는 각 기업마다 더 좋은 쪽을 선택하겠지만 자료 보관의 보안 문제는 앞으로도 중요한 문제로 남을 것이다. 자료 보안 문제는 국경이 없는 이 디지털 세상에서 서로 신뢰를 쌓아 가기 위해 반드시 짚고 가야 하는 문제다. 또한 컴퓨터 기술이 기업의 경영이나 개인의 삶에서 빼놓을 수 없는 부분이 되어 가는 지금 세상에서 디지털 자료로 만들어진 자산과 그 권리를 보호하는 일은 대단히 중요하다.

지식의 민주화

지난 수십 년 동안 IT 기술은 인터넷과 스마트폰, 전자 상거래, 소셜 미디어 등을 통해 농업, 교육, 보건 등 다양한 산업과 분야로 뻗어 나갔다. 이제 우리는 스스로 학습하는 능력을 보유한 기계와 소프트웨어를 개발하는 시대에 접어들었다. 인공 지능은 이런 모든 기술적 변화의 중심에 있는데, 사람과 조직 모두에게 새로운 능력을 부여할 수 있는 잠재력을 지니고 있다.

우리는 이미 인공 지능 기술이 들어간 스마트폰 애플리케이션을 사용하며, 이를 통해 개인 비서를 고용한 것처럼 일정을 확인하고 여가를 즐기고 심지어 아주 지혜로운 충고까지 얻을 수 있다. 아마존닷컴Amazon.com은 이런 인공 지능 기술을 이용하는 업계 선두 기업 중 하나로 스피커와 결합한 일종의 인공 지능 비서 프로그램인 알렉사Alexa를 개발했다. 이용자는 장소나 시간, 음악, 운동 경기 등에 대해 알렉사에게 직접 물어볼 수 있으며 날씨 정보를 얻고 요리법을 알아보며 저장된 음원 중에서 원하는 것을 골라 재생시킬 수도 있다.

구글에서는 이에 대응해 구글 홈Google Home을 자체 개발해 선보였다. 마이크로소프트가 개발한 인공 지능 비서의 이름은 코르타나Cortana로, "문자로 하는 명령도 말로 하는 명령도 다 받아들이고 당신을 깊이 이해한다. 당신의 가족을 알고, 직업을 알고, 환경을 알고 있으며, 세상에 대해서도 안다." 코르타나는 또한 사용자의 스마트폰과 컴퓨터에 설치되어 있는 애플리케이션과 프로그램 등을 제어할 수도 있으며 "오늘 우산을 가지고 나갈까?" 혹은 "팬케이크는 어떻게 만드는 거지?" 등과 같은 간단한 질문에 즉시 대답할 수 있다. 심지어 사용자의 일정을 조정해 주고 필요한 정보를 찾아주며 목적지까지 안내해 주기도 한다. 배달되고 있는 택배 물품의 이송 경로를 추적하며 지루할 때는 함께 잡담도 해 준다.

현재 인공 지능에 대한 기대는 대단히 높은 상황이며 단순히 소수 지배층을 위한 새로운 장난감이 아닌 다수에게 지식을 전달하는 창구가 될 것이라는 전망도 있다. 세계에서 가장 발전된 클라우드 서비스 프로그램이라면 엄청난 양의 정보와 자료를 저장 및 정리하고 언제든 쉽게 찾아 이용할 수 있게 해 주는 표준화된 도구를 제공할 것이다. 의뢰인이 필요로 하는 적절한 자료를 그 즉시 찾아 제공할 수 있게 되며 하드웨어나 소프트웨어, IT 담당 직원과 관련된 비용 지출도 줄여 줄 것이다. 컴퓨터, 이동 통신 기기, 사물 인터넷 등 그야말로 모든 것이 하나로 연결되는 세상이 오고 있다.

MIT에서 발표한 '가장 똑똑한 기업 순위'를 보면 인공 지능 기술 분야에는 미국 기업이 32개나 올라 있어 선두를 달리고 있다. 그러나 중국이 그 존재감을 드러낼 날도 멀지 않았다.

중국에 주목하라

대략 전체 인구의 52퍼센트에 해당하는 7억 명이 인터넷을 사용하는 중국의 인터넷 시장은 그야말로 세계 최대 규모를 자랑한다. 2위인 인도는 전체 인구의 35퍼센트인 4억6000만 명이, 3위인 미국에서는 전체 인구의 88퍼센트에 해당하는 2억8600만 명이 인터넷을 사용하고 있다.

그런데 미국 시장은 이미 포화 상태에 접어든 반면 중국은 여전히 더 빠르게, 그리고 더 많이 성장할 가능성이 남아 있다. 중국의 인터넷 기업이 호황을 누리는 건 당연하다. 중국의 인터넷 관련 산업은 자국

내에만 머물고 있는 것이 아니라 인공 지능 부문에서 세계적인 거대 기업인 마이크로소프트, 구글, IBM 등과 대등하게 경쟁하고 있다. 장래성이 있는 스타트업에 과감하게 투자하는 벤처 투자는 그간 중국에서 찾아보기 어려웠으나 이제는 아니다. 현재 인공 지능 관련 스타트업에 투자금이 몰리고 있다. 말과 형상 인식 같은 인간의 인지 기능을 흉내 낼 수 있는 컴퓨터를 개발하기 위해 필요한 인재를 확보하는 경쟁도 대단히 치열하다.

가장 공격적인 투자를 펼치는 사람 중 하나인 창신공장創新工場의 리카이푸李開復 회장은 인공 지능, 기업용 소프트웨어, 연예 오락 관련 콘텐츠를 만들어 내는 스타트업에 투자하기 위해 6억7400만 달러에 달하는 투자금을 조성한 바 있다.

MIT에서 발행하는 기술 분석 전문지《MIT 테크놀로지 리뷰MIT technology review》는 중국의 인터넷 검색 엔진 바이두Baidu 를 2016년 가장 똑똑한 50대 기업 2위에 올렸다. 1위는 미국의 아마존이었다. 이 50대 기업에는 중국 기업이 4곳 더 포함되었는데 화웨이가 10위, 텐센트騰訊가 20위, 디디추싱滴滴出行이 21위, 알리바바가 24위였다. MIT가 발표한 내용만으로도 중국이 이 분야의 선두에 오르기 위해 분발하고 있음을 잘 알 수 있다. 특히 바이두의 음성 인식 시스템은 큰 호평을 받았는데, 구어체 언어를 때로는 사람보다도 더 정확하게 인식할 수 있다고 한다. 스탠퍼드대학교와 경쟁하는 바이두의 음성 인식 소프트웨어는 인간이 스마트폰으로 문자를 직접 입력하는 것보다 3배나 더 빠르게 음성을 인식할 수 있다. 그런데 바이두의 최고 연구원인 앤드루 응

Andrew Ng은 스탠퍼드대학교의 겸임 교수이기도 하다. 그런 그가 바이두에 합류한 이유는 그곳이 남들보다 한발 앞서 인공 지능 연구에 적극적으로 지원하고 있기 때문이라고 한다.[1]

중국을 방문했을 때 그동안 이용하던 택시나 숙박비가 굉장히 비싼 호텔의 전세 승용차 대신 디디추싱 애플리케이션을 이용해 보았다. 디디추싱이 제공하는 차는 호텔 전세 승용차 수준의 편리함과 안락함을 갖췄으며 저렴한 비용에 시간도 정확하게 지켰다. 중국의 차량 공유 사업을 지배하는 디디추싱은 이미 우버 차이나Uber China를 매입했으며 또 다른 시장에 진출해 이 치열한 경쟁을 끝내기 위한 과정을 차근차근 밟고 있다.

디디추싱의 창업자인 청웨이程維는 인터넷 기술 경쟁의 전반전이라고 할 수 있는 컴퓨터와 인간을 잇는 사업이 이미 막을 내렸다고 믿는다. "인터넷 경쟁의 후반전은 바로 인공 지능 사업이다."

디지털 혁명 시대의 리더

이제 리더가 반드시 숙지할 것은 역량의 집중과 통합이다. 신흥 경제국은 새로운 시장과 수요를 만들고 있다. 지정학적 역학 관계에서 엄청난 변화가 일어나고 있어서 경영 현장에서 그 사실을 실감할 수 있다. 혁신이 진행되는 속도는 기하급수적으로 빨라지고 있다. 새로운 기술은 언제나 기존의 산업을 무너뜨리고 새로운 산업을 만들었다. 게다가 위험, 복잡성, 다양성, 불확실성을 관리할 필요성과 함께 성공에 대한 압박이 끊임없이 계속되면서 경영 능력과 지도력의 기준이 대단히 높아졌다.

경제 전문지《포천Fortune》이 선정하는 500대 기업을 상대로 자문을 해 왔고 한 달에도 몇 차례나 유럽과 미국을 오가며 다국적 기업을 교육하는 스티븐 라인스미스Stephen Rhinesmith에게 앞으로 닥칠 변화를 극복하는 데 가장 어려운 문제는 무엇인지 물어 보았다. 그는 지도자가 실제로 해야 하는 일은 그저 로봇이나 디지털 기술과 같은 새로운 기술을 다루는 일에 국한되지 않는다고 한다. 기하급수적으로 밀려올 변화를 제대로 예측하지 못하는 경영자나 지도자가 많다는 것이다.

> 과거와 비교하면 경천동지할 변화가 일어나고 있는데, 리더들은 그런 사실을 제대로 인식하지 못하고 있다. 현재 이루어지는 기술의 진보가 지난 15년에서 20년 사이에 일어났던 발전과는 비교할 수도 없다는 건 분명한 사실이다. 현대의 리더는 이중의 어려움을 직시해야 한다. 먼저 자신이 하고 있는 일이 언제든 사라지거나 무너질 수 있다는 사실을 인식해야 하며 이러한 붕괴가 생각보다 훨씬 빠르게 진행될 수 있다는 사실도 이해해야만 한다. 가장 현명한 리더들은 이런 변화를 예측하고 자신의 약점을 파악해 지금 하고 있는 일을 새롭게 개편하는 데 집중하고 있다.

스티븐 라인스미스는 어떤 분야의 어떤 직분인지와 상관없이 리더라면 해야만 하는 직무 중 하나가 제대로 된 계획을 세우는 것이라고 말한다. 전략 계획을 분기별로 분석하기 어렵다면 1년 단위의 계획이라도 세워야 한다. 이렇게 해야만 새로운 기술 발전이 지금의 업무와 고객 관계, 경쟁력, 사업 모델 중 어느 영역을 크게 바꿔 놓을지 예측할 수 있다.

라인스미스는 지난 30여 년 동안 세계화와 글로벌 리더십에 대해 쓰고 있기도 한데, 그는 세상의 모든 기업은 두 부류로 나뉜다고 확신한다. "외부의 위협을 경험해 본 기업과 그렇지 못한 기업이다." 그는 또한 이런 상상을 초월한 대변혁과 붕괴의 현실을 리더에게도 똑같이 적용할 수 있다고 믿는다. "세상에는 두 부류의 리더가 있는데, 고통을 이미 경험한 사람과 앞으로 경험하게 될 사람이다. 리더는 위험천만하고 불확실하며, 복잡미묘한 미래가 다가올 때 어디로도 숨을 곳이 없다."

현대를 살아가는 리더들은 자신이 이끄는 국가나 기업을 위한 장기적인 계획을 세우고 관리하는 일뿐만 아니라, 지금 당장 벌어지는 실질적인 문제들과도 싸우고 있다. 또한 요즘은 기업의 최고 경영자가 대중이 알아보는 공인公人에 점점 더 가까워지고 있기 때문에 대중 매체나 일반인이 끊임없이 그 일거수일투족을 감시하고 있기도 하다.

이와 관련하여 대니얼 바셀라Daniel Vasella는 노바티스 회장 시절 맥킨지와 이런 대담을 나누기도 했다.

모든 최고 경영자는 완전히 믿고 속내를 털어놓을 수 있는 누군가가 필요하다. '더는 못하겠어. 인제 그만 은퇴해야지'라

던가 '저 자식을 정말로 회사에서 쫓아내고 싶군' 같은 말을 눈치 보지 않고 할 수 있는, 또 자신을 이해해 주고 균형을 잡을 수 있도록 도와주는 그런 사람이다. 최고 경영자는 종종 안정적인 정서 관계의 중요성을 잊어버리곤 한다. 특히나 회사 바깥에서 그런 관계가 필요한데 말이다.

주요 대기업 최고 경영자의 개인 상담역으로도 활동한 라인스미스는 도전에 대응하려면 다음과 같아야 한다고 믿는다.

최고 경영자는 개인의 삶과 회사에서의 삶을 분리할 수 있어야 한다. 끊임없이 외부에 노출되고 일종의 감시를 받는 상황은 대단히 고통스럽다. 누군가 업무에 대해 비난하면 업무로만 받아들여라. 그런 사람은 경영자를 개인이 아니라 그가 이끄는 회사를 대표하는 상징으로 보고 그러는 것이다.

학습과 교육은 필수 전략

독일의 다튼로슨Datenlotsen은 유럽 유수의 디지털 교육 과정 및 교제 제공업체다. 이 다튼로슨의 최고 경영자인 스테판 작스Stephan Sachse는 제대로 된 기업의 교육 과정 없이는 각 기업이 다가올 변화에 능동적으로 대처할 수 없다고 본다. 스티븐 라인스미스와 마찬가지로 스테판 작스 역시 "변화의 실체를 확인하고 적용하는 기업의 역량과 기민함이야말로 경쟁에서 살아남을 수 있는 가장 중요한 요소"라고 확신한다. 그의 설명을 들어 보자.

　의사 결정 과정에 걸리는 시간과 그 결정을 현장에 적용하는
방식이 점점 더 간결해지고 있다. 각 기업의 주요 직원에게는
신속하게 전달할 수 있는 지식에 근거한 학습과 교육 과정을
만들고 거기에 따라 각 사안에 기민하게 대처하는 훈련이 필
요하다. 이런 학습과 교육은 더 이상 선택 사항이 아니며 필
수적인 기업 전략이다. 사업장의 위치와 직원, 그리고 진출하
는 시장이 국제화될수록 관련 교육 과정을 제공하는 일 역시
중요해진다. 계획, 개발, 적용에서 불필요한 낭비를 줄이기 위
해 전 세계적으로 협업할 수 있는 법을 교육해야 한다.

　전 세계적으로 경쟁이 심화되면서 각 기업은 비용 문제
를 중요시할 수밖에 없다. 새로운 방식의 교육을 통해 직원이
반드시 참여해야 하는 기존의 비능률적이고 고루한 훈련 이
아닌 업무 과정에 대한 통합된 학습이 가능해진다. 그렇게 되
면 기존의 직업 교육에 들던 비용이 엄청나게 줄어들 것이다.

　이른바 '한입 크기 학습법Bite-sized-learning nuggets'은 시간과 장
소에 구애받지 않는 학습 방식으로 단순히 회사 직원에게만
국한되는 것이 아니라 고객과 하청 업체, 그리고 미래의 새로
운 직원 모두에게 적용할 수 있다. 각 개인의 학습 성취 내용
에 위기 관리 경영과 기업 지배 경영까지 더해지면서 이 새로
운 교육과 학습 방식은 이제 중요한 인적 자원 활용으로 이어

지고 있다.

　이런 새로운 교육 방식의 개발을 이끄는 건 기술, 수요, 인력 문제다. 전문가들의 추정에 의하면 2011년에 약 2100억 달러 정도가 이런 기업의 학습과 교육에 사용되었고 그중 20퍼센트는 인터넷 학습 부문에 지출되었다. 미국 캘리포니아에 있는 글로벌 인더스트리 애널리스트Global Industry Analysts, 월드와이드 비즈니스 스트레테지 앤드 마켓 인텔리전스 소스Worldwide Business Strategy & Market Intelligence Source, 그리고 영국 런던의 투자은행인 IBIS 캐피탈 등에서는 기업의 인터넷 학습 관련 시장이 매년 평균 13퍼센트씩 성장할 것으로 기대하고 있으며 이는 전체 교육 시장에서도 가장 크게 성장하는 분야다.

　인터넷을 이용한 온라인 학습과 교육은 기업의 학습 과정과 관련된 부가 가치 창출 과정의 모든 단계에 영향을 미치며 동시에 교육 문화 자체에도 막대한 영향을 미친다. 이를 통해 기존의 자기 주도 학습 방식을 지원하며 또 직업 교육의 책임도 직원 자신이 짊어지게 된다. 기업이나 경영자가 할 일은 이와 관련된 적절한 기술을 개발해 적용하는 것인데, 그렇게 되면 직급에 상관없이 모든 직원이 지식을 교환하는 문화와 그에 따른 학습 조직을 만들 수 있다.

　앞으로는 무료로 받는 대량 교육의 시대가 아니라 평생 이어지는 개별적이고 개인적인 교육의 시대가 다가올 것이며, 기존의 엘리트 교육 제공자와 기업도 이를 통해 유익을

얻을 수 있다. 기술적으로 통합된 교육 방식은 학계와 현장
교육 사이의 간극을 줄여 줄 것이며 장차 기업과 그 경영자가
이런 새로운 대안적 학습 방식과 그 발전 속도를 어떻게 받아
들이냐가 화두가 될 것이다.

/

인터넷 기술의 미래

/

1980년대를 거치면서 대중 매체를 통해 컴퓨터 기술이 작업 환경을
어떻게 바꿔 나갈 것인지가 거론되었다. 1990년대 중반만 해도 개인
용 컴퓨터가 드물지는 않았으나 그 활용은 제한적이었으며 이메일을
이용한 교류는 겨우 걸음마 단계였다. 이렇게 변화가 빠르지 않았음
에도 변화를 예측해 주기를 바라는 사람은 굉장히 많았다. 지금도 우
리는 당시 사람들이 그렸던 미래가 현실이 되기를 기다리고 있다. 출
퇴근이 가능한 일인용 헬리콥터나 완전히 자동화된 집안일, 인간에
가까운 로봇의 출현 등이다. 자율 주행 자동차의 경우 드디어 그 모습
을 드러냈지만 아직 해결할 문제가 많다.

　　미래를 예측하는 책의 저자들이 지나치게 먼 미래를 꿈꾸는 동안
인터넷과 사람을 가깝게 만들려는 진지한 노력은 쉬지 않고 계속되었
다. 인터넷 관련 통계 사이트 internetworldstats.com에 따르면 1996년
12월까지 전 세계 인구 중에서 인터넷 사용자는 0.4퍼센트, 1600만 명

에 불과했다. 나는 이미 1982년부터 정보화 시대로의 전환을 강조했지만 아직 먼 이야기였다.

2000년 12월이 되자 인터넷 사용자의 수가 3억6100만 명으로 늘어났고 2005년 12월에는 드디어 세계 인구의 15퍼센트, 약 10억 명이 온라인에 접속했다. 1998년에 설립된 구글은 상장을 했으며 조금씩 가정용 컴퓨터 안으로 들어오기 시작했다. 2006년에 출간한《마인드세트》를 집필할 때는 지금까지 함께 일하던 조수가 더는 필요치 않았다. 검색 엔진 덕분이었다.

인터넷은 우리가 일하고 소통하는 방식을 바꾸었다. 또한 전 세계 국내 총생산에서도 큰 부분을 차지하고 있으며 새로운 일자리 창출의 촉매 역할을 한다. 아프리카에서는 소규모, 혹은 1인 인터넷 기업 덕분에 중산층이 늘어났다. 인터넷을 통한 자료의 빠른 교환이 없다면 우리가 사는 세상의 상당 부분은 그 기능이 정지할 것이다.

단지 고장 없는 작동뿐만 아니라 자료의 안전한 전송까지 포함하는 안전 및 보안은 이제 가장 중요한 사안이 되었다. 4차 산업 혁명과 관련해 중요하게 고려하는 사항 중 하나가 바로 온라인상에서의 안전이나 보안이다. 외부의 제삼자와 일을 함께 하거나 서로 다른 곳에서 자료를 모아 작업에 이용할 때 보안이 중요해진다.

앞서 세상의 모든 기업은 "외부의 위협을 경험해 본 기업과 그렇지 못한 기업"으로 나뉜다고 확신한다는 스티븐 라인스미스의 말을 과장이라고 생각한 사람이 있을지도 모르겠다. 그러나 그것이 오늘날의 현실이다. 인생, 사업, 정치, 군사 등 모든 분야에서 인터넷과 컴퓨

터를 이용한 위협이 점점 거세지고 있다. 더욱 두려운 건 아직은 시작
에 불과하다는 점이다.

빅 데이터란 무엇인가

현재 구글의 비상임 회장으로 물러나 있는 에릭 슈미트Eric Schmidt는 지
난 2011년에 사람들이 48시간마다 50억 기가바이트 분량의 정보를
교환하고 있다고 추산했다. 1기가바이트는 10억 비트다. 그런데 슈미
트에 따르면 우리 인류가 처음으로 의사소통을 시작한 이래 2003년
까지 오간 정보의 양이 50억 기가바이트 정도다.

지구상의 과학자들이 어디에서 일하는가와 상관없이 서로 오가
는 정보의 양은 기하급수적으로 늘어나고 있다. 이런 감당할 수 없을
정도의 대용량 정보를 이른바 빅 데이터big data라고 부르는데, 그 빅 데
이터의 규모가 실제로 얼마나 되는지 독일의 주간지《디 차이트》는
2016년 10월 13일자 기사에서 예시를 들어 이렇게 설명했다.

- 유럽입자물리연구소Conseil Européenne pour la Recherche Nucléaire, CERN는
  세계 최대 규모를 자랑하는 최고 권위의 과학 연구소 중 하
  나다. 이 연구소의 가장 큰 업적 중 하나는 이른바 '힉스 입자
  Higgs Boson'의 존재를 증명한 것인데, 이 실험을 위해 CERN 소
  속 과학자들은 5000만 기가바이트 분량의 자료를 분석해야
  했다. 5000만 기가바이트는 인터넷 영상 스트리밍 서비스인
  넷플릭스Netflix에서 영화를 5707년 동안 받아서 볼 수 있을 정

도의 규모다.

• 휴먼 브레인 프로젝트Human Brain Project는 유럽연합 소속 23개
국이 승인한 과학 실험이다. 이 실험의 목표는 인간의 두뇌
에 관한 모든 자료를 수집한 뒤 슈퍼컴퓨터를 이용해 두뇌의
활동을 재현하는 것이다. 이를 위해 2016년 한 해에만 69만
9000기가바이트의 정보가 수집되었다. 이 자료와 정보를 종
이에 모두 인쇄해 출력하면 높이가 무려 3만4950킬로미터에
달하는 종이탑이 세워진다.

• 미국 워싱턴과 루이지애나에 있는 레이저 간섭계 중력파
관측소Laser Interferometer Gravitational-Wave Observatory에서는 중력파의 존재
를 추적하기 위해 14년 동안 자료를 수집해 왔고 그 양은 50
만 기가바이트에 이른다. 온라인 저장 공간인 드롭박스Dropbox
가 회원 한 사람당 제공하는 저장 공간이 2기가바이트라는
사실을 감안하면, 50만 기가바이트는 25만 명의 회원이 사용
할 수 있는 저장 공간이다.

• 상대적으로 적어 보이기는 하지만, 지진의 전조가 될 수
있는 지표면 진동을 확인하는 데 필요한 자료나 정보의 양
이 한 달에 8300기가바이트 정도다. 8300기가바이트면 영
화 〈사랑의 블랙홀Grounthog Day〉을 인터넷에서 4882회 내려받

을 수 있다.

대용량의 정보나 자료는 모든 인간의 삶의 영역을 발전시킬 것이다. 이미 2006년에 스웨덴의 기술자들은 빅 데이터를 이용해 교통 흐름을 통제하기 시작했고 3년이 지나지 않아 평균 운행 시간을 절반으로, 배기가스 배출을 5분의 1로 줄일 수 있었다.

독일의 다름슈타트에서는 수천여 개의 감지기가 보행자가 횡단보도의 교통 신호등 단추를 누르는 것을 확인하고 버스는 특수 교통 신호등에 신호를 보낸다. 청각 감응 장치는 속도를 측정하며 신호등에 장착된 180개의 카메라가 사진을 찍거나 차 번호를 저장하는 일 없이 오가는 차량들을 확인한다. 이렇게 해서 수집된 모든 정보를 통해 다름슈타트시는 0.3초에 한 번씩 교통 상황을 최신 정보로 갱신한다. 운전자는 어느 정도의 속도로 달려야 초록 신호등에 맞춰 막히지 않고 빠져나갈 수 있는지 전달받게 된다.

인간의 혈액은 일종의 빅 데이터 저장소로 건강 관리에 이용할 수 있다. 체액에 대한 유전자 검사를 하는 액체생검液體生檢, liquid biopsy이 충분히 발전하면 의사는 인체에 부담을 주는 세포 검사를 하지 않고도 몸 안에 암세포와 같은 종양이 있는지 확인할 수 있을 것이다. 특별 제작한 소프트웨어를 이용해서 환자의 DNA와 건강한 사람의 DNA를 비교해 병리학적 징후를 찾아내는 것이다.

캘리포니아에서 문학을 가르치는 프랑코 모레티Franco Moretti 교수는 런던을 배경으로 하는 1700년에서 1900년 사이의 소설 1만5000편을 분석하는 소프트웨어를 이용해 문학 연구를 했다. 그 결과 런던의 공원, 광장, 거리, 다리 등과 관련된 단어 숫자를 파악해 각각의 장소가 사람에게 미치는 감정적 영향이 무엇인지 찾아냈다. 예컨대 런던 탑 같은 경우는 오랫동안 공포의 대상이었다는 사실이 확인되었다. 모레티 교수에 따르면 이런 분석을 통해 사회적 현실이 변했음에도 불구하고 런던 자체의 인상은 1800년대 이후 크게 달라진 것이 없다는 것을 알게 되었다고 한다.

많은 사람이 실제로 도움을 받을 수 있는 빅 데이터 활용은 아마도 '만능 통역기' 같은 것이 아닐까. 이미 구글 번역기나 다른 인터넷 번역기 등을 이용하면 기본적인 단어나 문장 정도는 이해가 가능하다. 수십억 개가 넘는 인터넷상의 다양한 언어 음성 자료를 분석하면 자동 통역기 개발의 발판을 마련할 수 있는데, 몇 년 안에 일상생활이나 업무에서 실시간으로 통역이나 번역을 이용할 수 있을 것이다.

어떤 범죄가 어디에서 일어날지도 예측할 수 있을까? 범죄 예측은 우리의 견해가 긍정적이든 부정적이든 상관없이 이미 시작되었다. 《디 차이트》2016년 10월 5일자 보도에 따르면 과거에 발생한 수백만 가지의 범죄 내용을 저장한 후 그 유형을 분석해 특정 지역에서 비슷한 범죄가 일어날 가능성을 확인하는 방식은, 지리학자들이 지진과 그 후에 일어나는 여진餘震을 예측할 때 사용하는 방식과 흡사하다고 한다. 일단 한 번 지진이 일어나면 대단히 높은 확률로 여진이 발생하는데, 이와 유사하게 절도범도 한 번 절도가 성공한 지역에서 다시 범죄를 일으킬 확률이 높다. 범죄 예측이 실제로 활용된다면 법 집행을 담당하는 공무원은 범죄가 일어날 확률이 높은 지역을 선택해 좀 더 집중적으로 감시하게 될 것이다.

빅 데이터는 축복인가

빅 데이터는 일상생활과 업무를 개선할 엄청난 기회를 제공한다. 그러나 그런 자료나 정보에 대한 오용이라는 일반적인 위험 외에도 또다른 논란이 있다. 빅 데이터에 근거해서 어떤 특정 지역을 범죄가 자주 일어나는 지역으로 못 박아 버린다면 차별이 아닐까? 그 지역은 부동산 가격이 내려가고 경기가 침체되지 않을까? 번역기가 개발되면 외국어를 배우면서 누릴 수 있는 다채로운 문화적 경험에 영향을 미치게 될까? 혈액 분석 결과에 따라 개인의 건강 보험 수가가 올라가거나 혹은 취업과 결혼에도 영향을 미치지 않을까?

괴테가 쓴 〈마법사의 제자 Der Zauberlehrling〉라는 시를 보면 어느 마법사의 제자가 빗자루에 마법을 걸어 처음에는 하인처럼 부리다가 나중에는 큰 재앙을 겪는다는 내용이 나온다. 이 제자에게는 마법사 스승이 있어 그의 도움으로 모든 것을 제자리에 돌려놓을 수 있었다. 하지만 우리 스스로가 문제를 해결해야 한다.

큐비트와 새로운 인터넷

우리가 서로 주고받는 자료나 정보는 그 양과 질에 사실상 제한이 없다. 그리고 그 저장과 교환의 보안이 개선되면 안전에 대한 논쟁은 분명 사라지거나 최소한 더 이상 크게 사람들 입에 오르내리지 않게 될 것이다.

앞으로 30년이나 40년 뒤의 미래를 생각해 보면, 최소 단위의 저장 단위는 이제 '큐비트$_{qubit}$' 혹은 퀀텀 바이트가 될 가능성이 높다. 1이나 0의 값을 가지고 옳거나 그른 것, '네' 혹은 '아니오'로 해석될 수 있는 기존의 단위 비트와 마찬가지로 큐비트 역시 1이나 0의 값을 가진다. 그러나 동시에 1과 0의 중첩을 나타내는 값 역시 가질 수 있다. 그렇게 되면 큐비트는 비트의 2배 용량의 정보를 저장할 수 있다. 미래의 인터넷은 지금의 컴퓨터 기술 대신 큐비트에 기초한 양자 컴퓨터를 사용하게 될 것이다.

과학자의 안목으로 인터넷의 미래를 내다보는 사람 중 하나가 바로 안톤 차일링거$_{Anton\ Zeilinger}$다. 오스트리아 출신인 그는 양자 물리학의 선구자로 2012년 9월 자신이 이끄는 국제적 연구진과 함께 143킬로미터 떨어진 거리에서 양자 전송 실험을 성공시켜 전 세계적인 주목을 받았다. 이 기록은 불과 몇 개월 전 중국 연구진이 세운 97킬로미터를 압도하는 결과였다. 이 양자 전송 실험에는 광양자 상태에서 양자 정보를 서로 주고받는 내용도 포함되어 있었다. 이 실험의 성공으로 안톤 차일링거는 일약 '광선 인간$_{Mr.\ Beam}$'이라는 별명까지 얻었다. 그렇지만 무엇보다 중요한 건 이 실험이 양자 역학 효과를 통해 원하는 내용을 안전하게 주고받을 수 있는 새로운 개념의 전 세계 통신망의 기초를 제공했다는 사실이다.[2]

양자 기술은 통신 방식의 새로운 시대를 열 수 있는데, 100퍼센트 변조 방지를 통해 자료와 정보의 유출이나 외부의 공격, 금융 사기 등 인터넷 관련 범죄를 막을 수 있다.

    이런 차세대 인터넷과 통신 기술 분야에서 구글과 IBM 같은 대기업이나 NASA와 NSA 같은 국가 기관, 그리고 각국 정부는 총력을 기울여 수십억 달러에 달하는 예산을 써 가며 선두로 치고 나가기 위해 애쓰고 있다. 그리고 사상 처음으로 이런 기술 분야에서 미국이나 러시아가 아닌 다른 국가가 앞서 나가게 되었는데, 바로 중국이다. 해킹할 수 없는 안전한 통신이 가능한 양자 통신 위성을 발사해 세계를 깜짝 놀라게 했던 중국은 큐비트 기반의 통신 방식에서 가장 앞서고 있다. 고대 중국의 철학자인 묵자墨子의 이름을 딴 이 작은 위성은 네이멍구 지역 고비 사막에 있는 주취안 위성 발사 기지에서 2016년 8월 16일 오전 1시 40분에 발사되었다.

    중량 600킬로그램의 이 위성 발사가 성공적으로 마무리되자 중국은 전 세계의 주목을 받았을뿐더러, 지금까지 남의 뒤만 밟아 따라가던 시대를 마무리하고 남보다 앞서 나가는 시대를 열게 되었다. 양자 위성 발사 계획은 2008년 상하이물리과학원中国科学院上海技术物理研究所의 양자 물리학자이자 빈대학교 시절 안톤 차일링거 밑에서 박사 과정을 밟았던 판지안웨이潘建伟와 우주 공학자 왕지안유王健宇가 이끌었는데, 두 사람은 모두 '완전히 새로운 우주'로 가는 출입구를 찾겠다는 꿈을 가지고 있었다. 홍콩의 일간지《사우스 차이나 모닝 포스트South China Morning Post》2016년 8월 16일자에는 이 기념비적인 사건에 대한 특별한 기사가 실렸다.

    아인슈타인이 생각했던 우주와는 또 다른 우주가 있다. 그 곳에서는 고양이가 살았다가 죽는 것이 동시에 가능하고 정보의 비트, 그러니까 큐비트가 빛의 속도보다도 빠르게 한쪽 우주에서 다른 쪽 우주로 전송될 수도 있다. 인터넷은 절대로 침입 같은 건 당하지 않으며 전 세계 모든 슈퍼컴퓨터를 합친 것보다 계산기 하나가 더 빠르게 작동한다.

기회를 놓친 유럽

안톤 차일링거의 빈대학교 연구진은 20여 년 전 초고밀도 코딩hype-dense coding을 구현하여 양자 통신 기술 방면 연구의 첫발을 내디뎠다. 1998년에 연구진은 얽히고설킨 광양자 속에서 양자 암호화quantum cryptography를 사상 처음으로 구현하는 데 성공한다.

빈대학과 오스트리아 국립 과학원의 다른 과학자들은 수신용 단말기를 제공하며 연구를 도왔다. 이제는 전 세계 양자 통신망을 실제로 설치하기 위한 마지막 실험을 앞두고 있다. 몇 개월 안에 암호화된 광양자 통신이 사상 처음으로 베이징에서 비엔나에 도착하게 되면 중국은 이 방면 기술의 주도권을 굳건히 하게 될 것이며 동시에 그것의 군사적 활용에서도 앞설 것이다.

이 실험은 중국이 기술 발전에서 주도권을 잡을 수 있다는 사실을 전 세계에 보여 주는 대단히 중요한 첫걸음이다. 게다가 중국은 연구 결과를 인민해방군과 공유할 예정인데, 그러면 인민해방군은 비대칭 전력 부문에서 크게 앞서 나가게 되며 상대 전력이나 전략이 완전히 다른 적군을 만나도 성공적으로 전쟁을 수행할 수 있는 역량을 갖

추게 된다. 만일 중국이 인터넷이나 우주 공간에서도 다른 국가를 앞
선다면, 적군은 미처 반격할 기회를 잡기도 전에 마비될 것이다.

안톤 차일링거는 중국이 실제로는 '꽌시關係', 즉 중국식의 혈연이
나 지연, 혹은 그 이상의 인맥과 관계에 의존해 움직이는 사회가 아니
라고 말했지만, 어쨌든 그의 학생이었던 판지안웨이와의 개인적인 접
촉으로 중국과 오스트리아는 양자 위성 계획에 함께 참여하게 되었
다. 그리고 서구 사회가 인정하든 그렇지 않든, 이 위성 발사는 다시
한번 중국식 체제의 효율성을 과시한 사건이었다. 《디 차이트》가 2016
년 9월 29일에 실은 기사의 제목은 '베이징 커넥션'이었다.

중국 정부는 지루한 논쟁, 사전 조사 과정, 관료주의적 타성
같은 것을 모른다. 무엇이든 그게 옳고 중요한 일이라고 생각
하면 전력을 다해 전진할 뿐이다.

유럽연합에 부족한 건 지적인 역량이 아니다. 문제는 유럽연합이 만
든 구조적인 장애물이다. 안톤 차일링거가 15년 전 유럽우주기구
European Space Agency, ESA에 위성 발사 계획을 제안했을 때 우주기구는 처음
에는 흥미를 보였지만 결국 아무런 결정도 내리지 못했다. 안톤 차일
링거에 따르면, "유럽의 구조적 문제라고 할 수 있다. 꼭 무슨 반대 의
견이 있어서라기보다 그냥 시간이 너무 오래 지체된다. 유럽은 선두
로 치고 나갈 수 있는 기회가 있었다." 아무리 대단한 과학적 연구 조
사라고 해도 시간까지 어떻게 할 수는 없는 노릇이다.

/
블록체인과 비트코인의 금융 혁명
/

사고를 할 수 있다는 건 여전히 인간만이 누릴 수 있는 영역이다. 우리는 모두 각자의 생각이 있으며 그런 생각을 하고 있다는 것 자체가 대단히 중요하다는 사실을 아는 지혜도 가지고 있다. 그런데 그런 생각을 실현하는 건 완전히 다른 문제다. 대부분의 경우 생각과 실천의 사이를 가로막는 장애물은 바로 자금이다. 그리고 그런 자금을 얻을 수 있는 곳은 보통 은행이나 정부다.

은행과 금융업의 역사는 기원전 6세기까지 거슬러 올라간다. 최초의 지급 명령과 유사한 것이 등장한 건 바빌론 제국과 기원전 4세기의 그리스에서였다. 그리스의 금융업자들은 지급 업무 등을 처리하고 위탁받은 금액을 받았다. 스웨덴의 스톡홀름 은행은 17세기에 세계 최초로 현대 국가의 중앙은행과 비슷한 역할을 한 은행이었다.

은행이 개인과 경제 체제 사이를 연결하는 역할을 본격적으로 맡기 시작한 건 산업 혁명 시대부터다. 개인이 가진 재산을 쓸모없이 집에 보관하는 것이 아니라, 은행을 통해 투자로 바꾸어 기업가가 자신의 생각을 현실로 옮기는 데 도움을 주게 되었다.

인간의 일에서 알고리즘의 일로

과거에 은행이 어떤 곳이었는지 기억하는 사람이 아직은 있지 않을까. 당시에는 개인적인 연줄과 판단, 지역 상황에 대한 정보, 그리고 때로는 엄청난 확신과 배짱으로 대출을 받느냐 못 받느냐가 결정되었다. 그러나 이제는 완전히 달라졌다.

기업가 사이에서 가장 널리 알려진 이야기 중 하나는 돈이 필요 없는 사람에게 돈이 생긴다는 것이다. 다시 말해, 은행에서 융자를 받기 위해서는 갚을 만한 돈이 있거나 적당한 때 재빨리 현금화할 수 있는 자산이 있어야 한다. 주요 국가의 은행 관리와 감독에 방향을 제시하는 바젤위원회 Basel Committee on Banking Supervision 는 2008년 금융 위기 이후 은행 자본의 적정성, 위험 확인 및 시장 유동성 위험에 대한 자발적인 규제를 위해 몇 가지 개혁안을 제시했다. 이런 개혁안이 실행되어 새로운 규제가 쏟아져 나왔지만 금융 거래가 더 안전해지는 대신 아무리 머리를 짜내도 넘어서기 힘든 장애물만 만들어 냈다. 이제 각 개인의 신용 평가는 은행의 담당 직원이 결정하지 않고 알고리즘의 손으로 넘어갔다.

금융업은 현재 갈림길에 서 있다. 문제에 어떤 식으로 접근하느냐에 따라 심각한 붕괴의 길로 들어설 수도 있고 성공적인 대전환의 길로 순항할 수도 있다. 암호 화폐 비트코인 bitcoin 이 만들어진 기반인 블록체인 기술은 금융 산업에 일대 혁명을 불러올 가능성을 품고 있다. 돈을 빌려주고 보관하며 거래하고 추적하는 방식이 완전히 바뀌게 될 수도 있다. 또한 비트코인이 달러, 유로, 위안 같은 국가가 발행하는 기존의 화폐를 대신할 수도 있다. 비트코인의 중요한 특징 중 하나는 '채굴'할 수 있는 양이 한정되어 있다는 점이다. 그렇게 되면 각 국가는 부실한 재무 관리 문제를 덮기 위해 무작정 돈을 찍어낼 수 없게 된다. 지금까지 주요 국가의 통화 정책이 어떠했는지 한번 떠올려 보자. 특히 미국과 중국은 양적 완화를 통해 인위적으로 경기를 회복시키면서 동시에 이 문제를 두고 서로를 비난하기도 한다.

모든 자산 정보의 개방

금융의 미래는 새로운 공개 장부, 공개 기준, 공개 관리 등에 의해 만들어지게 될까, 아니면 그저 이미 존재하고 있는 분산 원장 기술分散元帳 技術, Distributed Ledger Technology에 의존하게 될까. IBM의 인터넷 홈페이지에서는 블록체인 기술을 이렇게 설명한다. "블록체인 기술은 거래 이력을 기록하기 위해 만들어진 절대로 변하지 않으며 누구나 공유할 수 있는 일종의 장부 원본이다. 이 기술을 통해 신용, 책임, 투명성이 확립된 새로운 세대의 거래 관계가 형성되고 있다."

블록체인 기술은 전산망 안에서 이루어지는 자산의 거래와 추적을 손쉽게 만들어 준다. 여기서 말하는 자산이란 집, 자동차, 그림 같은 유형의 자산과 자격증, 계약서, 특허권, 공채증서, 디지털 음원 같은 무형의 자산 등 모든 것을 포함한다. 블록체인 연결망은 공급자부터 제조업자, 유통 업자부터 최종 소비자에 이르기까지 시장 안의 모든 사람을 연결할 수 있다. 블록체인의 특징은 처음부터 끝까지 모든 것을 공개하는 공유된 분산 원장이다. 이를 통해 투명성과 감사 가능성이 늘어나 시장 안에서 신뢰와 확신을 구축할 수 있고 또 자산의 계산과 추적이 대단히 쉬워진다.

가난한 나라를 위한 블록체인

상대적으로 빈곤한 국가들은 집이나 자동차 같은 자산에 대한 소유권을 입증하기 위해 블록체인 기술을 활용하는 것에 대단한 기대를 갖고 있다. 소유권 증명을 위한 법적인 지원이 부실하기 때문이다. 2016년 4월, 조지아 공화국의 법무부 장관은 비트퓨리BitFury, 조지아 공화국 국립 등록청, 페루의 경제학자 에르난도 데 소토Hernando de Soto가 세계 최초로 블록체인 기술을 국가 차원에 도입해 주로 토지 거래 및 등록에 시범적으로 이용하기 위해 협력할 것이라 발표했다. 비트퓨리의 최고 경영자인 발레리 바비로프Valerie Vavilov는 세 가지 주요 장점에 대해 이렇게 이야기한다.

먼저 데이터베이스 보안이 더 철저해지기 때문에 자료나 정보가 인위적으로 손상될 수 없다. 둘째, 블록체인으로 등록 내역을 관리하기 때문에 공공 감사 기관에서 실시간으로 감사할 수 있다…… 그리고 마지막으로 사람들이 스마트폰을 사용하고 블록체인이 공증을 대신해 주기 때문에 등록 시 불필요한 실수가 거의 발생하지 않는다.

조지아 공화국은 이 시범 사업을 2016년 말에 시작하겠다고 했다. 비트퓨리는 조지아 공화국이 블록체인을 국가 차원의 등록 업무에 도입한 최초의 국가가 되기를 희망하고 있다.

《비트코인 매거진Bitcoin Magazine》은 2016년 6월 20일자 발행분에서 이런 질문을 공개적으로 던졌다. 개인 기업이 운용하는 이른바 폐쇄형 블록체인 기술은 결국 사람들을 제삼자에게 의존하게 만들기 때문에 쓸모없는 것인가? 블록체인 기술도 결국은 이미 존재하는 분장 원산 기술에 불과한 것이 아닌가? 블록체인 기술은 비트코인이 제시하지 못하는 해결책을 내놓을 수 있을까? 예컨대 건강보험 정보 활용 및 책임에 관한 법Health Insurance Portability and Accountability Act, HIPAA에서 정한 규정에 따라 자금 세탁을 방지하고 이른바 '고객 알기know your customer' 법을 확실히 지키도록 만들 수 있을까?

블록체인을 기반으로 한 가상 화폐 이더리움Ethereum의 공동 창업자인 비탈리크 부테린Vitalik Buterin은 "폐쇄형 블록체인 기술은 당연히 각종 기관에게 더 유용하다"면서도 "그렇지만 그런 기관에게도 공개형 블록체인은 여전히 자유, 중립성, 개방성에서 높은 가치를 지니고 있다"고 말한다.

디센트럴Decentral은 블록체인과 비트코인 관련 프로그램을 개발하고 자문을 해 주는 회사이며 캐나다 토론토에 있는 본사 건물에 양방향 비트코인 ATM을 설치해 운영 중이다. 그런 디센트럴과 잭스Jaxx를 창업한 앤서니 디 이오리오Anthony Di Iorio는 이렇게 확신한다.

폐쇄형 블록체인은 내부 거래를 할 수 있는 단체와 개인을 지정해서 운영하는 방식으로 블록체인 기술을 활용하는 것이다. 이렇게 되면 중앙에서 일괄적으로 통제하는 것과 마찬가지로 보안에 문제가 발생할 수 있다. 그리고 채굴 역량에 따

라 안전이 확보되는 공개형 블록체인을 사용할 때보다 더 위
험할 수 있다.

　그런데도 폐쇄형 블록체인은 그 나름대로 사용처가 분명
하다. 처리 속도가 더 빠르며 사용자의 확장성 관련 문제없이
더 많은 거래를 할 수 있다. 위험도 있고 장점도 있다.

비트코인의 갈림길

중국은 이미 비트코인 업계에서 대단히 중요한 역할을 하고 있다. 비
트코인 전산망을 통한 모든 거래의 70퍼센트가 중국 기업을 통해 이
루어지고 있다.《뉴욕 타임스》에 실린 기사처럼, "비트코인 소프트웨
어 기술과 관련한 모든 변화에 일종의 거부권까지 상당한 수준으로
행사할 수 있을 정도"인 것이다. 2016년 5월, 중국의 인터넷 거인 바이
두는 미국의 비트코인 기업에 투자하기 위해 중국 은행들과 손을 잡
았다.《뉴욕 타임스》는 비트코인이 갈림길에 서 있다고 논평했다.

　비트코인의 상업적인 가능성을 확장하는 일에만 초점을 맞
추는 포퓰리스트가 있고 비트코인이 기존 화폐를 대체할 급
진성에 주목하는 엘리트주의자가 있다.

중국의 비트코인 개발

2016년 6월, 영국 버진 그룹의 총수 리처드 브랜슨Richard Branson은 카리
브해 연안에 있는 자신 소유의 네카르섬Neckar Island에서 사흘 동안 블록

체인 관련 회의를 이끌었다. 이 자리에 참석한 고위급 인사 30여 명은 최첨단 혁신 기술, 새로운 영역의 개척, 새로운 기술의 미래를 이끌어 갈 원동력에 관해 이야기를 나눴다.

참석자들의 면면을 살펴보면 유럽 의회 의원인 마리에티예 샤아 케Marietje Schaake, 미국 상품선물거래위원회Commodity Futures Trading Commission, CFTC 회장을 역임했던 짐 뉴섬Jim Newsome, 버진 갤럭틱 항공사Virgin Galactic의 우주 항공 전문가 베스 모제스Beth Moses, 그리고 나와 개인적인 친분이 있는 중화 전국 공상업 연합회 인수합병공회 회장인 왕웨이王巍 등이다.

왕웨이는 핀테크와 블록체인의 중요성을 세상에 알리기 위해 2015년 5월 18일 베이징에서 자신의 4번째 금융 박물관Museum of Finance 을 개관했다. 개관 5개월 만에 무려 1만5000명 이상의 관람객이 방문했는데, 그중에는 20여 명의 장관과 각 지역 시장도 있었다. 왕웨이는 중국에 비트코인을 처음 알리고 보급한 사람 중 한 명으로 언제라도 새로운 영역에 과감하게 도전할 준비가 되어 있다. 그는 비트코인이 1024년 중국 송나라에서 세계 최초로 종이돈을 만든 것과 마찬가지로 일대 혁명을 가져올 것이라 확신한다.

《와이어드》가 '화폐의 새로운 부흥'이라고 평가한 비트코인의 개발과 발전에서 중국이 큰 역할을 하기를 기대하는 왕웨이는 2013년 봄 에베레스트산 정상에 중국 금융 박물관의 깃발을 꽂기도 했다. 그리고 바로 얼마 뒤 11월에는 자신의 박물관 중 한 곳에서 비트코인 관련 토론회를 개최했다. 몇몇 기업가들이 믿고 있는 것처럼 만일 중국이 언젠가 디지털 화폐 제국의 중심이 되고자 한다면, 지금 필요한 건 새로운 화폐에 대한 인식과 이해도를 끌어올리는 것이다. 중국이 이미 수십억 달러 규모에 이르는 비트코인 산업에서 중요한 역할을 하는 동안 다른 국가는 여전히 비트코인과 블록체인 기술에 대해 확신하지 못하고 있는 눈치다. 암호 화폐 거래 추적 업체인 체이널리시스 Chainalysis에 따르면 2016년 기준으로 전체 비트코인 거래량의 42퍼센트가 중국에서 이루어지고 있다. 이런 새로운 기술에 대한 이해를 돕기 위해 왕웨이와 12명의 동업자는 블록체인 연구, 교육, 활용을 지원하는 '중국 블록체인 활용 협회'를 설립했다. 이 협회의 두 번째 지점은 저장성浙江省에 설립되었으며 이 협회에서 주최하는 토론회에는 1000명이 넘는 젊은 기업인과 부지사까지 참석했다.

　　미래를 예측하기 위해 왕웨이는 이 토론회에 페루 리마에서 자유와 민주주의를 연구하는 정책 연구소 소장 에르난도 데 소토를 초청했다. 조지아 공화국이 추진했던 국가 차원의 블록체인 활용을 이끈 그의 생각을 중국 사람들에게 알리기 위함이었다. 공식적인 구조 밖에서 일어나는 이른바 '비공식적 경제' 연구로 잘 알려진 데 소토는 자신이 '죽은 자본'이라고 부르는, 법적으로 등록이 제대로 안 된 조지아의 자산 가치가 20조 달러에 이른다고 추정했다.

다섯 번째

메가트렌드
이것만은
기억하자!

- 디지털 기술이 폭발적으로 발전하고 있다. 기술이 발전하면 일자리가 사라진다. 그러나 동시에 새로운 직업이 생겨난다. 중요한 것은 변화를 이해하여 기회를 포착하는 것이다.

- 4차 산업 시대에는 로봇이 로봇과 소통하며 인간의 관리 없이 생산과 유통이 가능해진다. 인공 지능^{AI}과 광학식 문자 인식 프로그램^{OCR} 그리고 알고리즘의 발달로 법률 서비스를 비롯한 전문 서비스도 더 이상 인간이 필요하지 않게 될 것이다.

- 인터넷, 인공 지능, 데이터 저장 및 처리 기술이 결합하여 많은 이들에게 그들이 필요로 하는 정보를 제공하는 지식의 민주화가 일어나고 있다. 빅 데이터와 그것을 처리할 수 있는 양자 컴퓨터 관련 기술들이 중요해지고 있다.

- 프로그램이 잘 작동하고 자료가 정확하고 안전하게 전송되는 것을 보장할 정보 보안이 중요한 문제로 떠오르고 있다. 특히 금융이 해당 문제에 가장 민감한데, 블록체인 기술이 크게 주목받고 있다. 비트코인

과 블록체인은 금융 산업이 발달하지 않은 후진국에
게 새로운 희망으로 떠오르고 있다.

• 발달하는 기술을 고려해 전략 계획 분석을 자주 해야
한다. 변화의 실체를 확인하고 적용할 수 있는 기민
함이야말로 미래에 생존하고 성장할 수 있는 핵심 역
량이다. 그러기 위해서 학습과 교육은 이제 기업의
핵심 전략이 될 수밖에 없다.

제6장

미래를
준비하는 교육

MASTERING MEGATRENDS

세기를 관통하는 극적인 변화와 경천동지할 기술의 등장을 목격하는 건 일종의 축복이지만, 동시에 이런 변화가 21세기 동안 어떻게 펼쳐져 무르익을지 끝까지 확인할 수 없는 것이 조금 아쉽기도 하다.

인터넷과 각종 소셜 미디어의 장단점도 드러나고 있다. 이런 새로운 기술은 교육과 통신을 용이하게 해 주지만 대신 잘못 사용되면 사람의 마음을 조종하고 무뎌지게 만들거나 놀라움 가득한 진짜 세계로부터 단절시켜 비인간적으로 만들 가능성도 충분히 있다. 만일 건전한 균형 감각을 유지하고 이 새로운 최첨단 세계를 자기 것으로 만들고 싶다면 먼저 인간을 인간답게 만드는 그 독특한 자질을 개발해야 한다. 교육은 직업적으로 무엇을 성취하기 위해서뿐만 아니라 책임감 있고 교육받은 정치가와 국민이 만들어 가는 제대로 된 정치 기구를 유지하기 위한 핵심 요소다.

현재의 교육

지난 몇십 년 동안 교육에 변화를 요구하는 목소리는 점점 커져 왔다. 실제로 우리 공저자는 자녀 6명과 14명의 손자와 손녀를 두면서 아주 실용적인 관점에서 교육의 변화를 관찰해 왔다. 지금까지는 잘 살아 가기 위한 교육이 전부였다면 이제는 이른바 평생 교육의 시대다. 기술 발전 속도도 상당히 빨라지고, 정보 통신 기술을 통해 경제 발전 역시 빠르게 확산되고 있다. 전통적인 방식의 교육은 더는 불가능할뿐더러 도움이 되지도 않는다.

살아 있는 교육

모든 인간은 배울 수 있는 능력을 갖추고 있지만, 정보를 흡수하고 이해하며 간파하는 능력은 그 정보가 어떻게 전달되는지, 그 전달 방식에 어떻게 반응하도록 설정되어 있는지에 따라 사람마다 달라진다. 하버드대학교에서 인간의 인지 능력과 교육을 가르치는 하워드 가드너Howard Gardner 교수는 인간의 지능을 7가지로 구분했다. 그의 연구에 따르면 학생은 각기 다른 정신을 갖고 있기 때문에 당연히 각기 다른 방식으로 배우고 기억하고 이해하고 수행한다. 그의 결론을 들어 보자.

우리는 모두 이 세상을 각자 다른 방식으로 알아갈 수 있는 능력이 있다. 그 방식에는 언어, 논리-수학적 분석, 공간적 표

현, 음악적 생각, 문제를 해결하거나 무엇인가를 만드는 데
필요한 신체의 사용, 타인과 자신에 대한 이해 등이 있다.

가드너 교수가 처음 이런 이론을 소개한 것은 1980년대의 일이지
만, 여전히 많은 교육 제도가 모든 사람을 똑같이 가르치는 방식을 고
수하고 있다. 여기서 벗어나 교육 제도가 각기 다른 학습 유형에 맞춰
접근한다면 학생의 잠재력을 최대한 발휘하도록 돕고 다양한 재능을
길러 주는 역할을 충분히 할 수 있다. 가드너 교수의 이론은 완전히 증
명된 것은 아니며 아직 논쟁의 여지도 있지만, 기본 아이디어는 분명
히 설득력 있다. 음악적 생각과 논리-수학적 분석 방식이라는 서로 다
른 학습 유형을 생각해 보자. 학습 유형에 따라 가르치는 방식에 차이
를 둔다면 두 부류의 학생 모두 각자의 잠재력을 충분히 발휘하게 되
지 않을까.

예를 들어 음악적으로 생각하는 학생은 박자와 소리에 대한 감각
이 더 뛰어날 것이다. 이런 학생은 공부할 때 음악을 틀어 놓으면 도움
이 될 것인데, 아마 아이에게 그렇게 음악을 들으면서 어떻게 공부를
하느냐고 꾸짖은 경험이 있는 부모가 꽤 많을 것이다. 어쨌든 음악적
으로 생각하는 학생에게 논리가 필요한 퍼즐 같은 걸 풀어 보라는 건
좀 더 수학적인 사고방식을 선호하는 학생에게 무턱대고 오페라의 가
사를 외우라는 것만큼 어려운 일이다. 논리-수학적인 학생은 좀 다른
방식으로 생각한다. 유형을 인식하는 능력이 더 강해서 개념적, 추상
적으로 생각하며 논리를 강조한 놀이를 하거나 수수께끼를 풀고, 어

떤 연구나 조사에 참여하는 방식으로 학습 효과를 높일 수 있다.

우리가 어떤 이론을 믿고 어느 국가에 살든 좀 더 '살아 있는' 교육은 가능하다. 싱가포르에 사는 한 친구가 생명 공학을 그렇게 가르치려고 노력하고 있다. 살아 있는 교육 훈련 과정은 지역의 재능 있는 학생을 양성하는 목적으로 개발되었다. 범죄 사건에 대한 설명을 들은 학생은 법의학자가 되어 사건의 해결과 생명 공학의 내용을 연결짓게 된다.

시카고에 사는 아들 존은 연극을 통해 역사를 가르친다. 역사적 사실을 대본으로 만들어 학생들이 직접 연극을 하는 것이다. 직접 로베스피에르Robespierre나 마리 앙투아네트Marie Antoinette, 혹은 마오쩌둥이나 장제스蔣介石를 연기해 본 학생이라면 프랑스 대혁명이나 중국 혁명사에 대한 이해가 얼마나 늘어날지 한번 상상해 보라.

교육자의 중요성

주어진 상황, 요구, 학교, 교육 제도 안에서 벌어지고 있는 개혁의 수준에 상관없이 학생 입장에서는 한 사람의 뛰어난 교사가 세상 전부를 바꿀 수 있다. 교사는 학생을 격려하거나 의기소침하게 만들 수 있으며, 재능을 일깨우거나 묻어 버릴 수도 있다. 전 세계 모든 국가에서 교사의 역량이야말로 국가 발전에 결정적인 역할을 한다.

교육과 경제는 한 국가에 있어 가장 중요하다. 경제 발전에 필수적인 밑바탕 중 하나가 교육인데, 지난 세월 동안 수천 명이 넘는 학생을 만나면서 이들이 빠르게 변화하는 취업 시장에서 자신의 자리를 어떻게 찾아 나갈지 걱정이 앞서곤 했다. 동시에 많은 훌륭한 교사도 만났는데, 아시아, 그중에서도 특히 한국의 교사는 학생이 느끼는 중압감을 덜어주기 위해 할 수 있는 모든 일을 다 하고 있었다. 물론 교사도 똑같은 중압감을 느낀다. 학생이 시험에 떨어지거나 명문대에 진학하는 학생의 숫자가 줄어들 때 교사는 책임감을 느낀다.

현재 교사들은 아직 만들어지지 않은 기술을 활용하는, 그리고 아직 존재하지 않는 일자리를 위한 교육을 해야 한다는 도전에 직면해 있다. 대학에서 배운 지식과 기술로 평생 먹고살 수 있을 것이라 기대했던 그 교사들을 이제 누가 가르쳐야 하는가?

교육 개혁의 어려움

누군가는 교육과 교육이 당면한 도전의 중요성 때문에 정부, 기업, 교사, 부모가 좀 더 긴밀하게 협조하며 세상이 원하는 결과를 내놓을 것이라 생각할지도 모르겠다. 그러나 불행히도 성공의 압박이 커질수록 비난의 목소리와 변화에 대한 저항도 함께 늘어난다.

전 세계를 아우르는 첨단 기술 경제와 앞으로 다가올 미래 세계를 고려할 때, 지금의 교육이 대체로 많이 부족하다는 점은 모두가 동의하겠지만, 그 원인에 대해서는 의견이 분분하다. 예를 들어 미국에서는 많은 사람이 학교나 교사에게 그 책임을 돌리며 학생의 학업 성취도가 전적으로 교사의 책임이라고 믿는 듯하다. 어떤 교사는 이런 책임성 정책이 불공평하다고 주장한다. 사회 경제적 조건과 부모의 역할, 학생의 개성 등 교육 환경을 둘러싼 조건이 대단히 다양하기 때문이다. 어떤 사람은 학습 능력이 서로 다른 학생을 모두 한 교실 안에 묶어서 교육하는 것을 문제 삼기도 하며, 표준화된 시험과 교육에 너무 많은 시간을 쓴다고 주장하기도 한다. 또 학교를 선택할 수 있으면 문제가 해결된다고 믿는 사람도 있다. 부모가 자녀에게 어울리는 학교를 선택할 수 있으면 자연스럽게 우수한 학교는 살아남고 그렇지 못한 학교는 문을 닫지 않겠느냐는 것이다. 부모가 아이를 제대로 돌보지 않는 것이 문제라는 사람도 있다. 부모가 제대로 된 원칙 없이 아이가 멋대로 인터넷, 컴퓨터 게임, 텔레비전 시청을 하게 내버려 두는 것이 모든 문제의 원흉이라는 것이다.

많은 유럽 국가에서도 미국과 마찬가지로 취업 시장, 세계 경쟁, 사회 발전 등이 교육 개혁에 영향을 주지 못하고 있다. 무엇보다 노동조합과 교사 상당수가 강하게 반발하고 있다. 교사는 과거와 미래, 교육과 경제 상황 사이를 이어주는 다리 역할을 해야만 하는데도, 교직원 노동조합은 종종 과거에만 매몰되어 다리를 만들기는커녕 무너트리고 있다. 교사의 도움 없이 그 어떤 효과적인 개혁안도 결국 실행할 수 없는 현실은 정치가뿐만 아니라 모두에게 치명적인 사실이 아닐 수 없다.

그러니 교육 개혁이 절실하다는 이야기가 끊이지 않는 것도 당연하다. 많은 경우 별다른 변화가 이루어지고 있지 않으며, 싱가포르와 북유럽 국가와 같은 좋은 사례가 분명 있는데도 대체로 무시된다.

결과가 이렇듯 신통치 않음에도 교육은 그 어느 때보다 비싸다. 특히 중산층 가정의 수입이 줄고 있는 미국에서 교육비가 증가하고 있는데, 당연히 가족의 재정적 희생이 점점 커진다. 중국의 상황도 비슷하다. 한 자녀 갖기 정책이 완화되었음에도 자녀의 수는 크게 늘고 있지 않다. 많은 중국 사람이 한 자녀 이상에게 적절한 양육과 교육을 제공할 형편이 아니기 때문이다.

압박과 경쟁

덩샤오핑의 개혁 개방 정책 이후 중국은 교육의 중요성을 이해했지만, 그렇다고 모든 문제가 해결된 것은 아니다. 중국은 영토가 방대하고, 개발이 잘된 지역과 그렇지 못한 지역 사이에 편차가 크며, 교사의 능력도 천차만별이라는 점이 많은 문제를 일으키고 있다. 게다가 교육 제도는 여전히 정답을 맞히는 시험 중심이어서 독립적인 사고는 그리 크게 요구되지 않는다. 그런데도 나는 중국의 상황을 낙관하고 있는데, 교육의 질을 높이려는 수많은 시도가 특히 지방에서부터 시행되고 있기 때문이다. 티베트에서부터 쓰촨과 베이징, 그리고 톈진에 이르기까지 중국 전역을 방문하며 각 대학의 부속학교와 기존의 일반적인 교육기관을 여러 곳 방문했다. 미국이나 유럽에 비하면 중국의 상황은 훨씬 더 복잡한데, 교육이나 보건 같은 사회적 권리가 태어난 지역의 제도와 상황에 따라 각각 달라지기 때문이다. 그리고 우리는 중국 전역에서 학생들 사이에 일어나는 엄청난 경쟁 심리와 부모, 조부모, 학교, 국가가 주는 중압감도 확인할 수 있었다.

투자라는 관점에서 본다면 교육은 유치원에서 대학, 더 나아가 대학원에 이르기까지 다양한 기회를 제공해 준다.

한국의 상황도 중국과 크게 다르지 않다. 오히려 압박과 경쟁은
더 심하다. 학교에서 10시간 넘게 보내는 건 흔한 일이며 이후에도 과
외 수업을 받거나 학원에 다니며 부족한 공부를 보충한다. 교사들은 5
년마다 이동하는데, 덕분에 각기 다른 환경의 학교에서 근무할 기회
를 얻는다. 교사는 시험 성적과 각종 회의와 연수 참석 여부, 그리고
근무하는 학교의 전체적인 수준이나 순위에 따라 평가받는다. 한국
사람에게 경쟁과 압박은 일상이나 다름없다. 학교는 물론이고 학교를
졸업한 후에도 이런 상황은 계속된다. 심지어 교사도 65세로 퇴직을
하는 그날까지 평생에 걸쳐 경쟁해야 한다.

모두를 위한 대학?

내 자녀와 손자 손녀는 각자 아주 다른 재능을 갖고 있지만 전부 대
학은 졸업했다. 많은 사람이 현대 경제에서 대학 졸업장이 성공의 열
쇠라고 믿는다. 미국, 유럽은 물론이고 중국에서도 그렇다. 사실 꽤
오랫동안 유럽의 교육과 취업 시장에 대한 논의는 이른바 '학문화
academization'에 초점이 맞춰져 있었다. 대략적인 목표는 모든 사람이 공
평하게 대학 교육을 받도록 하는 것이었다.

대학 졸업장을 가진 사람의 평생 수입을 보면 이런 목표를 어느
정도 이해할 수 있다. 2013년 맥킨지 보고서에 따르면 4년제 대학을
졸업한 사람의 거의 절반 정도가 졸업장이 필요 없는 직업에 종사하
는데, 그렇게 대학을 졸업한 사람의 평생에 걸친 평균 수입을 확인해
보니 제대로 된 교육을 받지 못한 사람은 물론, 고등학교를 졸업한 사

람보다도 84퍼센트 이상 많았다. 모두를 위한 대학 교육을 옹호하는 또 다른 사람은 사회 여러 부문에서 교육과 사회적 명성이 서로 긴밀하게 연결된다는 주장을 펼친다. 게다가 디지털화와 세계화가 직장 생활을 더 복잡하게 만들고 있다.

모두를 위한 대학 교육은 대단히 바람직하지만 정말로 합리적인지는 아직 논쟁의 여지가 있다. 호텔이나 노인 요양원 같은 곳에서 단순한 업무를 보는 사람이 대학 졸업장을 자랑스럽게 내보인다고 해도, 그저 이런 일에 필요한 직업 훈련만 받고 업무에 투입된 사람과 임금이 똑같다면 무슨 유익이 있겠는가? 1970년대 미국에서는 택시 운전사나 소방관 중에서 대학 졸업장이 있는 사람의 비율은 1퍼센트도 채 되지 않았다. 그런데 미국의 대학교육비영리기구Center for College Affordability and Productivity, CCAP에 따르면 2013년에는 그 비율이 15퍼센트까지 올라갔다고 한다. 과거에는 필요한 업무를 하는 데 직업 관련 교육만 받으면 충분했던 직군까지도 이제는 대학 졸업장을 요구하는 시대가 오고 있다.

일부에서는 대학이 지식과 통찰력을 향상해 준다고 생각하며, 그것이 대학 졸업자의 경쟁력을 높인다. 더욱이 대학 졸업자의 실업률 역시 여전히 상대적으로 낮은 것도 사실이다. 반면 이렇게 대학 졸업자가 계속 노동 시장에 몰려들면 학력 과잉이나 대학을 졸업하고도 일자리를 구하지 못하는 사태가 벌어질까 우려하는 사람들도 있다.

교육 기회의 평등으로

대학이 모든 사람에게 최선의 선택은 아니다. 특히 높은 교육비를 고려하면 그렇다. 모든 사람에게 대학 교육을 제공하는 것보다 대학 교육을 접할 기회를 공평하게 주는 것이 중요하다. 대학 교육은 사회적 상황이 아니라 학생 자신의 열망과 목표, 그리고 더 수준 높은 교육을 추구하는 것에 대한 합리적인 기대가 있을 때 선택해야 한다.

교육의 역사를 돌이켜 보면 한편에는 국가가 있고, 다른 한편에는 시장의 논리가 있다. 둘 다 특정한 계층 질서에 이바지했다. 직업의 종류는 사회적 지위와 긴밀하게 연결되어 있었고 그에 따라 상위 계층은 대학과 같은 고등 교육과, 상대적으로 낮은 계층은 일반적인 직업 교육과 연결되었다. 우리가 사는 사회의 정신적 상태도 그다지 다르지 않다. 학계의 분위기나 대학교수를 포함한 수많은 사람의 생각을 보면 변화를 완전히 수용하거나 때에 따라 유연하게 받아들이는 일과는 거리가 멀다.

독일에서는 비상이 걸렸다. 견습생이나 도제徒弟 방식의 훈련을 받겠다는 사람은 줄고 있는데, 업계에서는 머릿속의 생각을 실제로 구현하고 기계를 구동할 인재를 필요로 한다. 독일 사업자 협회의 이사인 폴커 파스밴더Volker Fasbender는 '4차 산업 혁명을 위한 숙련 노동자'에 대한 연구를 발표하며 이렇게 이야기했다. "4차 산업 혁명으로 진입하려는 산업 및 수출 국가가 디지털 시대를 위해 모든 잠재력을 활용하려면 잘 교육받은 노동력은 필수 불가결한 요소다. 현장에서의 원활한 업무를 위해 고등 교육과 이중 교육이 모두 공평하게 문호를 개

방해야 한다." 여기서 말하는 이중 교육이란 학교 교육과 현장 경험을 접목한 견습 제도와 비슷한 것으로, 산업 선진국인 독일의 또 다른 장점 중 하나다.

사공만 많은 배

인구통계학적 변화로 인해 기업이 적당한 인재를 찾는 일은 점점 더 어려워지고 있다. 물론 대학이 기업의 경영이나 관리 업무에 어울리는 졸업생을 계속 배출하고는 있지만, 당장 현장에서 일할 수 있는 졸업생을 준비시키는 일에는 부족한 점이 많다. 이런 사실을 감안하면 교육 정책의 성공을 대학 졸업자를 많이 배출하는 것만으로 판단하는 건 분명 논쟁의 여지가 있다.

　세계경쟁력지수global competitiveness index 순위는 대학 졸업자의 숫자와는 직접적인 연관이 없다. 이 지수에서 1위를 차지한 스위스의 경우 대학을 졸업한 취업자의 비율은 20퍼센트에 불과하지만 1인당 국민소득은 5만1582달러로 룩셈부르크의 뒤를 이어 2위를 달리고 있다. 4위인 독일은 25세에서 64세 사이의 취업 인구 중 대학 졸업자의 비율이 17퍼센트인 반면 러시아는 학생 1인당 교육비가 가장 적은 국가 중 하나이면서 대학 졸업 비율이 53퍼센트나 되는데도 겨우 44위다.

　중국의 도시 지역에서는 젊은 인구의 70퍼센트가 2년제 혹은 4년제 대학에 등록되어 있다. 그런데 OECD에서 실시하는 전 세계 국제학생평가프로그램Programme for International Student Assessment, PISA 순위에서는 당당히 상위권을 달리면서도 중국 기업은 만성적인 숙련 노동자 부족에 시달린다. 예를 들어 상하이에 있는 조선소의 용접공이 중국에서 가장 많은 급여를 받는 숙련직 중 하나다.

앞서 언급했던 것처럼 중국은 PISA 순위에서 상위권이지만, 전기와 기계 기술 부문 등 직업 교육 평가 순위에서는 독일의 수준에 한참 못 미치고 있다.

OECD 국가 중에서 대학 졸업자를 가장 많이 배출하는 국가는 한국이다. 그러나 한국 역시 세계경쟁력지수에서는 26위라는 실망스러운 성적을 보여 주고 있다. OECD 국가 중에서 대학 졸업자가 가장 높은 성과를 보여 주는 국가는 일본이며 그 뒤를 핀란드와 네덜란드, 스웨덴, 오스트레일리아, 노르웨이, 벨기에, 뉴질랜드, 영국, 그리고 미국이 따른다. 그러나 이 10위권 국가 중 일반적인 대학 순위에서 두각을 나타내는 곳은 한 곳도 없다.

교육 문제는 대단히 복잡하다. 각국의 교육 제도는 모두 구조적이고 총체적인 개혁을 필요로 하고 있다. 또한 학문과 실질적인 필요성 사이의 균형을 맞추기 위해서는 교육 문제에 관해서만큼은 국가와 기업이 서로 갈등하기보다 협력할 필요가 있다.

성공적인 교육 개혁은 사회와 경제를 체계적이고 포괄적으로 개선하고 방향의 전환을 이루기 위해서 꼭 필요한 과정이다. 거의 모든 국가에서 교육은 단기적 정책, 정치적 다툼, 이해관계, 자존심, 예산부족 등이 얼기설기 엮인 결과다. 과거를 버리지 못하면 새로운 변화를 추진할 여유가 없다는 사실을 인정하지 못한 결과이기도 하다. 대가는 우리 다음 세대가 치르게 될 것이다.

/

고민하는 교육

/

한 국가의 가장 귀중한 자원은 어린아이들의 재능이다. 여기서 사회적으로 보나 경제적으로 보나 가능한 최상의 교육을 제공하여 재능을 지원하는 일이 가장 중요하다는 결론이 나온다. 그런데 그 가능한 한 최상의 교육이란 무엇인가?

　디지털 시대로 접어들면서 수학과 분석적 사고 능력의 중요성이 크게 대두되고 있다. 데이터 과학data science과 생명 공학 분야는 중국 사람이 가장 선호하는 직업군이다. 그러니 외국어와 미술, 역사, 음악 같은 "쓸모없는" 교육 과정은 줄이고 대신 수학, 독해, 과학 교육에 더 많이 투자하는 것은 당연한 결과라고 볼 수 있다. 그러나 그로 인해 분명 잃게 되는 것들이 있다. 위대한 미술 작품이나 조각상은 누가 만들 것인가? 아름다운 교향곡은 누가 작곡하고 위풍당당한 마천루는 누가 설계할 것인가? 그리고 원대한 미래를 그려 나갈 사람은 또 누구인가? 무엇보다 중요한 건 한 시대를 풍미했던, 혹은 풍미하고 있는 폭스바겐 비틀이나 람보르기니, 포르쉐 911 같은 명품을 만들어 낼 사람을 찾을 수 있는가?

　교육의 목표는, 아니 최소한 교육이 나아갈 방향은 4차 산업 혁명의 기계 장치를 돌리는 톱니바퀴 이상의 무엇인가를 만드는 것이다. 우리는 인간이기에 목표는 창의성의 발견이어야 하며, 창조적 정신을 기르는 과정에서 다양한 지식과 경험을 빠뜨릴 수는 없다.

학교 교육의 문제

OECD 국가에서 창의적인 문제 해결 능력을 필요로 하는 직업군이 점점 많아지고 있다. TED 강연에서 가장 인기가 높았던 것은 기술 관련 강의도 아니고 구글의 창업자인 세르게이 브린Sergey Brin이나 래리 페이지Larry Page의 강연도 아니었다. 상대적으로 덜 알려진 창의성 전문가 켄 로빈슨Ken Robinson의 강연이었다. 켄 로빈슨은 이렇게 물었다. "학교 교육은 창의성을 망치는가?"

그의 강연이 주목받은 건 탁월한 연사의 자질 때문이기도 하겠지만, 무엇보다 창의성이 앞으로 닥쳐올 취업 시장의 변화를 극복할 핵심 요소라는 그의 의견에 사람들이 동의했기 때문이다. 켄 로빈슨은 사람들이 이미 잘 알고 있는 사실을 좀 다른 맥락에서 이야기한다. 대부분의 학교 시스템은 교육 과정을 구성할 때 비슷한 우선순위를 따른다. 수학, 언어, 자연 과학 등을 앞에 두고 보통 제일 마지막에 예술 관련 과목을 배치한다. 교육 관련 예산이 줄면 제일 먼저 음악이나 미술 과목이 타격을 받는다.

학생을 어떻게 가르칠 것인가

독일의 전신인 프로이센의 국왕 프리드리히 2세는 잘 훈련된 정예병으로 구성된 군대를 양성할 꿈에 부풀어 있었다. 그러나 이 군인들에게 교육은 제한적으로만 제공될 예정이었는데, 농부의 자식이 제대로 된 교육을 받으면 도시로 옮겨가 읽고 쓰는 서기 같은 직업을 찾을까 봐 염려했다고 한다. 당시 군대와 법원, 그리고 정부의 굵직한 자리는 모두 귀족 차지였다. 반면 전투에 투입하기 힘들 정도로 쓸모없는 하사관이라도 농촌 학교에서 농부의 자식에게 군 복무에 필요한 내용 정도는 가르칠 수 있었다.

남자아이들이 제대로 교육받으면 전쟁터에서 더 훌륭한 병사가 될 수 있다는 생각을 한 유럽의 군주는 오스트리아의 여왕 마리아 테레지아Maria Theresa였다. 그녀는 1774년 합스부르크 가문이 지배하는 유럽의 영토 안에서 처음으로 국민들에 대한 의무 교육을 실시한다. 그렇지만 실제로 유럽에서 남자와 여자아이 모두에게 처음으로 의무교육이 실시된 건 1592년 독일 지방의 작은 왕국 팔츠-츠바이브뤼켄Pfalz-Zweibruecken에서부터였고, 여기에 영감을 준 건 당시 가톨릭에 대항하던 칼뱅파 신교도들의 교육에 대한 철학이었다.

그렇지만 마리아 테레지아보다 200년이나 앞섰던 이 팔츠-츠바이브뤼켄 왕국의 의무 교육도 중국의 첫 중등 교육 시설에 비하면 1500년이나 뒤진 것이다. 기원전 143년에서 141년 사이, 당시 한나라의 사천성 태수 문옹文翁은 아이들에게 제대로 된 교육을 시키고 싶었다. 그래서 그는 돌로 집을 한 채 짓고, 말 그대로 석실石室이라고 이름 붙인 학교를 열었다. 당시는 그렇게 튼튼하고 불에도 무너지지 않는 집이 아주 드물던 시절이었다.

그로부터 2150년 정도가 지나 우리는 바로 그 자리에 세운 학교를 방문할 기회가 있었다. 다만 그 이름은 중화인민공화국이 세워진 후 1952년에 아무런 의미도 없는 청두 제4중학교로 바뀌었다가 1983년에 다시 석실이라는 이름을 되찾고 지금은 고등학교로 운영되고 있다. 이 학교는 쓰촨성에서 실험적으로 운영하는 교육 기관 중 하나로 중국 전체 고등학교 중 100위권 내에 드는 명문 고등학교이며, 마치 프로이센 정예군의 유산이 이곳 중국으로 전해진 것 같은 그런 모습을 하고 있다. 그렇지만 프리드리히 2세의 군대라 할지라도 이 학교 학생들의 아침 체조에 비하면 일사불란한 모습을 보이지 못할지도 모른다. 아침이 되면 대략 1000명에 달하는 학생들이 순식간에 한 자리에 모여 완벽하게 하나가 된 모습으로 아침 체조를 하고 체조가 끝나면 다시 또 순식간에 각자의 교실로 사라진다.

중국의 고등학교와 대학교에서 이렇게 정예화된 병사들을 닮은 학생들이 의식이라도 치르듯 아침에 일어나 체조를 하고 있는 걸 보면 잘 교육받은 대규모의 "지능화된 기계intelligent machine"라는 개념이 떠오를 수밖에 없다.

한 가지 놀라운 건 중국 교육 제도에서 창의성을 중요한 목표로 보지 않음에도 불구하고 문제 해결의 수준과 관련된 PISA 순위를 보면 중국의 학생들이 최고 순위에 든다는 사실이다.

불행히도 시험 결과에 초점을 맞춘 것에는 숨겨진 위험이 있다. 중국의 교육 제도는 오직 시험 그 자체에만 몰두하는 학생을 양산해 낸다. 어떤 시험이든 결과가 그 즉시 알려지며 시험 성적만 좋으면 우수한 학생이라는 평가를 받는다. 시험이 모든 것을 평가하며 그 결과 하나로 그 어떤 것도 감당할 수 있을 것 같은 자신감도, 또 그 반대의 절망감도 심어 준다. 중국은 진정한 변화를 약속하는 교육 제도 개혁을 천명했다. 베이징대학교와 칭화대학교는 미국의 하버드와 스탠퍼드대학교를 압도하겠다고 한다. 그러나 그러기 위해서는 우선 중국의 DNA부터 바꿔야 한다. 관료주의를 극복하고 보수적이며 변화를 모르는 공교육 제도를 개선해야 하는 것이다. 30여 년 전 중국은 자국의 교육 제도에 대변혁을 일으키며 망가진 부분들을 고쳐 나갈 역량이 있음을 스스로 증명해 보였다. 그리고 지금도 다시 그렇게 할 수 있다.

과학적 상상력의 열쇠

창의성은 직장에서 성공할 수 있는 중요한 요소다. 지난 2014년 미국의 컴퓨터 소프트웨어 제작 업체인 어도비Adobe Systems Corp에서는 〈창의성과 교육의 상관관계Creativity and Education: Why it Matters〉라는 제목의 연구 보고서를 한 편 발표한다. 대학 교육을 받은 미국의 정규직 직장인 1000명의 의견을 바탕으로 만들어진 이 보고서를 보면 직장인들은 96퍼센트라는 압도적인 비율로 창의성이 경제 성장에 필요하다고 했고, 78퍼센트는 자신의 경력에 중요하다고 답했으며 역시 78퍼센트가 자신에게 더 많은 창의성이 있으면 좋겠다고 했다.[1]

　창의적 사고의 정의는 "틀을 벗어나 생각하는 능력"이며 "혁신적인 발상을 할 수 있는 역량"이다. 그리고 이런 역량은 창의성이 요구되는 분야에서 일하는 사람들에게만 국한되지 않는다.

　창의적 사고에 도움이 되는 과목으로 69퍼센트의 사람들이 과학을, 59퍼센트의 사람들이 수학을 추천할 정도로 이 두 과목은 놀라울 정도로 상당히 높은 순위에 올라 있다. 물론 미술, 음악, 그리고 연극 등 예술 관련 과목들이 각각 79퍼센트, 76퍼센트, 그리고 65퍼센트의 지지를 받아 상위권에 올라 있는 것 역시 어쩌면 당연한 일이라고 할 수 있을 것이다. 예전에 조사했던 것과 마찬가지로, 이런 결과는 결국 과학적 상상력의 열쇠가 되는 창의성이 지적인 재능과 예술적 재능 모두를 뒷받침한다는 사실을 분명하게 보여 준다.

올바른 진단의 중요성

지금부터 소개할 이야기는 전에도 한 번 한 적이 있을지 모르는데, 비록 아주 독특하고 특별한 사례이긴 하지만 기존의 학교 제도에서 모르고 지나친 재능에 대한 수많은 사례 중 하나임에 분명할 것이다.

실제로 있었던 이 이야기는 1930년대 영국의 브롬리Bromley에서 시작된다. 브롬리는 유별나게 완고하고 엄격한 교육 방식으로 알려진 곳이었다. 질리언 린Gillian Lynne이라는 이름의 한 여자아이는 일종의 불안 장애에 시달리며 제대로 집중하지 못했다. 학교에 다니는 건 질리언은 물론 질리언의 어머니에게도 고통스러운 일이었다. 질리언은 가만히 앉아 있는 것조차 할 수 없었는데, 그럴 때면 "움직이지 않고는 아무것도 생각할 수조차 없다"고 항변했다. 그렇지만 이런 요령부득의 설명만으로는 교사들을 설득할 수도, 또 그들의 불평불만을 잠재울 수도 없었다. 오늘날이라면 아마도 십중팔구 주의력 결핍 장애attention deficit hyperactive disorder, ADHD라는 진단이 나왔으리라. 그렇지만 당시에는 아직 이 장애가 학교에서 겪는 학습 장애에 대한 일반적인 설명이 아니었다. 질리언의 어머니는 딸을 어느 전문가에게 데리고 갔고 그날은 아마도 질리언 인생에서 가장 운이 좋았던 날이었으리라.

전문가인 의사 선생은 질리언의 집중력 문제와 학교에서 수업을 방해하는 일 등에 대한 어려움을 호소하는 어머니의 이야기를 경청했다. 그동안 질리언 자신은 단 한마디도 하지 않고 그대로 앉아 있었다. 의사 선생은 질리언에게 잠시 어머니와 나눌 이야기가 있다고 말하고는 라디오를 틀어 놓고 다른 방으로 갔다. 그 방에는 다른 쪽에서 보이지 않는 유리창이 있어서 그 유리창을 통해 두 사람은 질리언이 음악에 맞춰 춤을 추는 모습을 볼 수 있었다. "당신의 딸에게 무슨 문제가 있는 것 같지는 않다"고 의사가 말했다. "그냥 춤추기를 좋아하는 아이"라는 것이 그의 결론이었다.

그의 진단은 틀리지 않았다. 질리언은 런던 국립 발레단에서 유명한 발레리나로 활약했고 나중에는 자신이 직접 이끄는 무용단을 만들었다. 또한 엘리자베스 2세 영국 여왕으로부터 대영제국 2등 훈장을 받아 남자들의 기사 작위에 해당되는 '데임Dame'이라는 작위도 받았다. 질리언은 유명한 뮤지컬 제작자인 앤드루 로이드 웨버Andrew Lloyd Webber의 〈캣츠Cats〉와 〈오페라의 유령Phantom of the Opera〉 등의 안무를 맡으며 세계적인 명성을 얻었고 엄청난 부와 명예를 누리다 2018년 7월 2일 92세의 나이로 세상을 떠났다.

아인슈타인의 직관력과 논리

만일 알베르트 아인슈타인에게 과학적 상상력이 없었다면 그가 당대의 과학적 이론과 반대되는 자신만의 의견을 펼치는 일은 불가능했으리라. 아인슈타인의 이런 성취는 당연히 그의 탁월한 논리적, 수학적 사고 덕분이었지만 이런 모습도 그의 천재성의 일부분에 불과했다. 앨리스 칼라프리스Alice Calaprice가 쓴《아인슈타인이 말합니다: 세기의 천재 아인슈타인이 남긴 말The Ultimate Qoutable Einstein》에는 이런 말이 나온다.

> 나 자신과 내 생각의 방식을 곰곰이 살펴볼 때마다 나에게는 지식을 흡수하는 재능보다 상상력이라는 선물이 더 의미가 있다는 결론에 이르게 된다. 모든 위대한 과학의 성취는 직관력으로 시작되어야 한다. 나는 직관과 영감을 믿는다…… 때때로 나는 그 이유를 제대로 알지 못하면서도 내가 옳다는 느낌을 받을 때가 있는 것이다.

1921년 아인슈타인은 영국을 방문했는데, 만일 훗날 영국의 교육 정책이 대학에서 인문학 과정을 줄이는 쪽으로 흐르게 된다는 사실을 미리 알았더라면 어떻게 생각했을까? 벨파스트대학교의 부총장은 졸업식에서 역사학과 졸업생에게 학위증을 건네주기 전에 "지금은 6세기의 역사를 연구하는 20대 학자는 필요 없는 세상"이라고 말했다는데, 아인슈타인이 들었다면 어떤 반응을 보였을까?

예산 삭감과 과학적인 효율성이 요구되면서 시대가 필요로 하는 학생이 갖춰야 하는 자격은 또 달라졌다. 사회학이나 인류학 같은 과목은 이제 불필요한 것으로 간주되기 시작한 것이다.

옥스퍼드대학교에서 문학을 가르치는 헬렌 스몰Helen Small 교수는 이런 경향에 대해 반대하는 입장이다. "인문학 과정이 정말로 필요한 이유는 그것이 정부가 '필요 없음'을 제대로 정의하고 평가하도록 압박할 수 있기 때문이다."

비트겐슈타인의 통찰

언어를 공부하는 학생은 나날이 줄고, 문학이 가진 문화적 측면은 소수의 상류층만 누릴 수 있는 특권이 되었다. 독일의 경우 언어를 전공하는 학생 중 34퍼센트가 공부를 중도에 포기했고 브라이튼과 리버풀, 그리고 울버햄프턴 같은 영국의 대학교들 역시 언어 관련 전공과목을 단순한 '어학 과정'이나 혹은 '교양 과정'으로 축소하고 있다.

독일 출신의 언어 철학자 루드비히 폰 비트겐슈타인Ludwig von Wittgenstein이 가지고 있던 정신은 다 어디로 사라진 걸까? 일생의 대부분을 영국 땅에서 보낸 이 독일 출신 철학자는 자신을 둘러싼 세상을 이해하고 만들어 나가기 위해서는 언어가 중요하다는 사실을 일찌감치 깨달았다. 그는 자신이 사용하는 언어에 온통 정신을 쏟았는데, 1919년에 발표한《논리철학 논고Tractatus Logico-Philosopicus》에서 이렇게 이야기한다. "내가 사용하는 언어의 한계가 바로 나를 둘러싸고 있는 세상의 한계다."

/
물을 채우지 말고 불을 지펴라
/

우리 자신을 표현하는 능력과 지식은 지식 경제의 등뼈와 같다. 그러나 이미 몇몇 국가의 사례에서 볼 수 있는 것처럼 좋은 교육만이 능사는 아니다. 재능은 그 잠재력을 펼치고 활용할 자양분이 있는 환경을 필요로 한다. 종교 개혁가 마르틴 루터가 "말"이라고 했을 때 그는 성경에 나오는 신의 말씀을 의미한 것이다. 그렇지만 좀 더 넓은 의미에서 본다면 지금 우리에게 적용할 수 있는 충고가 될 수도 있다. "정리하자면 이렇다. 모든 일을 이루고 나면 말씀 역시 자연스럽게 이루어질 것이다."

교육 문제와 관련하여 가장 유명한 격언이 있다면 아일랜드의 시인 윌리엄 버틀러 예이츠William Butler Yates가 한 말일 것이다. 물론 그 원조가 누구인지에 대해서는 의견이 엇갈릴 수도 있겠지만 말이다. 예이츠는 "교육이란 양동이에 물을 채우는 것이 아니라 불을 지피는 것이다"라고 말했고, 그리스의 철학자 루키우스 메스트리우스 플루타르쿠스Lucius Mestrius Plutarchus는 《모랄리아Moralia》에서 "정신은 채워야 할 빈 그릇이 아니라 불씨가 필요한 나무"라고 썼다. 이 플루타르쿠스가 바로 훗날 플루타르코스로 이름을 바꾸고 로마 제국 시민이 되어 《플루타르코스 영웅전Bioi Paralleloi》를 쓴 그 사람이다.

지난 몇 년 동안 우리는 수천 명이 넘는 고등학교, 대학교 학생과 이야기를 나눌 기회가 있었고 그들 대부분은 중국 학생이었지만 한국과 미국, 그리고 오스트리아 학생도 있었다. 우리는 암기식 교육과 창의적 사고 사이의 간극을 어떻게 메울 수 있을지에 대해 많은 이야기를 나눴다. 시대에 뒤진 교육 과정과 변화하는 21세기에 제대로 적응하지 못하는 현실은 비단 중국뿐만 아니라 많은 국가가 직면한 문제였다. 그럼에도 중국을 포함해서 세계 어디를 가더라도 학생의 학습 태도에 커다란 차이를 불러올 수 있는 건 바로 교사의 능력이었다.

중국과 미국

미국의 교육이라고 뭉뚱그려 이야기를 시작한다면 사실 올바른 접근 방법은 아니다. 미국에는 51개의 독립된 주가 있고 모두 각기 다른 규정과 제도를 가지고 있다. 그렇지만 그런 행정과 관련된 다양성에도 불구하고 교육 개혁은 51개 주 모두에게 필요한 과제다.

중국의 상황은 이와는 조금 다른데, 바로 베이징의 중앙 정부가 교육의 전체적인 방향을 제시하면 각 지방 정부가 무조건 따르게 되어 있는 제도적 장치 때문이다. 지금부터는 중국과 미국의 고등학교 교육에 대해 이야기를 해 보려고 한다. 그리고 실제로 현장에서 수업이 어떻게 진행되는지 알아보는 가장 좋은 방법은 매일 학생을 만나며 수업 시간에 어떤 일을 해야 하는지 고민하는 교사를 만나 물어보는 것이다. 우리가 만났던 중국과 미국 교사는 모두 고등학교 소속으로 모두 합쳐 대략 3000명의 학생을 담당하고 있었다.

미국의 경우 우리가 만났던 교사는 '2007년 일리노이주 올해의 교사', 그리고 '대통령 표창 우수 교사'였으며 '2013년과 2015년 일리노이주 올해의 테니스 지도 교사'로서 힌스데일 센트럴 고등학교 남학생 테니스부를 2012년과 2013년, 그리고 2014년과 2015년에 연속으로 주 테니스 대회 우승으로 이끈 공로로 '2015년 중서부 지역 올해의 테니스 지도 교사'에 뽑히기도 했다. 이런 교사라면 당연히 학생들의 재능에 불을 지필 수 있는 역량이 있지 않을까.

힌스데일 센트럴 고등학교는 시카고 교외에 위치하고 있으며 학생 수는 대략 3000여 명 정도다. 또한 미국의 100대 학교 중 하나로 선정되기도 한 성적 우수 고등학교이기도 하다. 학생들의 20퍼센트가량은 아시아계이며 이들은 소수 민족 중 가장 높은 비율을 차지하고 있다. 우리가 만난 교사의 이름은 존 나이스비트 2세 John Naisbitt Junior 로 짐작할 수 있듯이 내 아들이며, 살아 있는 역사 수업을 하는 데 전문가다. 그는 미국의 교육이 지금 어떤 상황이며 어떤 방향으로 진행되고 있고, 또 어떤 방향으로 나아가야 하는지에 대한 좀 더 정확하고 실질적인 내용을 이야기해 주었다.

어느 미국 교사의 생각

21세기 미국의 교육은 갈림길에 서 있다. 우리는 사실과 날짜, 동사, 화학 원소 주기율표, 과학 공식, 그리고 수학적 통계를 외우는 암기식 교육을 계속해야 할까? 아니면 일종의 협동 학습 과정을 통해 꼭 필요한 사항의 이해를 돕고 학생이 직접 탐구하는 방식에 초점을 맞추는 새로운 접근 방식을 개발해 나가야 할까? 수집된 자료에 의하면 미국 전역의 학교에서는 후자가 더 중요한 발전을 이끌어 내고 있다는 사실을 알 수 있다.

　학생 중심의 학습은 새로운 개념이 아니며, 거기에 중점을 두느냐 하는 것이 진짜 문제다. 이른바 '경험의 원추형 모형Cone of experience'을 만든 미국의 교육학자 에드거 데일Edgar Dale은 우리가 듣고 배우는 입장일 때는 배운 내용의 10퍼센트밖에 기억하지 못하지만 반대로 가르치는 입장일 때는 무려 95퍼센트를 기억할 수 있다고 주장했다. 그의 주장이 사실이라면 교사 한 사람이 '절대적인 입장'에서 혼자 수업을 이끄는 방식은 이제 낡고 비효율적인 것이 되었다. 효과적인 수업을 하려면 학생들이 작은 무리를 만들거나 둘씩 짝을 지어 직접 꼭 필요한 사항을 익히고 탐구하며 지식을 발견해 나가는 방식을 포함해야 한다.

　학생이 직접 진행하는 탐구에는 먼저 알고 이해해야 할 필요가 있는 중요한 질문을 정하는 과정이 포함되고, 수업의 한 단원을 시작할 때 학생이 직접 질문을 정해야 한다. 탐구에 기초한 학습은 학생을 참여토록 하며 스스로 이해하도록 이끈다. 불행하게도 예전의 교육 과정에서는 학생에게 듣고 따라하는 일만 계속해서 엄격하게 시켰을 뿐 창의적인 질문을 던지는 일은 허용하지 않았다.

　교사들은 탐구형 학습 과정을 어떻게 가장 잘 이끌어 나갈 수 있는지에만 초점을 맞춰 훈련을 받아야 한다. 학생이 지식을 얻기 위해 필요한 질문을 직접 던질 수 있다면 장차 어떤 일을 하더라도 크게 도움이 될 것이다. 이런 탐구형 학습 방식을 좀 더 발전시킨 것이 이른바 학제 간 탐구다. 예를 들어, 프랑스 대혁명을 단순히 역사뿐만 아니라 문학이나 미술 등 다양한 분야와 관련해서 접근함으로써 이해를 돕는 방식이다.

21세기 미국의 교실은 지속적인 이해의 장이 되어야 한다. 지속적인 이해란 학문의 중심이며 교실 밖에서도 계속 유지되는 가치인 중요한 생각과 핵심 과정을 요약한 설명이라고 볼 수 있다. 지속적인 이해는 특정한 분야의 내용을 공부한 학생이 단순히 아는 것을 떠나 깊이 이해해야 하는 것들을 종합적으로 다룬다. 지금 미국에서 시행하는 이른바 핵심 공통 교육 과정Common Core Curriculum은 이러한 내용을 바탕으로 만들어졌다. 지속적 이해의 과정에서는 탐구를 통해 핵심적인 질문들을 발전시켜 나가는 것과 마찬가지로 교사가 가르치는 것이 아니라 도와주는 역할을 한다.

끝으로, 서로 협조하고 협력하는 학습 환경은 지난 50여 년 동안 지속된 교육 환경의 근본적인 변화를 반영하는 것이다. 수십 년 동안 교육의 기준은 한 단원씩 학습해 나가는 것이었다. 그렇지만 다양한 연구 조사에 따르면 작은 무리를 만들거나 둘씩 짝을 지은 학생들은 서로 협력하며 탐구하는 방식을 통해 높은 수준의 사고력을, 동시에 스스로에 대한 자신감과 자부심도 키워 나갈 수 있다.

21세기는 교사 중심의 학습에서 학생 중심의 학습으로 바뀌는 시대가 될 것이며, 학생들이 서로 협력할 수 있는 환경 속에서 탐구와 지속적인 이해가 더욱 강조될 것이다.

– 존 나이스비트 2세

중국 교육의 변화

중국의 교육 개혁이 어떻게 진행되고 있는지 알아보기 위해 우리는 공산당 청년 기관지인《중국청년보中國靑年報》에 3년 동안 격주로 기고문을 연재할 때 알게 된 현직 교사에게 질문을 던졌다. 우리는 정저우鄭州 제16고등학교에서 교편을 잡고 있는 그녀와 편지를 주고받으며 의견을 교환하기 시작했는데 장저우는 거주 인구만 600만 명이 넘는 허난성河南省의 수도이면서 경제, 정치, 기술, 그리고 교육의 중심지다.

제16고등학교는 학생이 50명씩 있는 중등반 28개, 65명씩 있는 고등반 30개로 이루어져 있으며 모두 합쳐 학생은 3100명, 그리고 교사는 200여 명에 달한다.

그녀가 생각하는 교육의 조건은 미국 교사들의 생각과 크게 다르지 않았다. 개인적으로 수많은 중국의 고등학교와 대학교를 방문하면서 우리는 중국의 많은 교사들이 기존의 교육 제도와 암기식 학습을 강조하는 분위기 속에서 나름대로 최선을 다해 제대로 이해하지도 못하면서 주어진 교재를 외워야 하는 부담을 덜어 주려 하고 있음을 알게 되었다. 특히 암기력이 뒤떨어지는 학생에게는 더욱이 그랬다.

어느 중국 교사의 생각

큰 도시로 갈수록 개혁도 더 잘 진행된다. 그렇지만 도시가 아닌 외곽 지역의 상황은 그리 좋지 못하다. 지리적인 요인도 무시할 수 없는데, 좀 더 개방적인 해안 지역이 내륙 지역보다 개혁이 더 잘 이루어지는 것이다. 베이징과 상하이, 항저우, 그리고 대부분의 남부 지역에서는 수업에 컴퓨터가 많이 활용된다. 교육부의 고위층이 원하는 '학생 주도형' 수업 방식이 도시에서 외곽 지역으로 점점 더 퍼져 나가고 있다.

중국에서 일어나는 개혁은 분명 교실에서 진행되는 수업과 학습의 방식을 바꾸게 될 것이다. 이제 학생들은 작은 무리로 나뉘어 서로 협력하며 공부하는 방식으로 점점 더 나아갈 것이다. 학생은 집단 토론을 통해 스스로 문제에 대한 답을 찾을 수 있도록 노력하게 되는데, 이 방식을 사용하면 교사의 지도 방식을 그대로 따르는 대신 스스로 방법을 찾아가며 새로운 지식을 배울 수 있다.

과거에는 일종의 상하 관계가 명확했다. 교사가 교실을 지배하고 지식은 교사만이 독점하며 학생에게 알려주는 것이었다. 학생은 교사의 수업을 경청하며 필기와 암기를 해야 했으니, 수동적인 방식으로 수업을 따라갔다는 건 분명한 사실이다. 수업을 마치고 나면 과제를 받아 집에서 해 왔다. 물론 지금은 인터넷으로 필요한 정보를 찾을 수 있는 시대가 되었기 때문에 학생에게 일종의 협력자로서 컴퓨터를 최대한 활용하도록 장려하고 있다. 새로운 기술이 우리 삶에서 중요한 부분을 차지하게 된 것이다. 학생들은 컴퓨터를 사용하며 시대에 뒤떨어지지 않도록 애쓰고 있다.

교사들은 점차 전통적인 역할에서 벗어나고 있다. 과거에는 교실 안에서 일어나는 모든 일을 다 교사가 통제했으며 무엇을 어떻게 가르칠지 결정하는 것도 교사의 몫이었다. 또한 학생들에게 어떤 과제를 내줄지, 학생들이 배운 진도를 잘 따라가고 있는지 확인하는 방식도 교사가 알아서 결정했다.

그렇지만 이제 많은 것이 달라졌다. 학생이 수업에서 주도적인 역할을 하며 자발적으로 모여 공부하고 새로운 정보를 탐구한다. 그리고 교사는 그런 학생을 돕는 역할을 한다. 또한 교사는 학생에게 자문도 해 주고 때로는 조수 역할도 한다. 그뿐만 아니라 학생은 교사가 사전에 만들어 놓은 동영상을 보며 각자의 역량과 속도에 맞춰 공부할 수도 있다.

어떤 학교는 학생들이 관심 있는 분야를 선택할 수 있게 다양한 과목과 과정을 준비해 제공하기도 한다. 그렇게 하면 학생들은 그 기회를 활용해 관심 분야에 더 깊게 파고들어 자신이 잘하는 분야를 스스로 찾을 수 있게 되며, 나중에 진로를 결정할 때 이를 통해 많은 도움과 정보를 얻을 수 있는 것이다.

요즘 수업에서는 새로운 기술도 대단히 중요한 역할을 한다. 학생들은 대중 매체의 도움에 힘입어 좀 더 효율적으로 공부할 수 있다. 인터넷을 통해 얻을 수 있는 정보를 활용하는 일 역시 학생이 독립적으로 공부할 수 있는 역량을 기르는 데 효과적인 방법이 될 수 있다. 학생은 컴퓨터로 손쉽게 과제물을 제출할 수 있으며 교사는 학생이 배운 것을 얼마나 잘 이해하고 있는지 알게 된다. 학생은 영화나 연극, 또는 음성으로 만들어진 시청각 자료들을 보고 들으며 공부할 수 있다. 이렇게 하면 그 과정 속에서 자신에게 적합한 형태의 자료를 찾을 수 있어 역시 좀 더 효율적으로 공부할 수 있는 것이다.

－ 장저우 제16고등학교 교사 장야주안

한 사람의 인간으로 성장하기

몇 년 동안《중국청년보》에 글을 기고하면서 받은 학생들과 부모들, 그리고 교사들의 편지를 읽어 본 결과 중국 교육 개혁에 대한 필요성이 더 이상 지체할 수 없는 수준에까지 이르렀다는 사실을 알 수 있었다. "공부와 한 인간으로서의 성장 사이에서 어떻게 균형을 잡을 수 있을까요?" 많은 사람들이 이런 질문을 해 왔다. "아침부터 밤까지 쉬지 않고 공부며 시험 준비만 하다가 내가 진정으로 원하는 게 무엇인지, 진짜 나는 누구인지에 대해서는 언제 생각하고 알아 갈 수 있겠습니까?" 중국 학생들은 미국 학생들보다 사회와 가족으로부터 훨씬 큰 압박을 받으며 생활하고 있다.

앞서 제16고등학교 선생님 역시 비슷한 문제를 고민하고 있다.

개인적인 의견이지만, 교사는 아이들에게 교과서에 나와 있는 기본적인 지식만 가르쳐서는 안 된다. 물론 그런 지식이 있어야 대학에 진학해 계속해서 공부할 수 있다는 것 정도는 안다. 그렇지만 교사는 아이들에게 스스로 뭔가를 해 나가는 법과 건강하고 행복하게 사는 법도 함께 가르쳐야만 한다.

쓸쓸한 일이지만 현재로서는 중국의 교육 개혁에 대한 필요성을 모두 인정하고 이해하면서도 그 전에 해결할 문제가 여전히 많다. 교사는 이론을 중심으로 한 암기 위주의 수업 방식만 계속해서 지나치게 강조하고 있다. 배우는 내용에 대한 진정한 이해와 자각, 그리고 사춘기에 접어든 아이들이 균형 잡힌 인간으로 성장할 수 있게끔 도와주는 일 등은 뒷전으로 밀려나 있는 것이다. 게다가 중국의 학생들은 학교에서 너무 많은 시간을 보내기 때문에 충분히 잠잘 시간조차 부족하고 심지어 쉬거나 운동을 할 시간도 모자라다. 실제로 내가 아는 바로는 도시 외곽의 일부 학생들은 오전 5시 30분에서 밤 10시 30분까지 학교에서 공부하고 있는데, 여전히 사람들은 그걸 대학입학시험에서 우수한 성적을 올릴 좋은 방법으로 생각하고 있다.

이상적인 학습 환경이라면 공부는 학교생활의 그저 일부가 되어야 한다. 학생은 창의성을 늘리기 위해 음악도 듣고 악기 연주하는 법도 배워야 한다. 건강한 신체를 유지하기 위해 다양한 운동도 해 보는 것이 좋다. 거기에 덧붙여 연극 같은 특별 활동에 참여할 수만 있다면 새로운 가능성을 탐색할 기회를 얻어 자신이 정말 잘하는 분야를 찾아내고 이를 통해 장차 어떤 쪽으로 진로를 정해야 좋을지에 대한 도움도 얻을 수 있는 것이다. 물론 학교생활 자체도 훨씬 재미있고 다채로 워져서 이전보다는 좀 더 즐기면서 공부할 수 있게 된다. 또한 일상생활을 해 나가려면 요리하는 법 정도는 미리 배워두어야 좋지 않을까.

분야 선택

제대로 진행되고 있는가와 상관없이, 교육 개혁의 필요성에 대해서는 어느 정도 공감대가 형성되어 있다. 그렇지만 좀 더 넓게 본다면 더 생각해 봐야 할 문제가 많다. 학생들이 일단 고등학교라는 관문을 통과하고 나면 그다음으로 내려야 하는 중요한 결정은 이후에 어떤 것을 공부하느냐 하는 것이다.

아주 오래전의 학생은 적당한 수의 과목 중에서 원하는 것을 선택할 수 있었다. 예컨대 신학, 의학, 법학, 산술학, 기하학, 천문학, 문법, 논리학, 그리고 수사학 등이다. 그런데 시간이 흘러 과학적 발전이 이루어졌고 탐험가들은 새로운 세상을 발견했다. 그러자 학문의 분야도 하나둘씩 늘어 가기 시작했다.

어떤 방법으로 공부를 해야 최상의 결과를 얻을 수 있을까에 대한 논의를 하기에 앞서, 셀 수 없이 많은 분야와 과정에서 무엇을 선택해야 하는지에 대한 문제를 먼저 생각할 필요가 있다. 최소한 독일에서는 그렇게 하고 있는데, 실제로 무엇이 정답인가에 대해서는 거부에서 수긍까지 그 의견이 아주 다양하다.

독일의 고등 교육 발전 협의회Centrum für Hochschulentwicklung에 따르면, 독일의 대학들은 매년 700개가 넘는 새로운 과정이나 과목을 추가하고 있다. 2006년에서 2016년 사이에만 1만1000개의 과목이 1만8000개로 늘어났다는 것이다. 독일의 학습 평가 사이트인 StudyCheck.de에서는 그 숫자를 대략 1만3400개 정도로 추산하고 있다.

보통은 사회복지학, 컴퓨터 과학, 경영학, 그리고 육성 과학(여기서 육성FOSTER은 유럽인의 연구를 위한 개방 과학 훈련 촉진Facilitate Open Science Training for European Research의 준말로 "과학 연구, 데이터, 보급 등을 다양한 수준의 탐구 집단이 접할 수 있도록 하는 운동"이다) 분야에서 새로운 과목이 늘어나고 있는데, 우리에게 익숙한 기본적인 과목의 숫자는 상대적으로 큰 변화가 없다. 사실상 상상할 수 있는 거의 모든 주제에 대한 과목이 추가되고 있다고 보면 되는데, 문제는 한 분야를 이렇게 세밀할 정도로 잘게 쪼개는 일이 과연 실효성이 있느냐 하는 것이다.

정말로 중요한 건 무엇일까. 학생 개개인은 지리학, 응용 지리학, 지리적 국토 이용법, 지리적 국토 이용 분쟁, 지리 교육학, 지리 정보학, 응용 지리 정보학, 지리 정보와 지구 물리학, 지리 환경 과학, 지구 물리, 지구 물리 및 해양학, 지구 물리와 도량학 중에서 도대체 뭘 공부해야 할지 혼란스럽겠지만, 정교한 채용을 위해서는 세분화가 필요할지도 모른다.

비단 지리학만 이렇게 촘촘하게 세분되는 것은 아니다. 대학에서 배우는 영어 전공만 해도 적어도 13가지 다른 분야로 세분할 수 있다.

또한 커피 경영법처럼 기이하게 보이는 과목도 대학 과정에 포함될
수 있는데, 결국 이렇게 만들어진 과정이나 과목 중에서 어떤 것이 살
아남을지는 시장에서의 경쟁력과 수요가 결정할 것이다.

　하버드대학에서조차 어떤 과목을 듣고 배울지 결정하는 건 그리
쉬운 일이 아니다. 학교에서 제공하는 대학 요람에만 8000여 개가 넘
는 과목이 있을 정도다.

직업 선택

어떤 것을 공부할지 결정하는 일은 장차 일할 직장에서 어떤 능력을
요구하는지에 따라 크게 영향받는다. 그렇지만 시장의 요구에 따라
자신의 진로를 결정하는 일은 분명 잘못된 선택으로 이어질 수 있다.
몇 년 전, 독일과 오스트리아에서는 교사의 과잉 공급에 대한 우려가
있었는데 지금은 교사 부족 현상이 나타났고 일부 지역에서는 어쩔
수 없이 특별 수당을 지급하는 일도 있다고 한다. 결국은 자기가 정말
로 관심이 있고 또 당연한 말이지만 재능이 있는 분야를 공부하라는
것보다 더 나은 충고는 없을 것이다. 공자는 이미 2500년 전에 이와
관련된 딱 맞는 충고를 했다. "좋아하는 직업을 선택하면 평생 단 하루
도 '일'을 하지 않는 셈이다!"

　그렇지만 선택할 수 있는 길이 너무나 많기 때문에 그저 말하기만
쉽다고 생각하는 사람들도 있을 것이다. 그렇다면 다른 국가에서는
어떤 직업과 과목, 어떤 분야가 가장 인기가 있는지 살펴보는 것도 한
가지 방법이 될 수 있다.

미국의 종합 일간지 《USA 투데이》에 따르면, 미국에서 가장 인기 있는 다섯 가지 전공은 다음과 같다.[2]

1) 경영학
2) 일반 심리학
3) 간호학
4) 일반 생물학
5) 교사 교육 및 직원 교육

다음은 중국에서 사람들이 가장 많이 공부하는 분야다.

1) 영업
2) 부동산
3) 금융
4) 물류
5) IT

IT 전문가 전성시대

수요와 공급의 법칙을 감안한다면, 많은 사람이 자신의 관심사와 재능이 수학이나 분석적 사고 영역에 있기를 바랄 것이다. 결국 요즘은 이런 능력을 바탕으로 한 IT 전문가가 가장 인기가 있을뿐더러 할 수 있는 일도 많다. 높은 보수를 받고 회사에 취업하든지 아니면 창업도

할 수 있는 것이다. 그리고 아마도 이렇게 적절한 재능을 갖추고 적절한 시절에 태어나는 축복을 받은 사람들조차도 샌프란시스코 남쪽에 있는 실리콘 밸리에서만큼은 다시 천차만별로 운명이 엇갈리게 된다.

미국의 실리콘 밸리에서 10억 달러 이상의 재산을 가진 사람은 55명에 이른다고 한다. 백만이나 천만 단위의 재산가는 이루 헤아릴 수 없이 많은 정도다. 실리콘 밸리는 미국에서 가장 부유한 지역이며 여러 가지 면에서 미국의 미래를 보여 주는 실험실이라고 할 수 있다. 그곳에 가면 애플과 AMD, 록히드 마틴Lockheed Martin, HP, ES 일렉트로닉 아츠ES Electronic Arts, 시스코Cisco, 구글, 애질런트 테크놀로지Agilent Technology, LSI 로직LSI Logic, 엔비디아NVidia, 넷플릭스Netflix, 페이스북, 오라클Oracle, 테슬라Tesla, 그리고 시만텍Symantec 등 업계에서 첫손으로 꼽는 대기업만 찾아봐도 이 정도로 많이 모여 있다. 실리콘 밸리의 IT 관련 직원들 대부분은 "일반적인 직장"과 비교해 엄청난 혜택을 누리며 근무 환경이나 조건은 거의 지상낙원에 가깝다고 한다. 심지어 중간급의 영업 관리직만 해도 1년에 15만 달러 이상의 연봉을 받는다.

그런데 IT 기업에서 보통은 외주를 주어 맡기는 청소, 운전, 건물 관리, 그리고 그 밖의 용역 관련 직군들을 보면 사정은 달라진다. 좋은 소식이 있다면 미국의 다른 지역에 비해 이런 일자리들이 세 배나 빠르게 늘어나고 있다는 것인데, 나쁜 소식은 이런 직군에 종사하는 사람들이 받는 급여가 평균 2만 달러 정도라는 사실이다. 실리콘 밸리는 거주비를 포함한 생활비가 많이 들어가기 때문에 이런 사람들은 멀리 외곽에 살면서 오랜 시간을 들여 출퇴근을 한다.

직원 한 사람이 회사에 벌어다 주는 수익도 개인의 수입만큼이자 천차만별이다. 페이스북의 경우 직원 한 사람이 매년 280만 달러의 수익을 올리지만 맥도날드의 경우는 이보다 훨씬 적은 6만 달러 정도다. 그런 이유 때문인지 맥도날드는 현재 디지털 기술을 개발하는 쪽으로 눈길을 돌리고 있다. 고객 대응, 전자 상거래, 배달, 그리고 관련 콘텐츠까지, 맥도날드의 영업과 관련된 전 분야에 걸쳐 디지털 기술을 도입하고 있는 것이다.

수입과 환경만 놓고 본다면 컴퓨터 기술이나 프로그래밍 등의 IT 관련 기술을 공부하는 것이 가장 좋다. 적어도 당분간 미래의 세계는, 적어도 실리콘 밸리는 IT 전문가들이 지배할 것이다.

/
고등 교육의 미래
/

고등 교육에는 두 가지 중요한 장애물이 있다. 바로 접근성과 비용이다. 전 세계적으로 고등학교 이상의 고등 교육을 받는 학생의 숫자는 2025년까지 지금의 2배인 2억6200만 명에 이르게 될 것이라고 한다. 그렇게 늘어나는 학생은 대부분 신흥 경제국의 학생이 될 것인데, 그 중 절반이 중국과 인도의 학생이다. 미국에서는 2014년에서 2015년까지 2300만 명 이상의 학생이 대학 졸업장을 받았고 미국 대학의 1년 평균 등록금은 2013년에 2만9436달러까지 치솟았다.[3]

미국은 이렇게 대학 진학률이 가장 높은 국가 중 하나일뿐더러, 등록금이 가장 비싼 국가이기도 하다. "1조2000억 달러에 달하는 학자금 대출이 학생과 부모, 그리고 미국의 경제를 병들게 하고 있다." 2013년 8월《포브스》에 실린 기사의 제목이다. 미국 대학 졸업자 중 3분의 2는 모두 어느 정도 학자금과 관련된 빚을 떠안은 채 졸업한다고 하는데, 주택 관련 부채를 제외하면 소비자 부채 부문에서 두 번째로 많은 비중을 차지하며 미국 국가 부채의 약 6퍼센트에 해당하는 규모다. 2016년 한 해에만 13억 달러에 이르렀으며 대학 졸업자들이 평균적으로 지고 있는 부채는 3만7172달러로 2015년보다 6퍼센트가량 상승했다.

미국 연방교육국National Center for Education, NCES에 따르면 2016년에서 2017년 사이에 한 학년에 해당하는 기간 동안 각 대학들은 101만8000

여 개의 2년제 학위를 수여했는데, 4년제 학사학위는 190만 개, 석사
학위는 79만8000개, 그리고 박사학위는 18만1000개라고 한다. 교육
국에 따르면 2014년과 2015년 사이에 학부 과정에 들어가는 등록금이
며 기숙사비 등이 1년 평균으로 계산해 공립은 1만6188달러, 사립 비
영리 재단 소속은 4만1970달러, 사립 영리 재단 소속은 2만3372달러
라고 한다.

부모와 학생들은 미래의 수입을 기대하며 이런 짐을 짊어지지만
학부 과정을 무사히 끝마치거나 졸업 후 좋은 일자리에 취직한다는
분명한 보장 같은 것은 없다. 대학에서 문과를 전공하고 언론 계통에
서 일을 하는 내 손자는 자신이 하는 일이 크게 인정받지 못하고 있다
는 사실을 잘 알고 있으며 부업까지 하고 있지만 여전히 집세도 감당
하기 버거워하고 있다.

MOOC

디지털화를 통해 일반 대중은 상품을 저렴한 가격에 구매할 수 있게
되었을 뿐만 아니라 자신들이 구매한 물건을 온전히 '자신만의' 소유
로 만드는 일도 가능해졌다. 예컨대 이제는 좋아하는 가수의 음악을
듣기 위해 원하지 않는 노래까지 들어 있는 CD 같은 걸 살 필요는 없
다. 아이튠즈iTunes를 비롯한 여러 온라인 음악 판매 사이트에서 원하
는 가수의 원하는 음악을 한 곡씩 내려 받아 자신만의 음악 저장소를
만들어 클라우드에 저장한다. 그리고 음악을 듣고 싶을 때마다 스마
트폰으로 언제든지 들을 수 있다. 음악뿐만 아니라 운동화 같은 경우

는 자신이 원하는 모양으로 주문할 수도 있다고 한다. 디지털화를 통한 혁명은 이런 다양한 소매 산업 분야뿐만 아니라 교육 분야에도 영향을 미쳐 근본적인 변화를 일으키고 있는 중이다. 《이코노믹 타임스》2016년 9월호 기사에 따르면 인도는 상대적으로 대학에 다니는 학생의 숫자가 대단히 적은 국가지만 2015년에만 591개의 에듀테크 edtech 관련 기업이 만들어졌다. 여기서 에듀테크란 교육Education 과 기술 Technology 의 합성어로 교육과 정보 통신 기술을 결합한 산업을 뜻한다.

에듀테크로 대표되는 인터넷 시대의 교육 개혁은 2008년에 교육용 동영상을 제공하는 개방형 온라인 강좌Massive Open Online Courses, MOOCs 로부터 시작되었다. 짧은 분량의 동영상을 연이어 보여 주며 전 세계에 지식을 전달하는 이 온라인 강좌 덕분에 수백 명의 학생이 강당에 모이는 것이 아니라 수천, 수만 명의 학생이 인터넷으로 강의를 들을 수 있게 되었다. 〈FICC-EY〉의 보도에 따르면 이 강좌를 신청한 학생은 2014년에 1400만 명이었다가 2015년에는 그 2배인 3500만 명으로 늘었다고 한다.

MOOC에 강의를 제공하기로 협의한 세계 최고 수준의 대학 중에는 스탠퍼드와 MIT, 그리고 하버드 같은 대학들도 포함되어 있다. 온라인 검색 사이트 Class-central.com에서는 가장 인기 있는 MOOC 강의 순위를 발표했는데, 2016년 10월 기준으로 애리조나주립대학교의 〈영작문: 사전 조사와 글쓰기English Composition: Research and Writing 〉강의가 1위였고, 3위는 런던 KLC 디자인 스쿨의 〈색의 힘The Power of Color 〉, 그리고 9위는 스웨덴 웁살라대학교의 〈항생제 내성 반응: 소리 없는 충격

Antibiotic Resistance: the Silent Tsunami〉, 10위는 네덜란드 루벵 가톨릭대학교의 〈실존적 안녕을 위한 상담: 개인 중심의 실험적 접근Existential Well-Being Counseling: A Person-Centered Experimental Approach〉이었다. 물론 기존의 전통적인 과목도 찾아서 들을 수 있는데, 예컨대 오스트레일리아 모나쉬대학교의 〈일반인을 위한 법 강좌: 법학 입문Law for Non-Lawyers: Introduction to Law〉 등이다.

고등 교육의 민주화

2011년 12월, 스탠퍼드대학교 교수 세바스천 스런Sebastian Thrun 과 구글의 연구 담당 이사 피터 노빅Peter Norvig 은 인공 지능에 대한 대학 수준의 무료 강좌를 제공하는 사이트인 ai-class.org에 등록한 수강생에게 격려의 이메일 한 통을 보낸다.

> 이 강좌는 스탠퍼드대학교의 〈인공 지능 입문Introduction to Artificial Intelligence〉 강의를 온라인으로 옮긴 것입니다. 누구든 신청만 하면 무료로 들을 수 있는 강의지요…… 모든 수강생은 똑같은 과제를 하고 시험을 치릅니다…… 그리고 역시 스탠퍼드대학교 학생들과 똑같은 방식으로 성적을 받게 됩니다……

스런과 노빅이 udacity.com에 올라온 동영상을 통해 설명한 바에 따르면 2주 동안 5만 명이 넘는 사람들이 이 강의에 등록했으며 최종적으로는 209개국 16만 명이 등록했다고 한다.

컴퓨터 과학 과목이 인터넷을 통해 제공된 건 2011년부터이며, 이를 바탕으로 2012년에는 앞서 언급했던 udacity.com이라는 사이트가 만들어진다. udacity.com은 일종의 사설 유료 온라인 교육 사이트로, 최근에는 직장인을 위한 직업 교육 관련 강좌를 점점 더 늘려가고 있다. 이 사이트에 등록하면 이른바 '나노 학위nanodegree'를 취득할 수 있는데, 인공 지능과 VR 지능, 자율 주행 자동차, 그리고 경영 예측 분석과 같은 전공이다.

udacity.com의 나노 학위를 통해서 사람들은 강사를 만나고, 자신에게 맞는 길을 선택해 완벽한 직업을 만날 수 있는 계획을 세우며, 기업의 경영자들이 눈여겨볼 만한 자격을 갖출 수 있다. 또 현업에 종사하는 직장인이라면 경력에 도움을 받거나 추진하고 있는 업무에 대한 사전 점검을 받아 활용할 수도 있다. udacity.com에서는 자신들이 제공하는 과정을 마친 사람이 취업을 할 때까지 지원을 계속한다.

POOC, 개인 맞춤형 교육

MOOC를 통한 모든 발전과 전망에도 불구하고 아직 중대한 문제가 하나 남아 있다. 하버드대학교의 연구에 따르면 이런 인터넷 온라인 강좌를 수강하는 학생 중 제대로 과정을 끝마치는 비율은 평균 5~7퍼센트밖에 되지 않는다고 한다. 게다가 이런 학습의 결과나 과정의 내용 등이 학생의 필요와 정말로 맞아떨어지는지에 대한 의문도 계속해서 제기되고 있다.

이런 문제에 대한 해결책은 바로 POOC가 아닐까. POOC는 개인 맞춤형 온라인 강좌Personalized Open Online Courses를 뜻하며, 여기서는 기존의 MOOC 방식에 개인 맞춤형을 더하는 것이 핵심이다. 개인 맞춤형이라고 해서 함께 공부하는 동료들과의 상호 작용까지 가로막는 것은 아니며, 대신 강사와 개인별 조언자와의 관계를 더해 대규모의 학생들이 한꺼번에 수업을 듣는 MOOC의 가장 큰 단점을 보완해 주는 것이다. POOC는 과정이 진행되는 동안 각 기업의 인사 담당자들을 참여시켜 수습사원 채용과 배치 등을 통해 교육과 취업 현장을 긴밀하게 연결시킨다.

독일을 여러 차례 방문하면서 다튼로슨의 최고 경영자인 스테판 작스를 만난 적이 있다. 다튼로슨은 앞서 소개했던 것처럼 유럽 유수의 디지털 교육 과정 및 교재 제공 업체이며, 100여 곳이 넘는 대학이나 교육 기관과 협력하며 작업을 하고 있다. 작스는 교육 과정에 현장의 기업들이 참여하는 것의 중요성을 이렇게 강조했다.

학생들이 취업하는 과정은 이제 더 이상 일방통행이 아니다. 필요한 자격을 갖춘 전문가들이 점점 더 부족해지는 현실 속에서 각 기업들은 필요한 인재를 찾기 위해 새로운 방법들을 동원하기 시작했다. 그 도구가 바로 디지털 연결망이다. 기업들은 인터넷을 통해 학생들이 학교에 입학하는 순간부터 적극적으로 그들을 지원하는데, 이를 통해 어떤 분야를 집중적으로 공부해야 하는지 미리 알려 줄 수 있다.

교육의 디지털화는 아직은 걸음마 단계라고 볼 수 있다. 그렇지만 이동 통신 기기와 소셜 미디어, 그리고 디지털 콘텐

츠와 함께 성장해 온 수백만 명의 신세대는 디지털화된 교육
과정을 익숙하게 받아들일 수 있으며 이런 내용을 쉽게 정리
해 신속하게 서로 공유한다. 이를 통해 기존의 기술과 상품,
혹은 서비스를 대신하는 대단히 파격적인 교육 모델을 제공
할 수 있는 것이다.

인터넷만 연결되어 있으면 언제 어디서든 이동 통신 기기를 통해
전문성을 바탕으로 한 협동 학습 과정에 참여할 수 있고, 그렇게 되면
사회적, 금전적, 혹은 지리적 이유로 교육의 기회를 얻지 못한 수백만
명의 사람들에게는 새로운 길이 열리는 것이나 마찬가지다.

교육으로 하나 되는 세계

페이스북이 제공하는 〈2015년 인터넷 접속 현황 보고서State of Connectivity
Report 2015〉에 따르면 2015년 말 기준으로 인터넷에 접속할 수 있는 사
람들의 숫자는 32억 명에 이르며, 이는 가격이 저렴해진 덕분이다. 학
생과 교사는 스마트폰과 태블릿 컴퓨터를 통해 디지털 콘텐츠를 쉽게
접할 수 있게 되었는데, 이런 기기들은 이제 교육 과정을 개선하는 데
없어서는 안 될 도구가 되었다.

교육은 예전에도 그랬듯이 앞으로도 사회적 과정의 하나로 남아
있어야 한다. 온라인 대학교는 세계 각국의 학생들을 하나로 연결시
켜 준다. 미국이든 중국이든, 혹은 브라질이나 한국이든 상관없다. 학
생은 이메일과 휴대 전화 문자, 그리고 실시간 동영상 통화 등을 통해

협력할 수 있으며 언제든 시간에 구애받지 않고 서로를 도울 수 있다. 이런 일은 그 어떤 대학의 교수도 할 수 없다. 학생이 서로를 평가하는 학습자 간의 상호 평가 과정은 기존의 교수 중심 평가와 놀라울 정도로 차이가 없으며 학생의 적극적인 참여를 유도할 수 있다. 대학들은 교육의 디지털화를 대비한 전략을 개발해야 하며 각국의 정부는 온라인 강좌의 저작권을 보호하는 법안을 통과시켜야 한다. 그리고 고등학교에서도 이를 사용할 법적인 환경을 조성해야 한다.

또한 앞으로 진정한 투자의 대상은 불특정 다수를 겨냥한 집단 교육이 아닌 개인 맞춤형 온라인 교육이 되어야 한다.

여섯 번째

메가트렌드
이것만은
기억하자!

- 기술의 급속한 변화로 기존의 직업들이 없어지고 새로운 직업들이 생겨난다. 그에 따라 개인과 사회에 필요한 인재의 종류가 달라진다. 결국 교육이 메가트렌드의 대전환에 대응할 수 있는 열쇠다.

- 인간에게는 다양한 종류의 지능이 있다. 각 학생의 지능에 적절한 교육을 제공할 수 있는 환경과 제도를 만드는 것이 미래에 적합한 인재를 길러 내는 데 관건이 될 것이다.

- 문제 해결 능력이 중요해지기 때문에 학생에게 지식을 주입하는 '채우기'형 교육보다는 학생이 스스로 질문을 하고 그 질문에 대한 답을 주도적으로 찾게끔 도와주는 '불씨 지피기'형 교육이 중요해진다.

- 대학 교육이 제공하는 전문 지식이 필요한 사람은 점점 줄어들 것이기 때문에 모두가 대학 교육을 받기보다는 고등 교육의 기회를 공평하게 주고 직업 교육의 길을 폭넓게 마련하는 제도가 필요하다.

- 새로운 기술에 발맞춘 내용의 교육들이 중심이 되어

야겠지만 창의성의 원천이 되는 다양한 인문교양 교육을 무시해서도 안 된다.

• MOOC이나 POOC와 같은 통로를 통해 양질의 고등 교육 콘텐츠를 저렴하게 접할 수 있게 되었다. 이런 통로를 통해 인문 지식과 첨단 지식을 모두 습득하고 전 세계인들이 하나가 되어 인류가 마주한 문제를 해결해 나갈 수 있을 것이다. 그를 위한 제도 개혁이 필요하다.

제7장

매스 커뮤니케이션
시대의 생존법

MASTERING MEGATRENDS

매스 커뮤니케이션Mass communication이란 대규모의 일반 대중을 향해 대량의 정보를 동시에 전달하거나 교환하는 것을 뜻한다. 장소와 시간에 관계없이 매스 커뮤니케이션을 가능하게 해 주고 산업화 시대를 정보화 시대로 바꿔 준 가장 강력한 원동력은 바로 인터넷이다. 이제 전 세계의 개인이나 단체는 실시간으로 대중에게 원하는 내용을 전달하고 의사소통할 수 있게 되었다.

물론 이런 엄청난 위력에 따른 문제도 만만치 않다. 엄청나게 밀려드는 정보와 의견의 홍수 속에서 스스로 생각하는 능력을 유지하지 못하면 원래의 의도와 다른 결과가 나오거나 심지어 위험한 행동을 촉발할 가능성이 있다. 이 장에서는 정보를 유용하게 활용하면서도 정보의 홍수와 잘못 전달되는 내용 속에서 자신의 의견과 생각을 보호하는 방법에 대해 설명해 보고자 한다.

정보화의 그늘을 넘어

이 책의 앞부분에서 "어찌 되었든 우리 인간은 습관의 창조물"이라는 말을 한 적 있다. 거기에 덧붙이자면 인간에게는 무리를 따르는 본능 같은 것이 있다. 이 본능은 집단적인 과잉 반응이나 군중 심리의 원인이 되며 이를 통해 경제 문제와 관련된 결정을 내리거나 정부 정책에 반대하는 입장을 취할 때 잘못된 판단을 할 수 있다. 대다수가 따르는 의견은 틀릴 수 없다는 착각의 함정에 빠지는 것이다.

당연한 이야기지만 주류 여론은 한번 형성되면 좀처럼 바뀌지 않는다. 그리고 다수나 영향력 있는 개인도 끔찍한 실수를 저지를 수 있다는 사실은 지금까지 수없이 증명되었다. 그러나 주류 의견에 맞서려면 어느 정도 용기가 필요한 것이 사실이다.

물론 오늘날에는 16세기 천문학자 니콜라우스 코페르니쿠스Mikołaj Kopernik 가 겪었던 그런 수준의 위험은 없다. 코페르니쿠스는 지구가 우주의 중심이라는 천동설 세계관에 반대해 태양 중심의 지동설을 내세웠던 천문학자다. 그는 당대의 가장 강력한 권력 집단인 가톨릭교회에 대항했다.

역사적으로 세계관의 변화를 통해 과학계뿐만 아니라 종교계와 속세의 율법 모두를 뒤흔든 사례는 흔하지 않다. 대부분의 사람에게 이런 경우는 천문학이나 물리학, 혹은 수학 법칙에 대한 문제 제기가 아니라 주류 여론 자체에 대한 문제 제기다. 주류 여론은 종종 일종의 시대 정신이며 사람의 관심과 지원을 요구하는 집단이나 개인이 다양한 대중 매체를 통해 발언하면서 형성된다.

생각이 잘 바뀌지 않는 이유

우리는 삶을 체계적으로 만들어 주는 일정한 규칙에 의지하여 그냥 내버려 두면 혼란스러운 상태가 될 삶에 질서를 부여한다. 우리는 지금까지 살아오면서 습득하고 깨우친 일정한 틀 안에서만 생각하는 데 익숙해져 있다. 이제는 널리 알려진 사실이지만 인간의 두뇌는 습관을 따르는 기관이다. 시간이 지남에 따라 두뇌는 가장 단순한 방법을 통해 일종의 정신의 고속도로를 만든다. 인간의 생각은 부드럽게 포장된 고속도로를 따라 편안하게 흘러가며 그 과정에서 두뇌는 각종 조작에 대한 방어력을 잃는다.

　여러 연구에 따르면 대부분의 사람은 어떤 이야기나 의견을 사실로 생각될 만큼 반복해서 듣게 되면 그것을 받아들인다고 한다. 그리고 지금은 인류 역사상 그 어느 때보다도 주류 여론을 만드는 이야기나 의견의 반복이 의사소통 체계를 통해 쉽게 이루어지는 시대다. 그 결과, 잠재적으로 위험한 오해가 주류 여론 속으로 파고들게 되었다. 그것도 어떤 외부 집단이 아닌 주류 대중 매체 속에서. 예컨대 미국은 세계에서 가장 위대한 국가이며 중국 사람은 억압받고 있고 서구 사회는 진보를 만들어 낼 유일한 주역이라는 식의 오해 말이다.

　그러니 문제의 출발점을 주류 여론으로 삼는 것도 당연한 일이다. 주류 여론은 한번 탄력을 받으면 그 위력이 걷잡을 수 없이 커지며 중대한 변화의 시기에 함께 변화할 기회를 망친다. 이처럼 주류의 의견이나 생각, 관성에서 벗어나기 어려운 것과 마찬가지로 우리 자신의 생각 역시 한번 정해진 틀을 벗어나기 힘들다. 프랑스의 사회학자이자 철학자인 프레데릭 르누아르Frédéric Lenoir는 저서 《행복에 관하여Du bonheur:un voyage philosophique》에서 사람이 같은 상황을 얼마나 다르게 받아들이는지 이야기하고 있다.

> 아름다운 풍경을 두고 사업가는 새로운 회사를 세울 자리를 꿈꾸고 사랑에 빠진 사람은 연인과 함께 걷는 자신의 모습을 그려 본다. 행복한 사람이라면 완만한 언덕과 색조의 조화로운 모습을 즐길 것이며, 우울한 사람은 떨어지는 낙엽을 보며 모든 것의 종말에 대해 생각할 것이다.

생각과 신념은 감정과 함께 세상과 우리 사이의 관계를 만든다. 고대부터 사람들은 인간을 두 부류, 즉 낙관주의자와 비관주의자로 나누었는데, 이 기본적인 성향은 우리가 이 세상을 어떻게 바라보는지, 그리고 그런 세계관에 따라 어떻게 행동하는지에 여전히 큰 영향을 미친다. 낙관주의자의 눈에는 잡아야 할 기회가 보이고 비관주의자의 눈에는 풀어야 할 문제만 보인다.

주류 사고방식의 극복
이론적인 이야기를 있는 그대로 너무 진지하게 받아들일 필요는 없다. 다만 지정학적 변화나 경제 발전에 대해 생각할 때, 개인의 기본적인 성향이 새로운 변화의 방향과 충돌하는 그 순간부터 우리는 내부로부터 저항감을 느낀다. 그리고 거기에 감정마저 섞이면 진실을 보는 일은 더욱 어려워진다. 메가트렌드를 완전히 정복하려면 그저 있는 사실을 받아들이는 것만으로는 부족하다. 감정과 감정이 충돌하면 그 과정에서 이성이 사라지기 때문이다. 우리에게는 눈에 보이는 변화 뒤의 본질을 알아차리게 해 줄 그런 사고방식이 필요하다.

　　반면 지나치게 합리적이고 양적인 사고방식에 이끌려 갈 수도 있다. 우리는 숫자로 측정될 수 있는 모든 것을 이해한다. 수학과 과학, 기술을 받아들이며 이쪽 분야에서 이루어지는 진보의 산물을 수용하고 활용하지만 그것을 해석하고 확장하는 데 필요한 상상력, 창의력, 직관력을 무시하는 경향이 있다.

아는 것과 실천하는 것의 간극

때로는 변화를 통해 어떤 이익을 얻을 수 있을까 하고 생각하는 것보다 변화의 필요성을 부정하는 편이 더 쉬워 보일 때가 있다. 어떤 지식을 아는 것과 실천하는 것 사이에는 커다란 차이가 있다. 그 차이를 잘 보여 주는 분야가 바로 교육이다. 지금 당장 개혁이 필요하다는 사실을 알면서도 교육 제도의 대부분은 여전히 암기식이나 주입식 학습법을 따르고 있다. 우리는 어떤 사실을 인정하면서도 그에 따라 실천하는 일은 주저한다. 일부러 시간을 내서 문제와 상황을 살피고 자기중심적 사고에서 벗어나 정말로 해야 하는 일이 무엇인지 객관적으로 결정하지 못하는 것이다. 외부에서 일어난 엄청난 변화가 기존의 인식과 믿음에 사로잡힌 우리 내부의 세상과 충돌할 때, 우리 내면의 자아는 변화의 속도를 따라잡지 못하기 마련이다.

변화를 제대로 받아들이지 못하면 최악의 경우 책임을 떠넘기고 다른 사람의 결정에 의존하게 될 수도 있다. 무엇을 해야 할지 망설이고 있을 때 정치적, 종교적 극단주의가 비집고 들어올 틈이 생긴다. 선동가는 비현실적인 약속으로 사람을 유혹하지만 많은 사람이 거기에 쉽게 빠져든다. 우리를 기다리는 세상은 실제로 그렇게 위협적이지 않으며 거대한 변화에 따른 많은 기회를 제공한다. 자유와 선택에는 개인의 책임이 뒤따른다. 우리는 분명 자신의 삶에 대한 무거운 책임을 지고 있으며, 물론 주어진 상황에 대해 불평할 수도 있다. 그러나 불평한다고 달라지는 것은 없다.

독자는 이 책이 제시하는 내용을 일종의 지도처럼 활용하여 주류 여론이나 외부의 요구에 끌려가는 대신 스스로 판단할 수 있다. 이 책의 내용은 분석과 경험을 바탕으로 한 연구 조사의 결과이며, 좋든 싫든 결국은 일어날 일들이다. 주어진 정보를 통해 미래의 메가트렌드와 친숙해져야 하고, 그 메가트렌드를 완전히 숙지하는 데 도움이 되는 자신만의 생각을 준비하고 발전시키는 일에 신경 써야 한다.

메가트렌드의 본질은 오래된 것이 새로운 것으로 바뀌는 기간에 일어나는 발전 사항이다. 메가트렌드를 마스터하기 위해서는 변화를 받아들이는 태도와 준비가 필요하다. 새로운 메가트렌드가 가져다 주는 이점을 내 것으로 만들고 싶다면 변화가 완전히 드러날 때까지 기다려서는 안 된다. 메가트렌드는 주류 의견과 비슷할 수도 있고 그 반대일 수도 있다. 메가트렌드가 주류 여론과 멀어질수록 그 길을 따라가기 어려워진다. 또한 이미 알아차리는지에 상관없이, 대중 매체와 주류 여론은 이미 우리를 완전히 둘러싸고 있다. 그런 완만하지만 강력한 흐름에 몸을 맡기고 있으면 분명 편안한 기분을 느끼게 된다.

이런 편안함이나 만족감 때문에 사람들은 이미 조성된 여론을 더욱 믿고 따르게 하는 정보를 찾는 쪽으로 기울게 되며, 결국 변화를 받아들이는 일이 더 어렵게 된다. 기존의 세계관이나 개인적 성향에 맞지 않는 것들은 무시하거나 모른 척해 버리는 것이다. 흐름을 거스르기보다는 편안하게 몸을 맡기려는 것이 사람의 본성이다. 불확실성에 대한 도전이나 기존의 생각과 믿음을 바꾸는 일은 좀처럼 쉽지 않다.

때때로 사람들은 이런 편안함이 만들어지는 데 대중 매체가 어느 정도 영향을 미치는지 잘 알아차리지 못한다. 왜냐하면 대부분의 대중 매체는 주류 여론의 틀 안에서 소식을 전하고 있기 때문이다. 이들이 전하는 소식은 전 세계적으로 비슷하므로 쉽게 휩쓸리기 마련이다. 영국의 국제 통신사인 로이터Reuters를 예로 들어보자. 로이터는 전세계에 소식을 전하는데, 그러면 각국의 언론사가 그 소식을 받아서 다시 국내로 전달한다. 결국 사람들은 대형 국제 통신사가 처음 전한 소식이 국내 언론을 통해 거의 똑같이 반복해서 전해지는 것을 보게 된다. 어느 정도 반복되고 나면 대부분의 사람은 그 진실성이나 맥락에 상관없이 그 소식을 그대로 믿고 수용하게 된다.

공포에 속지 마라

언론을 포함한 대중 매체는 소식을 전할 때 보통 강력한 도구를 사용한다. 그 도구란 다름 아닌 공포이며, 그러기 위해서는 우선 하루 24시간씩 일주일 내내 충격적인 내용이 전달되어야 한다. 지금 기존의 신문이나 잡지가 온라인 매체와 인터넷 사회 관계망의 속도와 매력을 이겨내지 못하고 있는 것은 그리 놀랄 일도 아니다. 별나고 이상한 소식일수록 더 많은 사람의 시선을 끌며 대중 매체는 나쁜 소식을 전해야 관심받는다는 신조 아닌 신조를 따르는 경향이 있다. 그래서 어떤 식으로든 경제 불황이나 금융 위기, 난민 문제, 불법 이민, 흉악 범죄 등 불안한 소식을 전하며 공포를 조장한다.

공포를 팔아먹는 대신에 긍정적이고 기운을 북돋아 주는, 그리고 희망과 낙관주의를 줄 수 있는 소식을 찾으려 노력해야 한다. 중국의 CCTV와 한국의 KBS, MBC, SBS, 미국의 CNN과 FOX, 그리고 그 밖의 지방 방송국, 또《중국일보》와《글로벌 타임스》《광저우 일보广州日报》《조선일보》《경향신문》《워싱턴 포스트》《뉴욕 타임스》《파이낸셜 타임스》와 각 지방 신문사 등을 통해 접할 수 있는 소식이나 정보는 이미 한 번 이상 가공된 것이다. 그런 정리의 과정이 꼭 나쁘다고는 할 수 없겠지만 다른 측면은 무시하고 너무 일방적으로 한쪽 측면만 보여 주거나 아니면 대중의 의견에 영향을 미칠 수 있는 논쟁거리를 어느 한쪽에만 유리하게 왜곡할 수도 있다.

더 많이 폭넓게 읽어라

사소하지만 전형적인 사례가 하나 있다. 영국의 유럽연합 탈퇴라
는 충격이 있은 후 몇 개월이 지난 2016년 8월 9일, 독일의 뉴스 전문
인터넷 사이트 ntv.de에서는 독일종합주가지수Deutscher Aktien Index, DAX가
1만700포인트 선을 넘었다는 소식을 전했다. 이는 지난해 최저 수준
이었던 8699포인트보다는 회복되었지만 최고 수준이었던 1만1561포
인트보다는 여전히 10퍼센트가량, 그리고 2015년 4월 4일의 최고 기
록 1만2374포인트보다는 떨어지는 수치였다. ntv.de에서는 이 소식을
보도하며 DAX 지수는 회복세를 보이고 있지만 미국 다우존스산업
평균지수Dow Jones Industrial Average Index, DOW는 그렇지 못하다는 설명을 덧붙였
다. 이 소식을 접한 시청자나 독자는 독일의 경제는 이미 회복 중이지
만 미국 경제는 독일보다 뒤처져 있다고 생각할 것이다. 그런데 실제
로는 미국의 DOW 지수는 이미 새로운 최고 기록인 1만8622포인트
까지 올라갔고 지난해 최저 기록 1만5370포인트에서 벌써 회복된 상
황으로 같은 기간의 독일과 비교하면 크게 앞섰다.

우리는 이러한 사소한 왜곡에 익숙하여 의문을 제기하기보다는
그저 주어진 틀 안에 머무르기 쉽다. 그러나 실제로 어떤 일이 벌어지
는지 좀 더 정확하게 알려면 늘 회의적인 태도로 무엇이든 더 많이, 폭
넓게 읽어야 한다.

거시적인 시야를 가져라

2017년은 마르틴 루터가 비텐베르크 교회 정문에 〈95개조 반박문〉을 못 박은 지 500주년이 되는 해다. "불의不義는 어디에서 일어나든 상관 없이 온 세상에 있는 정의正義 전체를 위협한다…… 한 곳에 직접적인 영향을 미치면 결국 모든 곳에 간접적으로 영향을 미치게 된다." 루터 의 이 말은 어쩌면 지금 우리가 살고 있는 세상과 더 잘 어울리는지도 모르겠다. 지금은 전 세계 모든 국가가 그 어느 때보다 서로 의존하며 하나로 엮여 있기 때문이다.

아프리카 북부에서 벌어지는 정치적 격변은 결국 유럽의 난민 위 기로 이어진다. 미국의 부동산 대출 문제는 전 세계 경제를 위협한다. 일본 해안가를 덮친 해일은 원자력 발전소 일부를 무너뜨렸는데, 이 때 방출된 방사성 물질은 미국 연안 지역까지 영향을 미칠 수 있으며 실제로 독일의 원자력 발전소 건설은 이 사건을 계기로 중단되었다. 아프리카 서부 지역에서 발생한 에볼라Ebola 바이러스는 전 세계로 확 산될 위험이 있다. 각 언론 매체는 상대하는 지역이 어디인지에 상관 없이 최소한 전 세계를 아우르는 맥락을 이해하고 고려해야 한다. 특 히 자체적인 설명이나 해설을 덧붙일 때 더욱 그렇다.

《뉴욕 타임스》에서는 독자가 무엇을 원하는지 알아내기 위해 연 구 조사 한 가지를 실시했고 다음과 같은 결론을 얻었다.

그 어느 때보다 많은 사람이 《뉴욕 타임스》를 읽고 있다. 재 미있는 건 몇 년 동안 사용하던 《인터내셔널 뉴욕 타임스

International New York Times》라는 이름을 버리고 본래의 이름으로 돌아
오자마자 독자가 더 늘었다는 사실이다. 사람들은 최신 속보
보다는 복잡한 세상을 이해하는 데 도움을 줄 수 있는 신문을
원한다…… 그리고 그 어느 때보다도 전 세계를 아우르는 거
시적인 사고방식을 가진 언론이 필요하다.

/
정치가의 새로운 마술 도구
/

많은 사람이 일간지를 읽고 텔레비전 뉴스를 보며 가능한 많은 정보
를 얻기 위해 애쓴다. 그러나 1982년에서 2000년 사이에 태어난 세대
대다수는 같은 생각을 하는 사람과 함께 행동하는 것을 선호한다.

　앞서 언급한 것처럼 신세대는 자신의 생각과 믿음이 증폭되고 강
화될 수 있는 곳, 자신이 이미 가지고 있는 의견과 이념과 세계관을 재
확인할 수 있는 공간 안에서 움직이는 경향이 있다. 트위터, 페이스북,
인스타그램, 위챗WeChat, 웨이보Weibo 같은 인터넷 소셜 네트워크는 '같
은 생각을 가진 사람들'이 모이는 일종의 통로 역할을 한다. 선거 운동
과 후보자의 발언, 그리고 그런 정치인을 지지하는 사람들의 모습은
사실에 입각한 의견 대신 즉흥적이고 한번 만들어지면 좀처럼 변하지
않는 정서를 보여 주는 좋은 사례다. 선거에 나선 정치가의 주장이 얼
마나 많이 거짓으로 증명되는가는 별 상관이 없다. 정서와 감정이 쌓

아 올린 벽이 그런 진실을 틀어막아 버린다.

역사적으로 보면 사람의 마음과 표를 사로잡는 말솜씨와 통솔력을 타고난 정치가나 지도자는 많다. 심지어 그들의 실제 의도가 겉으로 드러내고 있는 것처럼 공정하지 않아도 상관없다. 화려한 말솜씨를 자랑하는 연사는 대중을 현혹할 수 있다. 다만 정치가와 지도자는 자신의 정직성이나 계산적인 속내와는 상관없이 진실을 밝히고자 글을 쓰는 언론인의 검열을 거치지 않을 수 없었는데, 이제 그런 시절은 다 지나가 버렸다.

정치가의 공약에 좀처럼 휘둘리지 않는 유권자를 유혹할 새로운 마술 도구가 만들어졌다. 그 과정은 1950년대부터 조용히 시작되었는데, 현대 컴퓨터의 시조이며 수학자 그리고 암호 전문가였던 앨런 튜링Alan Turing은 다음과 같은 문장으로 시작되는 논문 한 편을 발표한다. "여기 한 가지 질문을 던지고 싶다. 기계는 생각할 수 있을까?"

소셜 봇의 위험성

2018년이 되었지만 기계는 여전히 생각하는 능력이 없으며 의식은 인간의 고유한 영역으로 남아 있다. 그러나 알고리즘 덕분에 기계는 인간의 행동을 모방하는 수준까지 발전했다. 이것이 좋기만 한 일일까? 어쩌면 대중의 의견을 조작하고 흔들어 놓을 수많은 기회가 생긴 것은 아닐까?

봇bot은 로봇robot의 줄임말로 요즘은 인간을 대신해 온라인 속에서 활동하는 컴퓨터 알고리즘을 의미한다. 소셜 봇social bot은 주로 소셜 미디어 사이트에서 가상의 사용자로 계정을 만들고 자동으로 글을 올리며 자신을 따르는 가짜 회원을 인위적으로 만들어 내고 거기에 진짜 인간 사용자와 반응하며 소통하는 능력까지 갖추고 있다. 물론 다양한 출처를 통해 흘러나오는 내용들을 자동으로 집계하거나 고객의 문의에 맞춰 인간을 대신해 자동으로 대응하는 봇도 있다. 인터넷 검색 엔진들은 이런 봇 프로그램을 사용해 인터넷상의 콘텐츠를 자동으로 분류하고 있다. 그러나 이런 기술은 잘못 이용되어 오해와 잘못된 정보를 만들어 낼 위험이 있다.

예컨대 이런 봇을 이용해 좋지 않은 숙박업소를 좋은 곳으로 추천하거나 가짜 정보를 인터넷에 올려 경쟁 숙박업소의 평판을 훼손할 수도 있다. 더 우려가 되는 건 이런 남용이나 오용의 위험이 없는 신기술은 존재하지 않는다는 사실이다.

소셜 봇을 만든 기술과 그 수많은 가능성은 호기심을 자극한다. 문제는 여러 국가에서 이 봇을 이용해 여론을 조작하는 선전 활동을 벌이고 있다는 사실이다. 어떤 곳에서는 봇을 통해 반대 여론을 끌어내기도 하는데, 정치가라면 상대편 정적을 중상모략하며 그런 거짓말을 좀 더 믿음직하게 만들 수도 있다.

시장과 정치가 불안정한 곳에서 이런 소셜 봇의 위험성은 더 크다. 예전에 남아메리카 벨리즈Belize에 싱크 테크놀로지Cynk Technology라는 의문의 기업이 하나 있었다. 직원도 없고 자산도 없으며 수익이 전혀 없는데도 시장에서 기업 가치가 60억 달러까지 치솟았으며 벨리즈에는 거기에 필적할 만한 기업이 한 곳도 없을 정도였다. 아마도 여

기에는 봇이 어느 정도 연루되어 있었던 것이 아닐까.[1] 싱크 테크놀
로지의 주식이 거래되기 시작한 건 2013년 6월부터이며 당시는 1주
당 거래 가격이 불과 몇 센트일 때도 있었다. 2014년 6월이 되자 주가
는 3650퍼센트나 뛰어올라 6센트짜리 주식이 2.25달러에 거래되기
시작했고 상승세가 계속되면서 당시 처음 등장했던 금융 관련 블로그
인 페니 스톡 가십penny stock gossip의 화젯거리로 떠올랐다. 주가는 급기야
3만6000퍼센트가 오른 6000달러가 되었다가 급락했고 여기에 투자
했던 수많은 개미 투자자는 직격탄을 맞았다. 그렇게 되자 비로소 사
람들은 이 일이 일종의 사기라는 사실을 알아차렸고, 주식 거래는 중
단되었으며 수익은 사라지고 손실만 남았다.《MIT 테크놀로지 리뷰》
는 "저가 기술주 기업인 싱크 테크놀로지가 단 며칠 만에 50억 달러
가치의 기업으로 부풀어 오를 수 있었던 배경에는 가짜 트위터가 어
느 정도 관여한 것으로 보인다"는 기사를 실었다.[2] 그렇지만 이 경우
는 아마도 봇이 활동한 트위터보다는 자동 거래 알고리즘을 통해 주
식 가치를 그토록 빠르고 엄청나게 증폭시킨 것으로 판단된다.[3]

가짜 여론

2013년 4월 23일, 이른바 시리아 전자전 부대Syrian Electronic Army가 AP 통
신사의 트위터 계정에 무단으로 침입해 미국 백악관에서 테러 공격이
일어났으며 오바마 대통령이 부상을 당했다는 가짜 소식을 퍼트렸다.
2011년 처음 그 정체가 수면 위에 떠오른 시리아 전자전 부대는 시리
아 정부가 지원한다고 알려진 일종의 사이버 공격 전문 집단이다.《비

즈니스 인사이더Business Insider》는 2016년 3월 22일자 기사를 통해 미국 법무부 차관보 존 카를린John Carlin의 공식 홈페이지를 인용하며 이렇게 보도했다.

> 시리아 전자전 부대는 최근 정치적으로 궁지에 몰린 시리아 대통령 바샤르 알 아사드Bashar al-Assad를 지지하기 위해 조직되었다는 사실을 공개적으로 천명했다. 이들의 활동 중 일부는 시리아의 이름을 빌어 미국의 경제와 국가 안보를 위협할 목적으로 이루어지지만 이런 주장을 자세하게 살펴보면 전자전 부대원들이 법을 준수하는 전 세계 사람을 볼모로 잡고 자신의 사리사욕을 채우려 했다는 사실이 드러난다. 2013년 사건으로 기소된 내용을 보면 이제 기존의 사이버 범죄와 국가 안보에 대한 잠재적 위협의 경계가 점점 더 모호해지고 있다는 사실을 알 수 있다.

트위터 측에서는 전체 사용자의 14퍼센트인 2300만 명이 사실은 봇임을 인정했다. 봇은 인위적으로 정치 후보자에 대한 지지를 이끌어 낼 수 있으며 미국에서는 이미 2010년 중간 선거 기간 동안 실제로 그런 일이 벌어졌다. 소셜 봇을 이용해 특정 후보자를 지지하고 상대방을 비방하며 가짜 뉴스가 실린 웹사이트로 연결되는 트윗 수천여 개를 뿌렸던 것이다. 옥스퍼드대학교의 한 연구진은 '컴퓨터를 이용한 선전 활동computational propaganda'을 주제로 연구를 진행하며 11월 1일에서 11월 9일까지 올라온 트윗 1940만 개를 조사했다. 그 결과, 전체 트윗의 거의 4분의 1가량이 트윗 봇에 의해 올라왔으며 거기에는 미국 선거와 관련된 해시태그를 포함하고 있었다고 한다.

> 선거 기간 동안 자동으로 생성된 계정들이 신중하게, 그리고 전략적으로 사용되었다. 특히 친親 트럼프 진영 운동원과 프로그래머가 개입해 대선 토론회가 진행되는 동안 적절한 시기에 맞춰 트윗을 양산했으며 전략적으로 힐러리 클린턴을 지지하는 해시태그와 트윗을 잠식했다가 선거가 끝난 이후에 계정 활동을 중지했다.

트위터 측에서는 봇의 선전 활동이 유권자들에게 영향을 줄 수 있다는 주장을 일축했다. 자동으로 트윗이 올라오는 것은 가능하지만 그 내용이 광고로 판단되면 계정을 중지한다는 것이다.[4]

워싱턴대학교에서 박사 과정을 밟고 있는 새뮤얼 울리Samuel Woolley와 그의 연구진은 적어도 1000개 이상의 봇이 정치적 위기 때마다 선거에 영향을 미치고 다른 계정의 활동을 방해하거나 혹은 선동 자료를 뿌리는 데 사용되었다는 사실을 확인했다. 각국의 정부나 정치가는 정치적 선동을 위한 한 방편으로 이런 봇을 사용하고 있다. 현직 멕시코 대통령인 엔리케 페나 니에토Enrique Pena Nieto가 그 대표적 사례다. 지난 25년 동안 가장 인기 없는 대통령으로 알려진 그는 '페나봇Penabot'으로 알려진 봇을 사용해 자신에게 유리한 선동 자료를 뿌리고 선거

운동에 영향을 미치며 반대파의 활동을 방해하고 있다.[5]

　　인터넷이나 소셜 네트워크에 대해 잘 모르는 사람에게 이런 내용은 어쩌면 꾸며낸 이야기처럼 들릴지도 모르겠다. 그러나 소셜 봇의 이런 파렴치한 사용은 정치계에서는 이제 일상이 되어 버렸다.

진실도 소용없다

소셜 미디어 중 인스타그램을 활용하는 경우는 대부분 사람의 의견에 영향을 주고 조작하는 것보다는 상품의 판매와 더 깊은 관련이 있다. 2012년 12월 12일, 미국의 팝스타 비욘세Beyoncé는 인스타그램을 통해 자신의 새로운 앨범 발매를 홍보하기로 결정한다. 그 결과 불과 이틀 사이에 60만 장이 넘는 앨범이 팔렸다.

　　불행한 일이지만 이런 소셜 미디어는 정치적인 선동을 하거나 문제를 불러일으키고 대중을 흥분시키는 일도 훨씬 쉽게 할 수 있도록 해 준다. 게다가 이런 식으로 논란을 증폭시키고 진실이나 사실이 전달되지 않도록 사람들의 귀를 틀어막는 데는 비용도 크게 들어가지 않는다. 인스타그램의 경우 한꺼번에 2만 개의 사용자 계정을 신청하면 99달러, 트위터는 2만5000개의 사용자 계정 신청에 145달러만 내면 끝이다. 유권자와 소비자, 혹은 시장의 분위기에 미칠 수 있는 영향력을 생각하면 절대로 큰 비용이 아니다. 자동으로 글을 올리고 계정을 사고팔며, 경쟁자를 비방하거나 좋은 상품평을 대신 올려 줄 사람을 구하는 일도 아주 쉽다. 거기에 소셜 봇은 삶과 관련된 중요한 결정에 영향을 주기 위해 고용된 일종의 여론 조작단이 되어 가고 있다.

의심스러운 블로그나 돈을 받고 올라오는 게시물 등은 알아차리기 힘든 형태로 선동하는데, 모두 특정한 사안에 대한 여론에 영향을 미치기 위해 감정에 호소하는 것을 목표로 삼는다. 봇이나 봇이 퍼뜨리는 생각을 가진 사람, 혹은 잘못 알고 있는 사람 사이에서 오가는 정보는 결국 사실을 왜곡하고 그 위에 덧칠을 한다. '가짜 언론Lying press'이라는 말은 독일 정치 운동 역사에서 대단히 경멸적으로 사용되는 용어지만, 독일에서만 가짜 언론이 활동했던 것은 아니다. 트럼프는 대통령에 당선되기 전인 2016년 5월에 이런 트윗을 올렸다. "편견에 빠진 가짜 대중 매체가 우리 선거 본부에서 일하는 사람의 말을 멋대로 인용하는 걸 믿지 마세요. 오직 내가 직접 하는 말만 믿으세요!"

어떤 의견의 출처에 대한 논쟁이 분분해지고 있다면 그 체제는 뭔가 잘못 돌아가고 있는 것이다. 우리는 이미 정보의 양과 전달 속도에 압도당하고 있으며 특히나 잘못된 정보까지 흘러들어 올 때 정신 없을 정도로 줄줄이 늘어선 이론이나 전망, 신념, 그리고 의견을 모두 확인하기 힘들다. 정치학자들은 소셜 봇이나 사람을 현혹하는 왜곡된 정보가 실제로 큰 영향을 미치지는 못한다고 추정하고 있으며, 불과 1퍼센트에서 2퍼센트 정도의 차이만 불러올 뿐이라고 한다. 그러나 팽팽한 정책 결정의 과정에서라면 그러한 차이도 균형을 무너뜨리기엔 충분하지 않을까.

게다가 역사를 통해서도 알 수 있듯이 다수의 의견도 얼마든지 잘못된 방향으로 갈 수 있다.

다수결의 위험

이 책의 공저자 모두 서구 민주주의 속에서 자랐고 언론의 자유, 의사 결정의 권리, 진로 변경을 할 수 있는 자격 등의 중요성을 잘 알고 있다. 그러나 이런 환경이 유지되기 위해서는 두 집단이 필요하다. 책임감과 견문을 겸비한 정치가와 유권자다. 그러나 불행히도 그런 정치가도 유권자도 찾아보기 힘들다. 정치가는 선거에서 승리하기 위해 조국을 위한 최선이 무엇인가 생각하기보다는 선거구민의 비위를 맞추는 데 급급하며, 상당수의 유권자 역시 자신의 이익과 관련된 특정 정책의 단기적 효과에 관심이 더 많다. 그런 정책은 주로 비용이 많이 드는 정부의 사회 복지 계획과 관련되어 있는데, 정치가나 정권은 가능한 많은 유권자의 관심을 끌기 위해 선심성 공약을 남발하지만 일단 선거가 끝나고 난 후에 그런 공약을 지키려면 재정적인 부담이 될 수밖에 없다. 그런데도 상당수의 유권자는 자신과 직접 관련이 없는 한 그런 부채가 늘어나는 일에는 관심이 없는 듯하며, 심지어 자신의 다음 세대가 그 문제를 이어받을 걸 알면서도 그렇다.

사회 복지 제도는 분명 대단한 제도이지만, 국가로부터 혜택을 받는 사람이 국가에 기여하는 사람의 수보다 늘어나면 계속해서 유지하기가 어렵다. 게다가 외부로부터 교육이나 사회 복지 지원을 필요로 하는 난민이나 이민자가 계속 들어올수록 문제는 더 복잡해진다.

아주 오래전 미국의 16대 대통령 에이브러햄 링컨Abraham Lincoln은 이렇게 경고했다.

키 큰 사람을 잘라 키 작은 사람에게 나눠 줄 수는 없다.

힘센 사람의 힘을 빼앗아 약한 사람에게 나눠 줄 수는 없다.

주인을 몰아내고 노동자의 임금을 올려 줄 수는 없다.

버는 것보다 많이 써서 문제를 해결할 수는 없다.

돈을 빌려 편안한 생활을 할 수는 없다.

독립심과 창의성을 빼앗긴 인간이 제대로 성장할 수는 없다.

만일 미국 대통령이 취임식 연설에서 국민들에게 설교하듯 이렇게 말한다면 사람들은 어떻게 반응할까? 1961년 존 F. 케네디 대통령은 실제로 취임식에서 이렇게 말했다. "조국이 무엇을 해 주기를 기대하지 말고 자신이 조국을 위해 무엇을 할 수 있을지 생각하라."

21세기에 들어선 이후의 경제 성장을 보면 정치적인 정책 결정 과정이 언제나 가장 좋은 결과를 만들어 냈다고 주장하기는 어렵다. 경제 성장은 시장 경제와 민주주의의 상호 작용의 결과라는 주장 역시 과거 몇십 년 동안의 증거를 보면 옹호하기가 어렵다. 그러나 정치가 사이에서 이상주의자를 찾아보기 어려운 것처럼 국가를 올바른 길로 이끌고 나가기 위해 꼭 필요한 희생을 자발적으로 하겠다는 국민도 찾아보기 어렵다. 사회 복지 제도를 얼마나 늘리고 세금 부담은 또 얼마나 줄였는지, 또 사회 제도에 어떻게 개입했는지 자랑하는 것이 사회적으로 용인되는 그런 시대에 우리는 살고 있다.

정치적인 올바름은 종종 합리적인 사고를 무시한다. 또한 번지르르한 말보다는 문제를 고치기 위해 싸우는 일이 훨씬 더 중요한데도 사람들은 단지 정치적 올바름만을 내세우며 본질을 흐리기도 한다.

답은 결국 교육

어느 라디오 방송국에서 청취자를 즐겁게 만들 방법을 생각해 냈다. 사람들에게 이런 질문을 던져 어리둥절하게 만든 후 다 함께 웃어 보자는 것이었다. "30년 전쟁은 얼마나 오랫동안 지속되었는가?" "조지 W. 부시 대통령의 직업은 무엇인가?" 청취자들은 답을 외쳤겠지만 질문을 받은 사람들은 잠시 머뭇거렸다.

"낮과 밤은 왜 생기는가?" 오스트리아의 고등학생들은 답을 알고 있다고 생각했다. "그건 바로 지구가 태양의 주위를 돌고 있기 때문이다." 뭐라고? 개인적으로야 이런 우주적 대변화는 언제든 대환영이다. 하루가 8760시간이 될 테니 말이다.

교육 제도에서 가장 먼저 눈에 들어오는 문제는 민주주의와 관련 있다. 만일 상당수의 국민이 간단한 상관관계조차 잘 이해하지 못하는 상황이라면, 국가의 미래를 결정할 훨씬 더 복잡한 문제는 어떻게 결정한단 말인가? 라디오 방송국에서야 재미를 위해 저런 질문을 던지고 적당히 대답도 가려서 방송에 내보내면 되겠지만 어쨌든 서구 국가들의 교육 수준이 떨어지고 있는 건 슬픈 일이 아닐 수 없다. 교육은 경제 발전의 가장 강력하고 지속 가능한 원동력이고, 동시에 국민이 주체인 서구 민주주의가 유지되기 위한 최소한의 밑바탕이다.

민주주의의 미래

글을 읽고 생각하고 이해할 수 있는 능력은 민주주의를 지키고 유지하기 위한 기본적인 조건이다. 유권자는 정책을 수립하지는 않지만, 그 일을 하는 정치가를 선출한다. 그리고 이러한 정책 결정을 통해 국가의 전체적인 진행 방향이 가려진다. 미국 국민이 대통령 선거와 상하원 선거에서 표를 던질 때 그들은 간접적으로는 미국의 미래 경제 구조에 표를 던지는 것이다. 미국은 앞으로 자본주의와 사회주의 중 어느 쪽으로 갈 것인가. 미국 정부는 국민들의 삶에 개입하는 큰 정부를 계속해서 지향할 것인가 아니면 그 반대인가. 범대서양 무역투자동반자협정이나 포괄적경제무역협정Comprehensive Economic and Trade Agreement, CETA 등은 미국의 경제에 어떤 영향을 미칠 것인가. 그리고 이런 중요한 문제와 더불어 사회 복지 제도나 보건, 낙태, 동성 결혼, 국방 문제 등에 대해서도 국민은 한 표를 행사하게 된다.

우리는 어떤 기준으로 판단을 내릴까? 개인에게 가장 좋은 정책에 표를 던질까 아니면 국가나 더 크게는 전 세계를 생각하며 표를 던질까? 당신이 유권자라면 단기적인 정책과 장기적인 정책 중 어느 쪽에 더 무게를 두겠는가? 후보자의 정직성과 성실성은 얼마만큼 중요한 자질인가? 후보자를 고를 때 우리가 생각하는 기준과 그 기준을 적용하는 방식은 대개 우리가 받은 교육과 경험의 산물이다. 글을 읽고 이해하는 능력은 필요한 정보를 수집하며 적용하는 기준을 발전시키고 이성적인 결론을 이끌어 내는 능력을 향상시킨다.

그러나 가장 객관적인 유권자도 잘못된 정보를 제공받는다면 판단을 내릴 때 심각한 실수를 저지를 수 있다. 어떻게 하면 어느 한쪽에 치우치지 않은 중립적인 정보를 얻을 수 있을까? 편향된 정보를 가려내거나 그렇게 될 가능성을 미리 알아차려서 의문을 제기할 수 있을까? 지금 상황이 어떤지 명쾌하고 정확하게 알아내는 일은 대단히 어려우며 우리가 제삼자로부터 받고 있는 모든 정보가 어떤 식으로든, 그리고 어느 정도는 가공되었다는 사실을 생각하면 더욱 그렇다. 주어진 정보를 가지고 판단을 내리기 전에 우리는 먼저 그 정보 자체가 믿을 만한지 확인할 필요가 있다.

국민 대다수 몰래 국가가 운영될 가능성을 막기 위해, 그리고 소수 의견을 지지하는 국민의 권리를 보호하기 위해 다양한 형태의 대의 민주주의가 있는 것이다. 우리는 국가 전체의 중요한 결정이나 문제를, 국민을 대표하는 국회의원이나 정치인을 산출해 우리 뜻에 따라 해결하게 한다. 그러나 보통의 국민이 알 수 있는 평균적인 수준의 정보만으로는 그 결정의 결과를 평가하기가 여간 어렵지 않다. 그러나 어쨌든 그런 결정을 내리는 과정에서 국민을 대표하는 누군가를 뽑기 위해서는 국민이 이성적인 판단을 내려 표를 던질 수 있는 역량을 반드시 갖춰야 한다. 그리고 그렇게 판단하고 투표할 때, 어떤 확고한 근거가 필요한데, 그 근거는 보통 교육의 산물이다.

만일 유권자가 선거 연설문 등을 읽고 해석하는 데 어려움을 겪는다면, 귀로 듣고 내용을 정확히 파악하기는 훨씬 더 힘들지 않겠는가. 뭔가를 읽을 때는 속도를 알아서 조절하고 중간에 잠시 멈추고 생각하거나 이해가 안 가는 부분은 다시 읽을 수 있는데, 들을 때는 그렇게 할 수 없다. 교육 수준이 낮을수록 나중에 후회하게 될 잘못된 결정을 내릴 위험이 높다. 공자는 지혜의 가치와 이해력 사이의 관계를 이렇게 이야기했다.

지혜를 배우는 방법은 세 가지다. 먼저, 가장 우아한 방법인 반성이 있고 그다음은 가장 쉬운 방법인 모방이 있다. 마지막으로 세 번째 방법은 경험인데, 이것이 제일 쓰라리다.

일곱 번째

메가트렌드 이것만은 기억하자!

- 인터넷의 등장으로 대규모의 사람들이 대량의 정보를 주고받는 매스 커뮤니케이션의 시대가 열렸다. 그러나 그에 따른 문제도 만만치 않으며 따라서 정보화 시대에 잘 적응할 방법을 익혀야 한다.

- 누구나 일정한 사고의 틀을 만들어 그것을 바탕으로 생각하고 행동한다. 정보화의 시대에는 대중 매체와 여론을 통해 이런 사고의 틀이 조작되거나 경직화되기 쉽다.

- 변화를 객관적으로 이해하고 수용하는 것을 방해하는 요소는 공포다. 부정적인 것만 보면 해결해야 할 문제만 보이고 앞으로 나아갈 기회를 놓친다. 희망과 낙관주의를 줄 수 있는 소식들을 찾고자 노력해야 한다.

- 미래를 낙관하되 주어지는 정보에 대해서는 회의하며 폭넓게 읽어야 한다. 전 세계적 변화를 이해해야 작은 왜곡들에 흔들리지 않는다.

- SNS의 발달과 컴퓨터의 발전이 결합되면서 가짜 정

보와 가짜 여론이 영향력을 발휘할 위험이 커지고 있
다.

• 매스 커뮤니케이션 시대에 가짜 여론에 진실로 대응
하는 데는 한계가 있다. 민주주의 핵심인 다수결이
나 논쟁도 그 자체로 해결책이 되지는 않는다. 해결
해야 할 문제를 놔두고 소모적인 갈등이 일어나기 쉽
다. 결국 근본적인 해결책은 교육이다.

새로운
무역 질서

MASTERING MEGATRENDS

세계 무역 기구에 따르면 2015년 기준으로 전 세계에서 거래되는 상품의 총 가치는 16조5000억 달러에 달한다고 한다. 세계 인구의 65퍼센트, 그리고 전 세계 국내 총생산의 약 3분의 1을 차지하게 될 새로운 교역로는 어떤 영향을 미치게 될 것인가? 모든 국가의 정부와 기업은 가까운 장래에 이 문제의 해법을 찾아내야 한다. 전 세계 무역의 연간 성장률이 2008년 전까지는 7퍼센트까지 도달했다가 금융 위기 이후 2015년과 2016년에 1.5퍼센트까지 떨어진 지금, 새로 만들어지는 교역로를 통해 새로운 세계 무역 질서가 세워질 것이기 때문이다.

중국의 일대일로

중국의 시진핑 주석이 21세기를 겨냥해 중점적으로 내세우고 있는 것이 '일대일로 계획'이다. 이 거창한 계획을 실현하기 위해서는 기존의 메가트렌드를 알고 배우는 것이 아니라 새로운 메가트렌드를 창조하는 일이 필요하다.

2025년 완결을 목표로 하는 이 일대일로 계획은 중국의 성장 원동력이 될 것이며 이웃 국가들에게는 사회 기반 시설이며 발전에 필요한 것을 제공할 것이다. 일대일로 계획의 실질적인 목표는 중국과 아시아, 유럽, 아프리카, 그리고 장차 저 멀리 남아메리카 사이에 효율적이면서 지속 가능한 도로, 철도, 항로를 건설하는 것이다. 일단 대량의 소비재를 유럽으로 운송하는 시간을 절약하기 위해 최고 시속 320킬로미터가 넘는 열차가 달릴 수 있는 철도를 최소한 한 개 이상 건설하는 것이 목표다. 그렇게 되면 2016년 기준으로 중국 베이징에서 영국 런던까지 15일 이상 걸리는 육상 여행 기간을 불과 이틀 정도로 줄일 수 있을 것으로 기대된다.

이쯤에서 일대일로 계획과 관련된 다섯 가지 질문을 던져 보자.

1. 일대일로의 정확한 의미는 무엇인가?
2. 일대일로의 기원은 무엇인가?
3. 일대일로의 예산은 어디서 나오는가?
4. 일대일로의 성공 가능성은 얼마나 되는가?
5. 일대일로에 따라 전 세계 무역은 어떻게 변할 것인가?

1 / 일대일로의 의미

일대일로가 사실 육지와 바다를 가로지르는 여러 개의 교역로임을 고려하면 조금은 혼동을 줄 수 있는 이름이다. 일대일로 계획은 엄청난 규모의 사회 기반 시설 확충 계획이다. 각 지역의 협력을 끌어낼 수 있는 사상 최대의 잠재력을 바탕으로 다양한 경로를 통해 사업을 진행하는 것이 가능해진다. 중국의 전략은 "일대일로 주변에 있는 국가들과 협력해 발전을 돕고 시장의 잠재력을 키워 나가 투자와 소비를 촉진하고 동시에 수요와 일자리를 늘리는 것"이다.

21세기의 해상 실크로드Maritime Silk Road를 의미하는 '일대一帶'는 중국 연안에서 시작해 남중국해를 지나 인도양을 거쳐 유럽의 항구로 이어지는 대양 항로, 그리고 남중국해를 지나 남태평양을 거쳐 아시아와 아프리카의 항구로 이어지는 대양 항로를 모두 포함한다. 중국의 관점에서 이 '대帶'라는 말은 단순한 바닷길뿐만 아니라 서로 연결하고 잇는다는 뜻까지 포함하고 있다. 또한 '일로一路'는 중국의 중심부에서 중앙아시아로, 그리고 러시아와 유럽을 거쳐 스칸디나비아반도 북부까지 이어지는 하나의 육로陸路를 뜻한다.

중국 정부는 경제적인 목적 외에도 이 일대일로 계획의 목표를 공식적으로 이렇게 설명하고 있다.

> 더 깊은 정치적 신뢰를 쌓고 문화 교류를 강화하며 각기 다른 문명이 서로에 대해 배우고 함께 번영을 도모한다. 모든 국가의 국민 사이에 이해와 평화, 그리고 우정을 증진한다.

일대일로 계획은 단지 고대의 실크로드를 계승하는 데 그치지 않는다. 모든 국가와 국내와 국외를 막론한 모든 조직이나 기관이 참여할 수 있도록 개방되어 있기 때문에 상호 협력은 결국 더 지역의 이익으로 이어질 것이다.

2 / 일대일로의 역사적 뿌리

실크로드라고 하면 보통 아주 오랜 옛날을 떠올리게 된다. 공작새로 가득한 황제의 궁전에 모인 긴 겉옷을 휘날리는 남자들, 중국을 떠나 어딘가에 있는 사막의 왕국까지 긴 여정을 마다하지 않는 유목민과 낙타를 탄 대상大商 등등. 실크로드는 중국 한나라 시절에 공식적으로 시작되었으며 기원전 130년경부터는 정기적으로 이용하는 교역로로 자리잡는다. 한나라는 서구와 정식으로 교역을 시작한 최초의 중국 왕조이며 이후 오스만 튀르크 제국이 실크로드를 차지하게 되자 이에 분개한 서구 국가들은 실크로드 이용을 중단해 버린다.

실크로드 하면 떠오르는 로맨틱한 정경과는 달리 이 길은 여러 민족과 왕국을 연결하던 복잡하면서도 통합된 교역로였다. 비단과 같은 고급스러운 사치품을 원했던 이집트와 그리스, 그리고 특히 로마 제국 덕분에 중국은 이미 그 시절에 고급 섬유 제조업의 중심지라는 위치를 군건히 할 수 있었다.

차와 향신료를 포함한 온갖 종류의 고대 치료 약이며 강장 식품이 이른바 차茶 교역로를 통해 다른 세상으로 흘러들어 갔다. 윈난성雲南省 남쪽에 있는 진훙景洪은 보이차普洱茶의 산지로 특히 유명한데, 이 차가

제8장 / 새로운 무역 질서

지금의 따리大理와 리지앙麗江 지역에 있던 따리 왕국, 그리고 여인만의 부족으로 알려진 모수오摩梭 부족의 땅을 지나 티베트의 수도인 라사 Lhasa, 시가자Xigaza, 다자닌Dajanin을 거쳐 인도까지 전해졌다. 당시 남아시아 지역에서는 차를 재배하지 않았고 오직 중국차를 실어 오는 무역상에게만 의존했다. 터키와 동부 유럽으로 이어지는 또 다른 교역로는 주로 아라비아의 상인이 이용했다. 차나 비단보다 훨씬 더 큰 영향을 미친 교역품은 화약과 한나라 시절에 발명된 종이였다.

실크로드를 포함한 이런 교역로를 통해 수많은 주요 도시가 복잡하게 연결되어 있었으며 도시들 대부분은 당시로서는 대단히 높은 과학과 예술 수준을 자랑했다. 따라서 실크로드의 가장 큰 가치가 문화와 예술, 철학, 종교가 오갈 수 있었던 길이라는 점에는 의문의 여지가 없다. 예컨대 불교는 당나라 시절에 중국으로 들어와 엄청난 영향을 미친다. 잘 알려진 것처럼 당나라 승려 현장玄奘 법사는 인도까지 가서 불경을 받아 돌아오는데, 이 불경을 보관하기 위해 대안탑大雁塔이 세워졌다. 이 탑은 지금도 시안에 그대로 남아 관광객을 맞이하고 있다. 이스파한Isfahan이나 사마르칸드Samarkand, 라사 같은 곳에서는 천문학이 당대 최고 수준까지 발전하기도 했다.

뉴욕 중앙 우체국James Farley Post Office 앞에 새겨진 미국 우정 공사United States Póstal Sèrvice의 좌우명이 페르시아 제국 왕도王道가 있던 시절에 나온 말이라는 사실을 아는 사람은 그리 많지 않을 것이다. 이 왕도는 고대 실크로드의 선조쯤 되는 여러 교역로 중 하나였다. 그리스의 역사가이자 소크라테스와 동시대를 살았던 헤로도토스Herodotos는 페르시아

사자(使者)들이 보여 준 효율성과 민첩성에 큰 감명을 받고 이런 글을 남겼다. "눈도, 비도, 뜨거운 한낮의 열기나 밤의 암흑도 이 사자들이 믿을 수 없는 속도로 맡은 바 임무를 수행하는 것을 방해하지 못한다."

진정한 의미의 세계화를 열었다고도 볼 수 있는 고대의 비단 교역로는 당나라보다도 훨씬 오래전부터 이용되었다. 그 후 하나의 경제 질서로 자리 잡았다가 19세기에 접어들면서 제국주의가 시작되자 그 위치가 흔들리기 시작했다. 인류 역사 전체를 통틀어 이 경제 질서가 위협받은 건 불과 150여 년 전부터다.

따라서 중국, 한국, 파키스탄, 아프가니스탄, 투르키스탄, 투르크메니스탄, 중앙아시아와 중동, 동아프리카와 북아프리카 지역에 살고 있는 사람들이 제일 먼저 떠올리는 실크로드의 부활은 과거에 있던 경제 교역 공동체의 부활일 뿐 전에 없던 완전히 새로운 길을 만들어 내는 것이 아니다.

그런 역사적인 맥락에서 새로운 실크로드를 보면, 단순히 세계 경제 관계를 변화시키는 새로운 교역 질서의 확립 그 이상임을 알 수 있다. 중국의 관점에서 실크로드는 언제나 그 자리에 있던 길을 다시 부활시키는 것이나 마찬가지다.

3 / 일대일로의 예산 확보

중국의 해외 투자 금액은 2015년에만 거의 1200억 달러에 달한다. 그러나 그런 막강한 자본력에도 한계는 있다. 8조 달러에 달하는 아시아의 사회 기반 시설 투자 비용을 누가 감당할 것인가? 아시아개발은행

Asian Development Bank이 2013년 9월 관련 통계 자료를 발표하면서 붙인 제목이다. 아시아개발은행 측에서는 2013년에서 2020년까지 아시아의 사회 기반 시설을 구축하는 데 필요한 금액이 약 8조 달러에 이를 것이라고 추산했다. 사회 기반 시설의 구축은 사람을 빈곤으로부터 구해 내기 위해서 반드시 필요하다. 아시아 개발 도상 국가 가정의 60퍼센트 이상이 상수도 시설과 현대적 개념의 위생 시설 없이 살아가며 국민의 50퍼센트 이상은 빈곤에서 탈출하기 위한 최우선 과제인 안정된 일자리를 여전히 찾고 있는 형편이다. 새로운 교역로를 따라 꼭 필요한 사회 기반 시설을 구축하는 일은 민간 부문에 역동성과 저력을 더해 주기 위해 반드시 필요한 기본 조건이다.[1]

그리하여 일대일로 예산 확보를 위해서 금융 기관가3개가 세워졌다.

+ 실크로드 사회 기반 시설 기금Silk Road Infrastructure Fund +

2014년 2월, 400억 달러 규모의 기금이 조성되어 일대일로 사회 기반 시설 계획에 투자될 예정이다. 주로 중국 외환 보유고를 통해 조성된 이 기금은 중국의 국부 펀드와 비슷하게 관리될 것이라고 한다. 기금 총책임자인 진치金琦는 중국인민은행中國人民銀行 총재 보좌관 출신이다.

+ 아시아인프라투자은행Asian Infrastructure Investment Bank, AIIB +

AIIB는 2014년 10월에 다자간 개발 은행으로 설립되었고 자본금은 1000억 달러 규모이다. 중국국제금융中国国际金融股份有公司의 전임 회장이자 아시아개발은행의 부회장을 역임했던 진리췬金立群이 이끄는 AIIB

에는 미국의 방해에도 불구하고 현재 57개국이 회원으로 가입해 있다. AIIB는 아시아의 사회 기반 시설 발전과 다른 생산 부문 등에 초점을 맞출 것이며 거기에는 수도 공급 및 위생, 환경 보호, 도심 개발 및 물류 문제 등이 포함되어 있다.

✛ 신개발은행New Development Bank, NDB ✛

신개발은행은 이른바 BRICS 국가들이 모인 다자간 개발 은행으로 2014년 7월 설립되었다. 초기 자본금은 500억 달러 규모이며 앞으로 1000억 달러까지 늘릴 계획이라고 한다. 신개발은행은 개발 도상국에 기금을 지원할 것이며 새롭게 다자간 개발 은행을 세워 각 지역은 물론 전 세계를 아우르는 협력 관계를 구축하려 한다. 신개발은행의 총재는 K.V. 카맛K.V. Kamath으로, 인도에서 두 번째로 규모가 큰 IT 기업인 인포시스 리미티트Infosys Limited의 회장을 역임했다.

싱가포르 국영 개발 이사회는 중국건설은행中国建设银行과 손잡고 일대일로 계획에 220억 달러가량을 투자할 계획인데, 그중 최초 투자금 100억 달러는 중국개발은행이 5퍼센트, 중국수출입은행이 15퍼센트, 중국투자공사가 15퍼센트, 마지막으로 중국국가외환관리국에서 65퍼센트를 부담한다.

이 새로운 '실크로드 경제 벨트Silk Road Economic Belt'를 향한 중국의 야망은 아시아에 그치지 않는다. 중국은 앞으로 통신과 운송 통합 연결망을 구축해 아시아와 유럽, 그리고 아프리카까지 아우르는 투자와 개발을 지원할 예정이다.

4 / 일대일로의 성공 가능성

일대일로 계획은 자선 사업이 아니라 실질적인 이익을 추구하는 사업 계획이다. 사회 기반 시설을 구축하여 각국 사이의 사업과 교역이 활발해지도록 지원하는 것이 그 취지다. 그리고 중국의 경우 지금 현재 마주하고 있는 새로운 도전의 문제이기도 한데, 좀 더 첨단의 사회 기반 시설이나 친환경적인 사회 기반 시설이 바로 그것이다. 식수와 식량 공급 체계는 반드시 친환경적으로 이루어져야 하며, 지나친 산업 성장이 꼭 건전한 경제 발전으로 이어지지는 않는다는 이해에 바탕을 둔 사회 기반 시설이다.

이런 모든 요소는 새로운 경제 모델의 창조 과정 안에서 하나로 합쳐지는데, 일대일로 계획이 그 바탕이나 훨씬 더 큰 규모의 계획이다. 여기에는 경제 발전의 개념에 대한 새로운 합의와 정치적 이념의 진화된 합의 등이 포함된다. 다시 말해 서구 중심이거나 획일화된 지배 권력 없이 누구의 간섭이나 조종을 받지 않고 서로의 경험을 교환하며 발전하자는 것이다.

지금 어떤 새로운 바람이 부는지, 왜 중국이 그토록 발전하고 있는지 그 진정한 이유가 여기에 있다.

5 / 일대일로와 전 세계 무역 문제

중국에 대해 잘 아는 사람은 중국에서 우연히 벌어지는 일은 없다는 사실을 알 것이다. 중국이 모든 국민을 일정 수준 이상으로 잘 살게 만들겠다는 목표를 세운 건 1929년의 일이다. 중국은 지난 100년 동안 앞으로 어떤 변화가 일어날지 예측할 수단이 전혀 없었고, 결국 끔찍한 결정과 실수, 그리고 착오를 반복하면서도 그 목표를 잊지 않고 있다가 마침내 잘못을 고쳐 나가면서 올바른 길로 들어섰다. 중국에서 실크로드를 부활시키겠다는 계획을 정확히 언제 수립했는지는 알 수 없다. 다만 강대국으로서의 중국의 위치가 흔들렸을 때 잠시 중단된 적은 있겠으나 그런 계획 자체만은 결코 잊지 않고 품고 있었을 것이다.

중국의 일대일로 계획은 세계 교역을 완전히 장악하지는 못해도 적어도 중요한 영향은 미치겠다는 목표의 일부다. 트럼프 대통령이 선거 전에 공약했던 보호 무역주의를 미국이 계속 고수한다면 승자는 중국이 될 것이다. 일대일로 계획은 국내외를 막론한 각국의 정부와 국영 및 민간 기업이 협력하도록 지원하는 세계 최대의 교역 기반이 될 것이다. 이미 2016년 말에 200여 개가 넘는 기업이 이 계획에 동참하기로 합의했다. 물류 및 건설 분야에서 전문가에 대한 수요가 엄청날 텐데, 그렇게 되면 각국 및 다국적 기업에서 수많은 일자리가 창출될 것이다. 환경 문제 역시 중요하게 고려될 것이며 참여하는 모든 사람이나 국가, 기업에게는 선택의 기회가 폭넓게 열려 있다. 이제 곧 지정학 및 경제 권력이 일대일로의 다양한 육로와 해로를 따라 위치하는 국가와 지역, 도시로 옮겨가는 모습을 보게 될지도 모른다.

일대일로의 목표

중국의 일대일로 계획에서는 여섯 가지 전략적 목표가 중요하다.

1. 중국 경제의 다변화와 해외 투자 확대

2. 기금 활용

3. 각 지역에 대한 균등한 투자

4. 상호 이해 구축

5. 전 세계를 아우르는 중국식 관계 형성

6. 사회 기반 시설 확충

+ 1. 중국 경제의 다변화와 해외 투자 확대 +

중국의 일대일로 계획은 중국 경제의 구조 개혁과 나란히 진행되고 있다. 지난 15년 동안 중국은 초고속 성장 정책에 매진했다. 중국 경제 성장의 상당 부분은 국내 사회 기반 시설 등을 포함한 각종 건설 계획을 통해 이루어졌는데, 이제 중국은 경제 발전의 새로운 갈림길에 서 있다. 지금부터는 어떤 식으로 발전할 것인가?

성장을 지속하기 위한 중국의 전략은 생산성 중심의 기술 및 서비스 지향형 경제로 전환하고 수출 중심 경제에서 내수 중심 경제로 옮겨 가는 것이다. 그렇게 되면 중국은 수출 대상국의 경기가 부진할 때도 큰 타격을 입지 않게 된다.

향후 5년 안에 중국이 세계 최대의 해외 투자국이 될 것은 거의 확실해 보인다. 중국 투자자들 사이의 경쟁은 국제 경쟁력을 향상시켰다. 각종 규제가 철폐되면 정부 거래에 참여하는 일과 각 지역 행위자와의 협력 관계 구축이 용이해진다. AIIB에서는 아시아 지역은 물론 일대일로 경로 주변에 있는 다양한 국가들에 주요 사회 기반 시설을 구축하는 계획에 자금을 댈 것이다. 물론 그 실행은 간단하지 않다. 중국은 해외에 투자하고 있지만 미국 다국적 기업의 전철을 따르고 싶어 하지는 않는다. 모든 부문을 외국에 하청을 주다가 결국 자국에서는 아무것도 제대로 생산하지 못하는 결과를 피하려는 것이다.

사실 중국은 자국의 인건비를 계속 높여 왔다. 부동산에 집중되는 고정 자산 투자가 과도해졌기 때문이다. 그래서 인건비를 올리자 부동산 수요는 줄었으나 이번에는 생산 과잉 현상이 벌어졌다. 거기에 노동자 권리의 향상으로 비용 대비 효율성이 낮아졌다. 일부 투자자는 이미 다른 곳으로 떠나고 있는 상황이다.

중국은 현재 자국의 경제를 다각화하고 있으며, 이웃 국가와의 협력과 그에 따른 장점을 모색하여 일대일로 주변 지역과 글로벌 서던 벨트 국가를 모두 아우르는 협력적 성장 관계를 구축하고 있다. 일대일로 계획을 통해 중국은 철강과 같은 원자재 수출 역량을 늘리고 더 저렴한 노동력을 찾기 수월해질 것이다. 또한 국내에 더 이상 필요하지 않은 기술자를 해외로 내보내는 일도 더 용이해질 수 있다. 해외의 사회 기반 시설 구축에 투자하고 노동력을 수출해 국내 실업 문제를 해결하며, 천연자원과 기술을 수출하게 되면 중국의 경제는 많은 이익을 얻으면서 경제적 탄력성도 갖추게 될 것이다.

또한 사회 기반 시설에 대한 투자가 제조업의 기반을 닦고, 민간 부문의 참여를 독려하여 투자와 일자리 창출을 유도할 텐데 그렇게 되면 단순히 중국 내 일자리만 늘어나는 것이 아니라 해외에서의 일자리와 사업 기회도 함께 늘어나게 된다.

+ 2. 기금 활용 +

《중국일보》2016년 8월 18일자 기사에 따르면 시진핑 주석은 중국이 다른 국가들에 기꺼이 "지원을 아끼지 않을 것"이라고 직접 언급했다고 한다. 실크로드 기금의 공식 성명에 따르면 중국의 해외 투자를 뒷받침하는 철학은 시장 원칙과 국제적 관행, 그리고 전문적인 기준을 바탕으로 투자 결정을 내리는 것이다. 이 투자는 지분이나 차관 등 다양한 방식을 통해 이루어지며, 중국 안팎을 망라한 금융 기관이 함께 기금을 조성하고 위탁 자산을 관리하며 투자 위탁을 하게 될 것이다.

　해외 투자를 위해 조성된 기금은 교역, 경제 협력, 일대일로 계획과의 연계를 지원하는 데 사용될 예정이다. 중국 안팎의 기업과 금융 기관도 중국과 일대일로 계획에 참여한 각국 및 각 지역의 공동 발전을 증진하기 위해 협력하고 있다.

　조성된 기금은 세계 경제의 안정화와 산업화를 진척시킨다는 전략적 목표를 달성하기 위해서 이사회, 관리 감독관, 경영 전문가의 관리와 감시를 받는다. 또한 효율적이며 효과적인 지배 구조 체제를 만들기 위해 다양한 배경을 지닌 최고 전문가도 참여하고 있다.

+ 3. 각 지역에 대한 균등한 투자 +

베이징외국어대학교 학생들의 일대일로 홍보 계획에 동참하면서 우리는 외교 및 경제 목표를 달성하려는 기초 작업의 일환으로 학생에게 외국어 학습을 시키는 중국의 야심을 엿볼 수 있었다. 현지 사람에게 현지 언어로 접근하는 방식은 중국이 꾸준히 진행하는 세계 전략

중 하나다. 예를 들어 스리랑카에서는 중국 기업이 50억 달러 이상을 투자해 도로, 발전소, 항만, 항구 등을 건설하고 있으며 3만 명 이상의 중국 사람이 직접 가서 일하고 있다.

중국은 이스라엘과의 우호적인 협력 관계를 깨트리지 않는 선에서 아랍 세계 국가들과 새로운 관계를 구축하기 위해 애쓰고 있다. 2015년에는 이스라엘 북부에 위치한 이스라엘 최대 규모의 하이파Haifa 항구 운영권을 사들였고, 두 번째로 큰 항구인 남부 아슈도드Aschdod에는 초대형 화물선이 드나들 수 있는 새로운 선착장을 건설했다. 그리고 이스라엘과 합작으로 세 번째로 큰 항구인 홍해 근처의 에일라트Eilat와 아슈도드를 연결하는 수륙 복합 운송로도 건설했다.

카자흐스탄 공화국은 풍부한 천연자원을 이용해 경제 성장과 국민 소득 상승을 이루었다. 원유 가격이 떨어지자 이번에는 중국과 전략적인 협력 관계를 맺고 경제 통로 및 철도 운송로 중심지의 위치를 확보하여 새로운 기회를 잡게 된다. 중국 기업은 이제 카자흐스탄 원유 생산의 거의 4분의 1을 점유하고 있다.

투르크메니스탄은 2009년에서 2015년까지 중국에 1250억 입방미터의 천연가스를 수출했다. 중국국영석유공사中国石油天然气集团公司는 이제 보타Bota, 탕기구이Tangiguyi, 우진기Uzyngyi의 천연가스 산지 말고도 보그티야르크Bgtyyarlyk의 가스 산지도 위탁받아 개발하는 중이다. 또한 최근에는 우즈베키스탄과 150억 달러 규모의 천연가스와 우라늄 교역에 합의했다. 이 사례들은 중국의 지정학적 투자의 일부일 뿐이다.[2]

중국이 아시아와 아프리카의 신흥 경제국들과의 관계만 강화하는 것은 아니다. 유럽의 일대일로 관련 국가에도 손을 뻗고 있다. 그리스 동남부 지방의 항구 피레아스Piraeus에 자금을 지원하는 한편 베오그라드와 부다페스트를 잇는 초고속 철도 건설에는 30억 달러를 투자했다. 시안과 벨기에를 연결하는 철도 송유관, 도로 등이 건설될 예정이며 항저우에서 남쪽으로 100킬로미터쯤 떨어져 있는 이우義烏와 스페인의 마드리드를 연결하는 총길이 1만3000킬로미터가량의 화물 열차 노선은 현재 계획 중에 있다.

+ **4. 상호 이해 구축** +

고대의 실크로드는 비단이나 차만 사고팔던 길이 아닌, 상품과 사상, 문화가 오가던 복잡한 교역로였고 이를 통해 많은 문화가 통합되거나 함께 발전했다. 일대일로 계획은 중국의 소통 역량을 강화하는 데 중요한 역할을 할 것이며, 시진핑 주석의 말처럼 "중국의 영향력을 강화하고 중국의 이야기를 세계에 전파하게 될" 것이다.

2011년 중국과 16개 동부 및 중부 유럽 국가가 결성한 이른바 16+1 정상 회의를 아는 서유럽 사람은 그리 많지 않은데, 여기에 참여한 유럽 국가로는 알바니아, 보스니아 헤르체고비나, 불가리아, 크로아티아, 체코, 에스토니아, 헝가리, 라트비아, 리투아니아, 마케도니아, 몬테네그로, 폴란드, 루마니아, 세르비아, 슬로바키아, 슬로베니아 등이 있다. 16+1 정상 회의가 지향하는 공식 목표는 11개 유럽연합 소속 국가와 5개 발칸 반도 국가 사이의 협력 강화이며 여기에는 사회 기반 시설 구축뿐만 아니라 교육과 과학, 문화의 발전도 포함되어 있다.

1000명의 중국 및 유럽 16개국 젊은이가 참여하는 5년 동안의 상호 교류 과정은 사람 대 사람의 교류를 강화하고 미래의 영향력 있는 지도자들에게 더 나은 소통의 장을 마련할 목적으로 진행되었다.

사회 기반 시설 구축은 중국의 성공 비결 중 하나다. 사회 기반 시설의 구축은 경제 성장 요소들을 전략적으로 연결하는 자체적인 경제 발전 경험과 연관 있다.

이보다 더 확장된 경제 패러다임은 바로 우리가 모두 합쳐 글로벌 서던 벨트라고 부르는 국가 사이에 이루어지는 국제적 협력을 활성화하는 것이다. 이를 남남협력, 남남 경협 교류라고도 한다. 여기에 해당하는 국가들은 식민지 시대와 식민지 시대 이후에 비슷한 어려움을 겪었으며 이제는 서로 힘을 합치려 하고 있다. 이 국가들은 자국 내의 경제적 문제를 해결해야 하는 이유와 그에 따르는 어려움을 잘 이해하고 있으며 최첨단 기술과 거기에 미치지 못하는 생산 기반 사이의 간극을 메우기 위해 협력하고 있다. 그리고 그 어느 때보다 시급한 문제인 깨끗한 용수와 안전하고 건강한 식량 공급 및 보건 문제 등도 함께 고민하고 있다.

중국의 경험과 중국 남부, 인도, 파키스탄, 카자흐스탄 등의 경험은 서로 엄청나게 다르겠지만 동질감을 느끼는 지점이 있다. 모두 식민지 시절과 후진국의 설움을 경험했다. 소비에트 연방 소속이었던 국가의 경우 모두 제국주의적 공산주의의 지배를 받다가 사회주의 이념에서 탈출하여 시장 중심의 경제 체제로 나아가게 되었다. 또한 식민지 시절의 착취 아래에서 자본주의의 폐해를 겪었고 이후에 서구 사회의 원조에 의존하던 경제 발전에서 벗어난 경험을 공유하는 국가도 있다.

　과거 중국이 빈곤에서 벗어나지 못한 상황에서도 아프리카 국가에 원조했던 사례를 많은 사람이 기억하고 있다. 덕분에 중국은 신뢰를 얻어 개발 도상 국가에 실용적이고 사업적인 측면으로 접근하려는 시도에도 보탬이 되고 있다.

　과거에 있던 교역로와 유대 관계를 되살리는 일 외에도 중국은 각국의 모국어로 접근하는 전략을 개발했다. 중국의 CCTV는 각 국가의 언어로 24시간 쉬지 않고 정보를 전달하는 매체가 되었으며 영어, 프랑스어, 스페인어, 아랍어, 러시아어 같은 중요 언어도 물론 사용하고 있다.

+ 5. 전 세계를 아우르는 중국식 관계 형성 +

중국의 일대일로 계획은 경제가 전부는 아니다. 각기 다른 문화를 연결하는 다리를 놓는 문제, 그리고 서로를 알아가고 우정과 신뢰를 쌓아가는 문제도 포함되어 있다. 거기까지 도달하는 데 아무리 큰 장애물이 있더라도 이 계획은 분명 그만한 가치가 있다. 서구 사회의 관점으로 보면 중국과 중국이 내세우는 일대일로 계획은 여전히 두 가지 모습으로 비친다. 세계 정복 계획 아니면 역사상 그 유례 없는 허황된 선전 공작이다.

　우호적인 관계를 맺기 위한 중국의 외교적 노력, 혹은 다르게 말하면 중국의 꽌시를 전 세계에 적용하려는 노력은 국가 사이의 장벽을 허무는 효과적인 도구다. 그러나 각국의 문화적, 정서적 언어로 접근하기란 쉬운 일이 아니며, 아직도 개선할 여지가 많다. 갈 길은 멀지만 만일 중국이 자체적으로 쌓아 올린 경험을 새로운 실크로드의 육로와 해로 주변 국가를 넘어 전 세계와 나누려 한다면, 각국의 실제 언어와 정서적 언어 모두에 능통해야 한다.

+ 6. 사회 기반 시설 확충 +

덩샤오핑 이후의 중국은 "돌다리도 두들겨 보고 건너는" 방식으로 유명하지만, 일부 문제에 대해서는 기술과 기반을 한꺼번에 확충하는 전략을 사용하고 있다. 예를 들어 사회 기반 시설 관련 기술의 경우 점진적으로 현대화하지 않고 최신 시설로 한꺼번에 바꾸는 것이다.

사회 기반 시설의 개선이 얼마나 필요한 일인지 확인하기 위해 굳이 아프리카 같은 곳까지 가 볼 필요는 없다. 앞서 언급했던 중국과 중동부 유럽 국가 사이의 협력 관계인 16+1 정상 회담의 첫 번째 확정 계획은 헝가리와 세르비아를 연결하는 시속 350킬로미터의 고속 철도를 건설하는 일로, 중국과 헝가리 그리고 세르비아는 이미 이 계획에 합의했다.

중국은 그밖에도 2016년에서 2019년 사이에 303개에 달하는 자국 내 운송 관련 사회 기반 시설에 7200억 달러를 투자할 계획이다. 액수는 막대하지만 중국 영토의 크기를 생각하면 어느 정도 수긍이 간다. "중국이 경제적 사회 기반 시설 확충을 위해 매년 쏟아붓는 예산은 북아메리카와 서유럽 국가의 예산을 모두 합친 것보다도 많다."

2016년 6월 중국의 기사를 인용한 블룸버그 통신사의 보도 내용이다. 2007년 기준으로 총 148개인 중국의 공항은 2020년까지 240개로 늘어날 예정이며, 고속 도로 건설 역시 여기에 발맞추어 5만4000킬로미터에서 13만9000킬로미터까지 늘릴 계획이다. 이런 전례가 없는 역량과 경험을 통해 중국은 이미 2만 킬로미터가 넘는 철로를 부설했다. 고속 철도망은 중국과 남아시아 모든 지역을 연결하게 될 것이다.

일대일로 주변의 육로와 해로를 따라 펼쳐질 새로운 사업 기회를 개발하는 과정에서 중국은 로봇 산업, 자율 주행 자동차, 디지털 생산 방식 등을 원동력 삼아 새로운 산업에 과감하게 뛰어들고 있다.

상호 연결된 세상에서 창조적 잠재력을 하나로 모으는 일은 더 쉬워질 것이다. 경제적인 관점에서 보면 국가와 국가 사이의 경계선은 물론 취업과 자영업의 경계 역시 사라지고 있다. 지난 몇십 년 동안 중국은 학습 역량을 한껏 높게 유지해 왔으며 그러한 사고방식을 바꿀 이유가 전혀 없다.

성장 속도의 유지

지난 30여 년 동안의 동남아시아와 동북아시아의 경제 발전 상황을 되돌아보면 동남아시아의 경우 국내 총생산에서 제조업이 차지하는 비중이 25퍼센트, 동북아시아는 30퍼센트가량 올라갔다. 이런 제조업의 성장 속도를 따라 취업률과 생산성 역시 함께 상승했다.

동시에 노동자의 숙련도 역시 향상되었는데, 경영진이 제공하는 더 나은 훈련과 점점 더 폭넓은 사고를 하는 기업가의 노력 및 전문성이 합쳐진 결과다. 그러나 이런 모든 성과에도 불구하고 수출 중심의 가공 무역은 하락세를 면치 못하고 있다. 홍콩 무역발전국의 조사에 따르면 중국의 전체 수출액은 2015년에 마이너스 2.9퍼센트, 2016년 상반기에 마이너스 7.1퍼센트로 떨어졌다.

중국이 경제 성장 속도를 유지하기 위해서는 경제 체제를 제조업 중심에서 소비와 서비스 중심 모델로 바꿔야 한다는 건 분명한 사실이다. 동시에 새로운 시장을 찾아 개척해야만 한다.

중국은 지난 수십 년 동안의 성장을 이끈 사회 기반 시설 구축을 계속할 것이다. 중국을 여행하면 초고속 철도망, 현대식 역사 건물, 수많은 신축 공항에 놀라게 되는데, 모두 중국의 각 지역은 물론 전 세계와 이어지는 시설이다. 일대일로의 목표는 21세기의 실크로드를 따라 수많은 신흥 경제국들 안에서도 똑같은 사업을 진행하는 것이다.

/

녹색 실크로드

/

일대일로를 따라 위치해 있는 70여 개국 대부분은 신흥 경제국이다. 대부분의 국가에서 현재 도시화와 산업화가 진행 중이지만 경제 발전의 필수 불가결한 조건인 사회 기반 시설은 부족하며 주로 천연자원 개발 산업 등에 의존한다. 또한 이 국가들은 지리적, 경제적 환경이 모두 비슷하며 일부는 이미 활발하게 교역하고 있다. 이들의 공통 목표는 경제 성장이지만 그 때문에 발전과 환경 사이에서 어떻게 균형을 잡을 것인가 하는 문제가 대두되고 있다. 경제도 발전시키면서 환경도 보호할 방법을 과연 찾을 수 있을까.

녹색 실크로드 기금Green Silk Road Fund은 중국 정부와 민간 합작 사업으로 2015년 3월 베이징에서 시작되었다. 그 목표는 실크로드를 따라 생태적으로 취약한 지역의 토지 130만 에이커를 복원하고 13억 그루의 나무를 심는 것이다.

친환경을 위한 노력

경제적 이익과 생태학적 가치 사이의 충돌을 피하면서 실크로드 주변 국가 국민의 기대치를 충족하기 위해 중국은 이른바 '녹색 실크로드' 건설을 추진하고 있다. 각 지역과의 협력을 통해 녹색 금융green finance과 녹색 성장green development을 장려하겠다는 것이다.

친환경 문명과 녹색 성장의 개념은 일대일로 계획에서 중요한 부분을 차지한다. 과거의 중국은 '일단 저지르고 본다'는 접근 방식을 갖고 있었지만 이제는 한쪽으로만 치우친 대규모 개발 정책에서 벗어나 환경적인 측면을 더 많이 고려해야 한다는 사실을 잘 이해하고 있다. 환경 파괴를 최소화하기 위해서 중국은 경제적 이익과 환경적 가치 모두를 강조하는 협력적 사업을 적극적으로 찾고 있다.

중국의 실크로드 기금에서는 전 세계에 불고 있는 녹색 운동에 발맞춰 녹색 금융과 녹색 성장을 시작하겠다는 계획을 발표했다. 거기에는 새로운 에너지, 친환경 운송 수단, 환경 중심 경영, 그 외에도 다양한 사회 기반 시설 구축 계획 등이 포함되어 있다.

신흥 시장 국가에 대한 사회 기반 시설 투자는 상당한 위험을 수반하며 기간도 오래 걸린다. 또한 투자한 만큼의 성과를 얻을 때까지 만만치 않은 위험을 감수해야 할지도 모른다. 일대일로 기금의 가장 큰 장점 중 하나는 오랜 건설 및 회수 기간, 엄청난 자본 투입, 초기의 낮은 회수율에도 불구하고 환경 보호를 위한 적절한 자금을 투입할 역량과 의지가 있다는 점이다.

투자의 사회적, 경제적, 환경적 효과를 고려하는 개발 계획만이 실크로드 주변 국가의 안정적인 발전을 이끌어 낼 수 있다. 해당 국가들은 과거 발전에 방해되었던 문제를 해결하기 위한 기금을 활용하면 된다.

녹색 실크로드를 위한 중국의 노력과 친환경 재생 에너지 및 발전된 설비를 갖춘 제조업 등을 포함한 중국의 친환경 산업을 통해 이 기금은 발전된 기술 수출을 후원하게 된다. 물론 이 기술은 실크로드 주변 국가의 녹색 성장을 지원하는 기술이다. 자원 생산성을 더 높이고 폐기물 배출량을 줄이기 위해 중국 기업은 쓰레기 처리 기술이나 발전된 화학 기술 같은 더 진보한 친환경 녹색 기술을 사들일 준비가 되어 있다. 그 목표는 에너지를 절약하고 탄소가스 배출을 줄이며 녹색 실크로드를 따라 순환적 경제를 구축하는 것이다.

세계 최대의 협력 기반

아시아의 교역로만 변화하는 것은 아니다. 일대일로 계획은 전 세계의 교역 환경을 바꿀 잠재력을 지니고 있다. 여전히 많은 경제적, 정치적 장벽이 그 길을 가로막고 있으며 중국 역시 조성된 기금이 잘못 사용되는 것을 막는 방법을 찾아야 하겠지만 일대일로는 이미 계획 단계를 넘어 실행에 들어갔으며 세계적인 금융 및 건설 기업도 속속 참여하고 있다.

  일대일로가 계획하는 넓은 지역을 포함해 경제적 목표를 달성하고 투자한 만큼의 수익을 올릴 수 있을지에 대해 낙관주의자와 비관주의자는 각각 다른 대답을 내놓을 것이다. 일대일로 계획의 성공을 보장하는 것은 아무것도 없지만 중국의 미래가 어디에 달려있는가를 생각한다면 최소한 그 발전하는 모습을 주의 깊게 바라보아야 한다는 사실 하나는 분명하다.

메가트렌드 이것만은 기억하자!

- 새로운 무역 질서의 최대 변수는 중국의 일대일로다. 그 핵심은 주변 국가의 발전을 돕고 시장의 잠재력을 키워 투자와 소비를 촉진하는 것이다.

- '일대'는 중국 연안에서 시작해 남중국해를 지나 인도양을 거쳐 유럽으로 이어지는 항로, 남중국해를 지나 남태평양을 거쳐 아시아와 아프리카로 이어지는 항로를 의미한다. '일로'는 중국 중심부에서 중앙아시아로, 그리고 러시아와 유럽을 거쳐 스칸디나비아 반도로 이어지는 육로다.

- 일대일로는 중국 경제를 다변화하고 사회 기반 시설을 확충하며 해외 투자를 확대하기 위한 경제 전략의 일환이면서 동시에 중국 주변 국가들과 상호 이해 관계를 구축하고 서구에서 벗어난 새로운 관계 형성이라는 거대한 구상의 일부다.

- 중국이 일대일로를 통해 원하는 경제적, 정치적 목표를 달성할지는 미지수다. 그러나 이미 이루어진 투자로 발전이 진행되고 있는 만큼 주의 깊게 바라보아야 한다.

메가트렌드 마스터하기

MASTERING MEGATRENDS

MASTERING MEGATRENDS

영국의 대문호 윌리엄 셰익스피어 William Shakespeare 는 이런 말을 남겼다. "인생만사 좋고 나쁜 건 다 생각하기 나름이다." 이제 나쁜 생각이 잘 못된 판단과 결정으로 이어져 좋지 않은 결과가 나올 수 있다는 점을 지적하며 셰익스피어의 통찰을 좀 더 확장해 보자. 자신의 생각을 확 실하게 아는 방법 중 하나는 객관적인 사실에 대한 인식과 해석을 가 로막을 수 있는 잘못되거나 오도된 정보에 휘둘리지 않을 사고방식을 개발하고 유지하는 것이다.

이 장에서는 우리 주변에서 일어나는 일을 좀 더 객관적으로 인식 할 수 있도록 사고방식을 가다듬는 방법을 설명한다. 그렇게 되면 자 신이 보고 읽고 들은 사실에 '지나치게 휘둘리는 일'을 막을 수 있을 것이다.

/

자유로운 사고의 힘

/

1901년부터 1909년까지 재임했던 미국의 제26대 대통령 시어도어 루스벨트Theodore Roosevelt는 간단하게 이렇게 정리했다. "자신의 영혼을 다스리지 못하면 다른 모든 것을 다스려도 별 의미가 없다."

메가트렌드를 온전히 자기 것으로 만들기 위해서는 자신만이 옳다는 생각에서 벗어나야 한다. 이것은 자신의 생각을 완전히 파악하는 일과 밀접하게 연결되어 있다. 전자가 후자의 전제이기 때문이다. 자신이 옳다는 생각에 사로잡힐 필요가 없다는 건 간단한 이치처럼 보이기도 하고 대부분의 사람이 원하는 것일지도 모른다. 그러나 실제로 그렇게 자유로운 생각을 가진 사람은 드물다. 높은 지위에 있는 사람은 특히나 자신이 잘못했거나 실수했다는 사실 자체를 인정하기 두려워하거나 거부하는 일이 많다.

그러나 주어진 사실을 인식하려면 우선 그 사실을 진심으로 받아들여야 한다. 닫힌 마음을 가지고 있으면 뚫을 수 없는 벽에 둘러싸여 있는 것이나 다름 없기 때문에 자신이 지금까지 진실로 '알고' 있던 것이 새로운 사실에 의해 도전을 받더라도 이를 받아들이려 하지 않는다. 심지어 진실로 '알고' 있던 것이 거짓으로 밝혀지더라도 말이다.

의문을 허락하라

사람들은 토론에 참여하면 종종 자신이 진실이라 믿고 있는 것을 인용하지만 그 '진실'이란 정확하게 무엇일까? 아주 오랫동안 진실은 지구가 우주, 아니 최소한 은하계나 태양계의 중심이라는 것이었다. 그러나 그 믿음은 잘못된 것으로 판명되었다. 그건 진실이었던 적이 없었다. 의사들은 위궤양이 긴장과 잘못된 식습관, 흡연, 음주 때문에 발생한다고 생각했지만 실제로는 헬리코박터균으로 알려진 흔한 박테리아가 과하게 증식하면서 일어나는 증상으로 밝혀졌다. 사람들은 꽤 오랫동안 고지방 식습관이 건강에 좋지 않다고 '알고' 있었다. 그러나 오히려 탄수화물만 많이 섭취하는 것이 훨씬 더 건강에 좋지 않으며 특정 지방은 몸에 좋고 심지어 '필수' 영양소라는 사실이 밝혀졌다. 과학자들은 산소가 없으면 어떤 유기물도 살아남을 수 없다고 믿어 왔지만 이 역시도 사실이 아닌 것으로 밝혀졌다. 과거에는 암기가 최고의 학습 방법이라는 사실에 이의를 제기하는 교육자는 거의 없었을 것이다. 그런데 연구를 거듭한 결과 다른 방식이 다수의 학생에게 훨씬 더 효과적임이 밝혀졌다.

그럼에도 자신이 '정답'을 알고 있다고 주장하는 것은 일반적인 현상이다. 텔레비전 토론회에 참석한 토론자는 종종 자신이 '정답'을 알고 있다고 주장하며 그 답을 방어하려고 한다. 우익 인사도 좌익 인사도, 자유시장주의자도 그 반대파도, 더 큰 정부를 지향하며 더 적극적인 국가의 개입을 원하는 사람도 그렇지 않은 사람도 다 자신이 '정답'을 알고 있다고 생각한다. 이런 예는 수두룩하다.

그러다가 애초에 무엇 때문에 논쟁이 시작되었는지도 잊어버린 채 누가 옳고 그르냐만 가지고 서로 싸우는 일이 다반사로 일어난다.

아무런 결과도 얻을 수 없는 이런 다툼 때문에 정력이 얼마나 낭비되고 있는가? 각자의 견해를 갖는 일은 중요하다. 그러나 그 의견에 대한 의문을 허락하는 것은 의견 자체에 가치를 더하는 일이다.

새로운 정보를 받아들이려는 의지

기원전 5세기경 공자는 이렇게 가르쳤다. "진정한 지식이란 자신이 얼마나 모르고 있는가를 깨닫는 것이다." 19세기 미국의 재담가였던 헨리 휠러 쇼Henry Wheeler Shaw는 이렇게 일갈했다. "세상에는 두 종류의 바보가 있다. 사정상 자신의 의견을 굽힐 수 없는 사람과 처음부터 아예 굽히려고도 하지 않는 사람이다."

《메가트렌드》에서는 이런 지적을 했었다. "트렌드란 말타기와 같아서 이미 달리고 있는 방향으로는 올라타서 가기가 쉽다." 트렌드를 기술이나 기업 경영 방식, 철학, 혹은 이념의 일부로 생각해 본다면 이 경구警句는 과연 틀림이 없다. 새롭게 펼쳐지는 세상 속에서 기회를 활용하기 위해서는 남들보다 앞서 나가야 할 필요가 있다. 메가트렌드를 마스터하는 일은 우리가 이미 알고 있다고 생각하는 것과 새로운 정보가 충돌할 때, 그 변화를 받아들이려는 의지와 깊은 관련이 있다.

달걀부터 깨트리지 않으면 오믈렛을 만들 수 없다. 케이크를 가지는 것과 먹는 것을 동시에 할 수는 없다. 다시 말해 어떤 경우 우리는 두 가지를 모두 가질 수 없다. 하나를 얻으려면 반드시 하나를 내주어야만 한다.

우리는 스스로 변화를 선택하거나 어쩔 수 없이 변화를 따르게 된

다. 자신의 생각을 고집할 수도 있고 다른 사람의 생각을 받아들일 수
도 있다. 사실을 처음부터 부정할 수도 있고 직접 나서서 확인할 수도
있다. 잘못이 드러나는 걸 두려워하거나 의견의 충돌을 염려하며 완
강하게 저항한다면 우리는 그저 이미 만들어진 길만 가게 될 뿐 거기
에서 벗어날 수 없다. 그러나 일단 자신만이 옳다는 생각에서 자유로
워지는 것이 어떤 것인지 경험하게 되면 아무런 거리낌 없이 미지의
영역으로 들어갈 수 있으며 시야를 넓히고 가능성과 기회라는 드넓은
영토를 향해 마음을 활짝 열 수 있게 된다.

영원히 남는 기록

오늘날에는 뭔가를 숨길 방법이 거의 없다. 입으로 하든 글로 쓰든 모
든 말은 다 기록으로 남을 수 있다. 모든 행동거지 역시 영상으로 남을
수 있고 모든 의견은 인쇄물로 세상에 남을 수 있다. 모든 발언이 인터
넷과 소셜 네트워크 등을 거치며 몇 배로 부풀려지고 누구든 사실 여
부에 상관없이 무슨 내용이든 인터넷상에 게시할 수 있다. 그리고 그
렇게 인터넷에 남은 이야기는 오래도록 잘못된 내용을 퍼트리며 끈질
기게 살아남는다.

인터넷 시대 이전에는 정보에 대한 검토가 지금보다 훨씬 더 엄격
했다. 다양한 전문 분야에서 검증받은 출판사나 언론사를 통해 책과
잡지, 그리고 신문의 형태로 출판되었다. 출판 관련 종사자들은 사실
여부의 확인을 게을리하지 않았으며 전문 지식을 가진 편집자를 고용
해 기사 원고를 확인하고 그 안에 실려 있는 정보와 의견을 검증했다.

물론 지금도 제대로 된 출판사나 언론사라면 그렇게 하고 있다. 그때와 달라진 점이 있다면 인터넷과 자가 출판 시대가 도래하면서 출판 업계가, 적어도 어느 정도는 정보의 무법 지대에 놓이게 되었다는 사실이다. 이제 전문 지식이나 교육, 통찰력, 지혜가 부족한 사람도 그저 마우스 클릭 몇 번만으로 잘못된 정보를 마음대로 인터넷에 올릴 수 있는 시대다.

이제는 어떤 콘텐츠를 대할 때 그 어느 때보다 의심하며 접근하는 것이 필수다. 그래야 다른 사람의 잘못된 정보나 옳지 않은, 혹은 주장만 앞세우는 사고에 자신이 오염되는 것을 막을 수 있다. 자신의 생각을 확실하게 안다는 것에는 이렇게 가지고 있는 정보나 의견을 다시 돌아보고 걸러 내며 내용의 출처를 스스로 점검하는 일이 포함된다. 믿을 만한 출처를 찾고 폭넓게 읽어야만 문제의 모든 측면을 다 볼 수 있다. 각기 다른 관점으로 여러 출처를 통해 정보를 입수하면 좀 더 완벽한 정보를 얻을 확률이 높아진다. 서로 다른 관점에 의해 걸러져서 전하고자 하는 요점이나 주장이 더 강화된 정보를 갖게 되는 것이다. 이러한 점검의 과정에는 정보가 게시되거나 출간된 날짜를 확인하는 일도 중요하다. 그래야 가장 최신 정보인지 확인할 수 있다.

사람이 아닌 사실에 의존하라

과학의 역사는 과학적 발견, 발상의 전환과 관계있다. 기존의 생각이 새로운 증거나 좀 더 정확한 이론, 혹은 완벽하게 설명될 수 있는 현상에 의해 도전받고 변화할 때 과학도 발전한다. 앞서 교육을 이야기할 때 아인슈타인의 사례를 들었는데, 그에게 과학적 상상력이 없었다면 당대의 이미 정립된 과학 이론에 반하는 새로운 의견을 내놓지 못했을 것이다. 그러나 더 중요한 것이 있다. 우리는 기존의 과학 이론 중 '무엇'이 진짜 옳은지를 밝혀내기 위해 전력을 다해 노력해야 한다. 그런데 때로는 '누가' 더 옳은지에 더 많이 신경 쓸 때가 있다.

아인슈타인은 "권위의 노예야말로 진실을 가로막는 가장 위험한 적 중 하나"라고 확신했다. 그는 빼어난 자격을 갖추고 산더미 같은 지원서를 제출했지만 권위에 고개를 숙이지 않았던 대가로 학계에서 원하는 일자리를 구할 수 없었다. 그래서 잠시 동안 스위스 북부의 샤프하우젠Schaffhausen이라는 한적한 마을에서 교사로 일하다가 베른의 특허국 직원으로 취직하기도 했다.

아인슈타인이 이론 물리학자로서 현대 물리학의 근간이 되는 상대성 이론 및 양자 이론을 발표했다는 사실을 모르는 사람은 거의 없다. 그러나 직접 쓴 편지 속에 드러나 있는 젊은 아인슈타인의 모습을 아는 사람은 많지 않을 것이다. 그는 끈기 있게 연구에 몰두했지만 불안함과 불확실성으로 인해 잘못된 길로 들어설 뻔했다. 그는 동료 학자였던 빌헬름 율리우스William Julius에게 이런 편지를 보냈다.

존경하는 동료에게,

만일 이 태양 분광들이 대단히 선명하게 드러난다면 나는 내 이론이 이러한 관찰에 의해 반박되었음을 믿을 것입니다. 이 문제에 대해 당신의 의견을 솔직하게 말해 준다면 대단히 기쓰겠습니다. 결국 나는 내 이론이 대단히 취약한 기반 위에서 만들어졌다는 사실을 잘 알고 있으니까요. 내가 선택한 길이 어쩌면 잘못된 길일지도 모르겠습니다. 그러나 어쨌든 시도하지 않을 수 없었습니다.

1년쯤 지나서도 아인슈타인은 여전히 자신의 이론이 매력적일 뿐 아니라 웃기다고 생각했고 이렇게 투덜거리도 했다. "신이 있다면 일부러 나를 장난삼아 잘못된 길로 인도하고 어디선가 웃고 있지 않을까." 그는 또 다른 친구인 천체 물리학자 에르빈 프로인들리히Erwin Freundlich에게 이런 편지를 쓰기도 했다.

내 이론적 연구는 뭐라 말할 수 없는 노력을 들여 지금 활발하게 진행 중입니다. 그러니 중력의 일반 역학에 대한 방정식을 곧 정립할 수 있으리라 기대해 봅니다. 임의의 가정을 피할 수 있는 것이 장점이라고 할까요. 덕분에 중간에 이론을 '임시로' 고칠 일 같은 건 전혀 없을 것 같습니다. 내용 전체가 모두 진실이거나 거짓이 되겠지요.

아인슈타인은 분명 '누가' 옳은지는 신경 쓰지 않았으며, 자신 역시 잘못 생각할 수 있다는 마음을 항상 품고 있었다. 그는 다양한 단체의 수많은 지도자가 가진 오만함이 없었다. 그런 오만함 때문에 사람은 오히려 속으로 불안해하며 자신의 생각을 완고하게 고집한다. 아인슈타인은 자신의 이론과 대치되는 모든 가능성에도 항상 마음을 열어 놓고 있었다.

자존심보다 본질을 중시하라

당대의 고정된 관념에 반기를 들고 도전하는 일은 아인슈타인 같은 전 세계적인 유명 인사에게는 훨씬 더 쉬운 일이 아니었을까. 그의 획기적인 발상의 근간은 사람이 아닌 사실의 편에 선 것이었다.

아인슈타인의 전기 작가 중 한 사람인 알브레이트 포슬링Albrecht Fössling은 "아인슈타인 같은 사람은 다른 뛰어난 과학자들과 논쟁을 벌이며 고심하기 보다는 자기 세계에서 자신의 생각과 어울려 놀았다"고 말하며, 그런 면이 장점이 된 것 같다는 결론을 내렸다.

메가트렌드를 마스터하는 일에 아인슈타인 같은 사람의 천재성이나 용기가 필요한 것은 아니다. 다만 언론이나 대중 매체에 둘러싸이고 소셜 네트워크에 빠져 있으며 정보의 세계에서 쉽게 빠져나갈 수 없는 지금 세상에서는 주류의 사고방식이나 정치적 의제에 물들어 서로 다투는 입장으로부터 거리를 두고 스스로를 고립시키기가 훨씬 어렵다. 본질이나 사실에 초점을 맞춘다고 해도 우리의 정책 결정 과정에 주류의 사고방식이 얼마나 큰 영향을 미치고 있는지를 간과해서는 안 된다.

낙관주의자를 주위에 둬라

주변에 주로 어떤 사람이 모여 있는가? 비관적이고 부정적인 사람인

가 아니면 낙관적이고 긍정적인 사람인가? 때때로 우리는 부정적인
사람이 우리가 행동하고 생각하는 일에 얼마나 좋지 않은 영향을 미
치는지 의식하지 못할 때가 있다. 그러나 대중 매체의 경우에는 선택
의 여지가 거의 없다. 나쁜 소식을 전해야 관심을 받는다는 대중 매체
의 신조 아닌 신조는 걱정스럽고 염려스러운 분위기를 더욱 부채질한
다. 각 지역과 세계 전체의 우려와 걱정거리를 매일 들으면 결국 세상
을 근심 어린 시선으로 바라보게 된다. 그러면 우리의 정신 속에는 늘
잊힌 존재가 되지 말라는 요란한 경고가 울린다.

　　경제와 정치, 그리고 사회적 발전을 판단할 때는 당연히 세상과
동떨어질 필요가 없다. 그렇지만 가능한 한 편견이 없는 방식으로 현
재 일어나는 일을 살펴볼 필요가 있다. 그런데 여러 가지 소식이 일종
의 가공 단계를 거친다는 점을 감안하면 편견을 전혀 갖지 않기란 대
단히 어렵다. 우리는 다른 국가들, 예컨대 중국 같은 국가에 대해 많은
사람이 그렇듯 시대에 뒤떨어졌다는 인상에 휘둘리기 쉽다. "중국에
서는 현지 음식을 먹지 말아야 하나요?"라든가 "혼자서 길거리를 돌
아다닐 수 있는가?" 같은 질문에서 이런 구시대적 편견이 고스란히 드
러난다. 그밖에도 다른 국가에 대한 오해나 편견은 아주 많다. 예를 들
어 많은 사람이 브라질의 모습을 상상할 때 길거리에서 삼바 춤을 추
고 코파카바나 해변에서 카이피리냐 칵테일을 마시는 모습이나, 아름
답고 몸매가 뛰어나며 육감적인 여인을 떠올린다. 리우데자네이루에
서는 카니발이 열리고 브라질의 모습이 제3세계 국가 그 자체라는 식
이다. 허물어지는 건물이 이탈리아에 있으면 매력적인 유적이지만 다

른 국가에 있으면 그 나라가 무너지는 신호로 받아들인다.

실제로 보이는 것과 상관없이 혹은 한 번도 본 적이 없음에도 불구하고 그저 보고 싶은 대로 본다면 정확한 정보에 입각해 의견을 제시하는 능력이 제대로 발전하지 못한다.

기회주의자와 극좌나 극우 정치가, 그리고 선동거리만 찾는 대중 매체는 여론을 호도할 때 공포를 아주 효과적인 무기로 사용한다. 그리스의 철학자 소포클레스가 했던 말을 언제나 명심하자. "가장 사악한 적은 내부의 나쁜 조언자다."

/

오늘의 혼란이 내일의 해답

/

제조업에 종사하는 엄청난 숫자의 비숙련 노동자 역시 앞으로 자신의 미래가 어떻게 될지 불안해하고 있는데, 그런 불안과 공포를 대중 매체와 정치가가 더욱 부채질한다. 미래를 생각할 때 아직 알 수 없는 문제까지 예측해서 행동하기란 어려운 일이다.

디지털화와 인공 지능이 근본적인 변화를 이끌 것이라는 사실을 감안하면 미래의 모습을 어느 정도 그려 볼 수는 있다. 그러나 어떤 엄청난 발명이나 혁신이 또 알 수 없는 대전환을 가져올지는 정확히 예측할 수 없다. 기계나 도로, 집, 자동차처럼 문제가 생기면 고칠 수 있는 것들에 대해서는 지금 당장 고민하고 씨름하면 도움이 될 수 있으며 때로는 인간관계도 그렇다. 그렇지 못한 문제들에 대해서는 역사를 돌이켜 보면 그 해결책이 예상하지 못한 곳에서 나오곤 했다는 사실을 알 수 있다. 마치 일방 통행 도로를 달리는 것처럼 가고 있는 방향을 바꾸고 싶으면 아예 다른 도로로 갈아타는 수밖에 없다.

1880년대의 런던

그렇게 아예 다른 도로로 갈아타는 일이 바로 240년 전에 일어났다. 1880년대 런던의 모습을 마음속으로 그려 보자. 런던은 엄청나게 발전하고 있는 도시로 모든 시민의 수요를 채우기 위해 매일 5만 마리의 말이 사람과 상품을 실어 나르고 있다. 낭만적으로 들리기도 하지만 당시에도 나름의 문제들이 있었다.

너무나 많은 말과 마차로 런던의 모든 도로가 붐비는 가운데 런던 시민은 오늘날의 대도시 사람과 마찬가지로 교통체증으로 많은 곤란을 겪고 있었다. 그러나 더 난감한 문제는 말이 쏟아내는 똥과 오줌이었다. 엄청난 양의 똥과 오줌이 도로와 대기를 오염시켰고 당시의 주류 언론 매체는 오늘날 들을 수 있는 부정적인 소식과 크게 다르지 않게 아주 암울한 예측을 내놓고 있었다. 런던의 일간지《더 타임스The Times》역시 무시무시한 재앙을 경고하는 목소리를 드높였다. "말똥 재난이 닥쳐온다!"

이러한 불길한 예측에는 사실 확실한 근거가 있었다. 런던을 오가는 5만 마리의 말은 하루에 각각 7킬로그램에서 15킬로그램에 달하는 똥을 쏟아 냈고 오줌도 1리터가 넘었다. 이런 사실을 감안하면 사람들은《더 타임스》의 예측 기사를 읽고도 그리 놀라지 않았을 것이다. "향후 50년 안에 런던의 모든 거리는 3미터 가까운 깊이의 말똥에 파묻히게 될 것이다." 이런 상황에서 유일하게 긍정적인 생각을 했던 건 런던의 대장장이들이었다. 말똥이 늘어날수록 손보거나 바꿔 달아 줘야 할 말 편자가 계속 늘어날 터였기 때문이다.

칼 벤츠의 혁신적인 발명품

런던뿐만 아니라 다른 주요 도시의 상황도 비슷했다. 말과 마차 관련 산업이 호황을 누리면서 대부분의 대도시가 오물 문제로 골머리를 썩고 있었던 것이다. 뉴욕에서는 10만 마리의 말이 하루에 1000톤이 넘는 똥을 쏟아 냈다! 오늘날과 유사하게 미국 정부가 1898년 뉴욕에서 열린 최초의 도시 계획 협의회에서 이 문제를 토의에 부치고 싶어 했을 정도였다. 그리고 역시 오늘날처럼 그 협의회는 아무런 대책도 내놓지 못하고 막을 내렸다. 물론 많은 사람이 이 문제를 어떻게 해결할지 고민했겠지만 산더미처럼 쌓인 말똥 문제는 그대로 풀리지 않는 숙제로 남았다.

지금 와서 돌이켜 보면 당시 사람의 고민은 그저 웃음만 자아낼 뿐이다. 이후 역사가 어떻게 흘러갔는지 우리는 잘 알고 있다. 주류 대중 매체가 어두운 파멸의 미래를 예측하느라 바쁜 동안, 해결책은 그리 멀지 않은 독일에서 칼 벤츠Karl Benz에 의해 이미 만들어지고 있었다.

칼 벤츠가 골치 아픈 말똥 문제의 해결책을 찾고 있었던 것은 아니다. 그건 말 없이도 움직이는 운송 수단을 만드는 일에 관여했던 다른 발명가들도 마찬가지였다. 이들은 자동차와 관련된 다양한 물건을 발명했고 특허가 쌓여 갔으며 마침내 자동차가 발명되었다. 물론 아직은 보통 사람이 소유하기에는 너무나 값비싼 물건이었다. 그 후 헨리 포드가 처음 시작한 일괄 작업 방식을 통해 자동차의 생산량이 여덟 배로 늘어났을 뿐만 아니라 값도 저렴해졌다. 이제 보통 사람도 자기 자동차를 타고 여행하고 돌아다닐 수 있는 시대가 된 것이다.

결국 골치 아픈 말똥 문제는 해결하려고 하지도 않았는데 자연스럽게 풀려 버렸다. 혁명적인 운송 수단의 발명으로 그렇게 된 것이다.

처음부터 모든 사람이 이 발명에 호의적이었던 것은 아니다. 여전히 불신과 저항이 팽배하던 가운데 1903년 미시건 저축 은행의 은행장은 헨리 포드의 변호사였던 호레이스 래컴Horace Rackham에게 포드 자동차 회사에 투자하지 말라고 충고했다. "말은 계속 남아 있겠지만 그 자동차라는 건 일시적으로 유행하는 신기한 장난감에 불과하다."

브라이언 그룸Brian Groom은 2013년 9월 《파이낸셜 타임스》 기사를 통해 당시를 이렇게 회상했다.

> 런던의 말똥 사태는 경제적 보상이 어떻게 문제 해결을 위한 기술을 만들어 낼 수 있는지 예측하지 못하는 인문학의 또 다른 사례다.

일자리의 변신

교통수단이 더 나은 쪽으로 변하면서 말과 마차 산업이 몰락했는데, 여기에 생계가 달려 있던 대장간이며 다른 직종에서도 대량의 실업 사태가 발생하게 된다. 도시의 오물 문제 해결에 고심했던 사람들은 편자나 대형 승합 마차를 개량하고, 또 더 많은 일꾼을 고용해 말똥을 치워 내거나 아니면 도시 근교에 말똥을 퇴비로 만드는 공장을 세우는 쪽으로 접근해야 했을까? 그러나 앞서 설명한 것처럼 오물 해결책은 문제의 해결을 위한 직접적인 노력이 아니라 새로운 기회를 찾는 과정에서 탄생했고, 대장장이들은 새로운 직업을 찾아야 했으나 그리 오랜 시간이 걸리지는 않았다. 결국 이들은 자동차 제작자 1세대로 변신하게 된다.

일자리의 이런 새로운 변신은 인류의 역사와 늘 함께해 왔으며 실제로 이런 과정이 경제 성장에 공헌한 바도 크다. 그러나 쓸모없는 발상이나 기존의 생산 방식을 계속 유지하면서 새로운 일자리를 만들어 낼 수는 없다.

미국 공장의 노동자가 자신의 일자리를 걱정하고 있는 현실을 생각해 보자. 미국은 여전히 제조업 경쟁력 지수 부문에서 세계 2위에 올라 있지만 2015년 기준으로 시간당 인건비는 평균 37.96달러에 달한다. 제조업 경쟁력 지수 세계 1위인 중국은 시간당 3.28달러에 불과하며 11위인 인도는 시간당 겨우 1.72달러 정도다. 과연 제조업 분야에서의 경쟁력을 계속 유지할 수 있을까?

물론 생산성을 높이면 문제가 해결된다고 주장할 수도 있다. 또한 미국산 제품은 그 가치가 높고 환경 기준을 엄격하게 지키고 있다. 그러나 개선은 가능하지만 핵심적인 문제는 그대로 남는다. 제조업 자체의 환경이 변하고 있는 것이다. 기존의 제조업 노동자를 불안에 떨게 하는 건 신흥 경제국이 제공하는 값싼 노동력만은 아니다. 점점 늘어나는 자동화, 인공 지능, 디지털화된 생산 방식은 기존의 수많은 전통 생산 방식을 모두 몰아낼 것이다. 미국은 지표상으로는 여전히 경쟁력을 지니고 있으며 다시 세계 1위 자리에 올라설 수도 있겠지만 이제 제조업을 통해 일자리를 만들어 내기는 점점 더 어려워질 것이다.

가뜩이나 불안해하는 공장의 노동자를 결정적으로 위협하는 건 아마도 다음의 세 가지 위기일 것이다. 특정한 업무가 사라지고, 제조 환경이 달라지며 세계적으로 제조업의 기준 자체가 바뀌고 있다. 반면에 낙관적인 공장 노동자라면 체념할 건 체념하고 새로운 기회를 찾아 나서지 않을까. 왜냐하면 이들은 아무리 성실하게 일하는 사람이라도 비숙련 육체노동을 필요로 하는 시장에서 살아남을 노동자의 수가 아주 적다는 사실을 잘 알기 때문이다. 문제의 해결은 생산 방식을 바꾸는 것이 아니라 어디에서 새로운 기회를 찾느냐에 달려 있다.

바뀌지 않는 흐름

변화가 시작될 때의 상황을 실제보다 안일하게 생각했던 사례 중 하나가 농업 사회가 산업 사회로 바뀌는 것을 목도했던 농부들이다. 전 세계를 기준으로 대부분의 국가에서 수백만 개가 넘는 농업 관련 일 자리가 완전히 사라졌고, 아무리 열심히 일하고 좋은 수확을 거둬들 여도 대세를 뒤집을 수는 없었다. 통계에 따르면 농업에 종사하는 노 동력은 1800년대가 시작되면서 급격하게 줄어들기 시작했으며 그 현 상은 지금까지도 계속되고 있다.

각 국가가 산업 사회에서 정보화 사회로 변신하기 시작하면서 또 다시 어려움은 시작되었다. 1960년대 이후로 전문직 기술자의 수요는 꾸준하게 증가했는데, 사무직 직원의 수요보다 훨씬 더 크게 증가했 을 정도다.

1960년에는 전문직 기술자의 수가 약 750만 명에 달했으며 비율 로는 전체 노동자의 11퍼센트, 규모로는 다섯 번째로 큰 직업군에 속 했다.

1979년 기준으로 숫자만 봤을 때 미국에서 가장 많은 사람이 종 사하는 직업은 사무직이었고 그다음이 육체노동, 그 다음은 농업이었 다. 미국 노동 총연맹의 전문직업국Department for Professional Employees, AFL-CIO에 따 르면 2012년 기준으로 1960년의 거의 4배에 달하는 2770만 명이 전 문 기술직에 종사하고 있으며 전체 노동자 중에서 차지하는 비율은 대략 20퍼센트에 달한다. 지금은 사무직 다음으로 가장 큰 직업군이 바로 전문 기술직이며 이는 지식이 가장 중요한 요소인 새로운 정보 화 사회에 완벽하게 어울리는 모습이다.

미국이나 다른 국가에서 제조업 관련 일자리를 다시 만들어 낼 가 능성은 얼마나 될까? 신흥 경제국에서 들어오는 수입품에 관세를 인상할 수 있을까? 정부는 기업에게 생산 자동화를 줄이라고 명령할 수 있을까? 물론 할 수는 있다. 그런데 그렇게 한다고 효과가 있을까? 천만의 말씀이다. 게다가 미국산 제품을 사기 위해 훨씬 더 많은 돈을 내야 하는 미국 국민에게 미치는 영향은 어떻게 할 것인가? 누가 나서서 국민의 손해를 대신 채워 준단 말인가?

오랜 기간 동안 기술 진보의 주역이었던 국가에게 제조업의 '화려했던' 과거로 돌아가는 것으로 해결책을 찾으라는 말은 전혀 이치에 닿지 않는다. 특히 현재 가장 강력한 경쟁 국가가 혁신 국가로의 변신을 꾀하며 전혀 반대 방향의 해결책을 찾고 있을 때는 말이다. 미국은 과거에도 그랬고 앞으로도 희망을 품고 계속해서 또 다른 기회를 찾아 나설 것이다.

기회 지향적인 사람

미국에서는 거의 불가능한 일이 한때 일부 독재 국가에서 시도된 적이 있다. 그러나 베네수엘라의 마두로 대통령이 시행했던 보여 주기식의 '사회주의 정치'처럼 시대의 흐름과 경제 발전을 거스르는 정책은 결코 오래 지속될 수 없다.

반면에 중국 정권은 과거와는 전혀 다른 방향으로 나아가야 한다는 사실을 잘 알고 있다. 다시 말해서 꼭 필요한 경제 성장을 유지하기 위해서는 보여 주기식 정치로는 안 된다는 것이다. 이미 1990년에 당시 중국의 국가 주석이던 장쩌민江澤民은 저자와의 개인적인 만남에서 지금 현재 중국이 직면한 가장 큰 어려움은 생산성이 떨어지는 공장의 육체노동자를 정리하는 일이라고 토로한 바 있었다. 당시의 정리와 해고는 대부분 국영 기업에서만 진행되었지만 지금은 거의 모든 산업 분야에서 일어나는 현상이다.

중국은 워낙 국토가 광대하고 각 지역에 따라 미개발 지역에서 이미 개발이 최고조에 이른 지역까지 그 수준이 다양하기 때문에 육체노동자는 자신을 필요로 하는 지역으로 옮겨 다닐 수 있었다. 그러나 그러한 노동자의 이동은 향후 20년 안에 서서히 막을 내릴 전망이다.

역사를 돌아보면 불안한 생각을 떨쳐버리는 데 도움이 되며 개인적인 범위를 넘어서 좀 더 넓은 시야를 가질 수 있다. 세계화에 대한 다양한 의견을 한번 생각해 보자. 세계화는 어떤 이익 단체나 정부가 내린 결단이 아니며 누군가 시작했다가 다시 폐기할 수 있는 성질의 것도 아니다. 세계화는 기술의 생산, 교역, 운송, 통신의 발전이 가져온 결과다. 그런 세계화를 사람들이 지지하거나 반대한다고 해서 이미 진행되고 있는 현상이 뒤바뀌지는 않는다. '경제 상황'은 이미 변했다. 그런 발전과 변화 속에서 고용주와 고용인, 그리고 기업이 어느 정도 중요한 역할을 할 수 있는가는 상황을 받아들이고 새롭게 태어날 수 있는 유연성에 달려 있다.

/

전문가의 도움

/

새로운 정보를 접하고 기존의 믿음이나 의견이 흔들릴 때, 그런 상황에 적응하려는 의지가 있더라도 종종 전문가들의 도움이 필요할 때가 있다. 전문가란 우리 자신보다 뭐든지 더 많이 알고 있는 사람이다. 사람들은 지금 당장 만날 수 있고 도움을 청할 수 있는 최고의 전문가나 권위자와 함께 만약의 사태에 대비한다. 그리고 그들의 말에 귀를 기울이고 그 충고에 따라 실제로 행동할지는 직접 결정한다. 전문가들의 충고는 정확하며 도움이 되지만 그런 전문가조차도 실수를 저지를 때가 있다.

영국의 경제학자 존 메이너드 케인스John Maynard Keynes는 역사상 가장 영향력 있는 경제학 저서 중 하나인 자신의 1919년작 《평화의 경제적 결과The Economic Consequences of the Peace》에서 이미 제1차 세계 대전에서 패배한 독일에게 배상금을 강요한다면 독일이 입은 경제적 피해는 더 커지고 깊어질 것이라고 예측했다. 케인스는 전후 베르사유 평화 조약의 협상 과정에도 참여했는데, 그 자리에서 독일에게 부과된 과도한 전쟁 배상금에 강하게 반대했다. 그는 사실에 입각해 어떤 일이 벌어질지 염려했다. 독일에 부과된 배상금은 제2차 세계 대전을 불러일으키는 요인 중 하나가 되고 말았으니 그의 예측은 정확히 적중한 셈이다. 각자 나름의 이유로 그의 의견에 반대하며 배상금 부과를 밀어붙였던 사람들은 잘못된 판단을 내린 것이다.

이와 마찬가지로 공산주의의 성공 가능성에 대한 경제학자들의 의견도 서로 엇갈렸다. 오스트리아 태생의 영국 경제학자 프리드리히 하이에크Friedrich Hayek는 1945년에 발표한 저서《사회에서 지식의 활용The Use of Knowledge in Society》에서 공산주의의 몰락을 예측했다. 그리고 정확한 근거도 제시했다. 중앙 집권형 정부가 성공하려면 애초에 뭔가 결정하기 전에 그 결정이 시장에 의해 내려져야 한다는 사실부터 알아야 하는데, 여기에서 당연히 모순이 생긴다. 1970년 노벨 경제학상을 받았던 경제학자 폴 새뮤얼슨Paul Samuelson은 1961년 하이에크의 주장에 강하게 반발했다. "소비에트 연방의 경제 상황은 이전의 많은 회의주의자가 품었던 의심이 잘못되었다는 사실을 증명하고 있다. 사회주의의 명령 체계는 제 기능을 하고 있을뿐더러 성공적이기까지 하다." 이런 잘못된 결론을 내렸던 경제학자는 비단 새뮤얼슨 뿐만은 아니었다.

비판받지 않는 경제학자들

영국의 경제학자이자 화폐 경제학과 관련된 다양한 경제 이론으로 잘 알려진 조앤 로빈슨Joan Robinson은 1945년 이후 남북으로 분단된 한국을 1964년에 방문한 직후 이렇게 말했다. "북한은 발전을 거듭할 것이며 남한은 쇠퇴할 것이다. 이제 두 국가를 가로막는 장벽이 무너지는 건 시간 문제일 뿐이다." 그녀의 주장은 아직도 실현되지 않았다.

미국의 가장 위대한 경제학자 중 한 명인 어빙 피셔Irving Fisher는 주식 시장과 관련된 예측을 좀 더 일찍 했었더라면 더 많은 인정을 받았을지도 모른다. 1929년 10월, 피셔는《뉴욕 타임스》기고문을 통해 미

국의 주가가 "영원히 떨어지지 않을 높은 고원에 도달했다"고 주장했
지만 불과 2주 후에 월스트리트는 '검은 화요일'이라는 대재앙을 맞게
된다. 당시 폭락한 주가가 회복되는 데는 25년이 넘는 세월이 걸렸다.

1976년에 발표된 《1등 국가 일본Japan as Number One》에서 하버드대학
교의 사회과학자 에즈라 보겔Ezra Vogel은 얼마 지나지 않아 일본 경제가
미국을 압도할 것으로 내다봤다.

2007년 12월 미국 투자 은행 골드만 삭스Goldman Sachs의 수석 투자
전략가인 애비 조셉 코언Abby Joseph Cohen이 증명했듯 올바른 예측을 하기
란 정말 어렵다. 코언은 S&P 500 주가 지수가 2008년 말에는 14퍼센
트 올라 1675포인트에 이를 것이라고 예측했지만 오히려 900아래로
떨어지며 그녀가 주장한 지수의 절반 수준이 되었다.

조지 W. 부시 연구소의 상임 이사 제임스 글래스먼James Glassman이
나 미국의 경제학자 케빈 하셋Kevin Hasset 같은 사람의 예측이 최소한 절
반이라도 맞아떨어졌다면 투자자는 얼마나 기뻐했을까. 1999년 두 사
람은 DOW 지수가 현재 최고치인 1만1497포인트에서 앞으로 그 3배
에 달하는 3만6000포인트까지 올라갈 것이라고 예측했지만 16년이
지나도록 2배에도 미치지 못했다.

《격동의 시대The Age of Turbulence》는 미국의 연방준비제도이사회 의장
을 4번이나 역임했던 앨런 그린스펀Alan Greenspan이 2007년 발표한 책의
제목이다. 이 책에서 그린스펀은 가까운 장래에 물가 상승률을 억제
하기 위해서는 이자율을 두 자리 수 이상 올려야 할 것이라고 경고했
다. 그러나 중국의 이자율은 2008년에 최고치를 경신했다가 2016년

에는 4퍼센트 이하로 떨어졌고 미국과 유럽의 이자율은 지난 몇 년 동안 거의 0퍼센트에 가깝게 유지되고 있다.

소유 재산만 250억 달러에 이른다는 세계 금융업계의 거물 조지 소로스George Soros는 2011년 중국의 물가 상승률이 "통제 불능 상태"라고 주장하며 앞으로 더 위험한 상태에 이를 것으로 전망했다. 그런데 그의 가족이 운영하는 회사에서는 아베 신조安倍晋三 내각의 일본에서 엔화가 폭락할 것이라고 내다봐 2012년 11월에서 2013년 2월까지 무려 10억 달러나 되는 투자 수익을 거둬들였다.

인도계 미국 경제학자 라비 바트라Ravi Batra는 《뉴욕 타임스》 베스트셀러 부문 1위에 오른 《대공황 1990 Surviving the Great Depression Of 1990》이라는 저서를 통해 명성을 얻었다. 다만 책의 내용이 어느 정도 들어맞았느냐는 또 다른 문제일 터인데, 그는 엄청난 혼란을 예측했지만 1990년대는 세계 경제가 크게 성장한 기간이었다.

마지막으로 영국의 유쾌한 억만장자 리처드 브랜슨의 일화를 살펴보자. 그는 2010년에 심각한 석유 부족 현상을 경고했다. "향후 5년 안에 우리는 또 다른 위기, 즉 석유의 부족이라는 위기에 봉착하게 될 것이다." 6년이 지나자 석유 가격은 오히려 떨어졌다.[1]

과연 다음은 또 누구의 차례가 될 것인가?

정확한 근거 찾기

물론 다가올 미래를 이야기하거나 글을 쓰는 사람은 누구든 실수할 수 있다. 신뢰도나 활용도가 떨어지는 정보는 어떤 식으로든 위험하다. 그러나 더 큰 규모의 변화나 발전은 예측하기가 조금 더 쉬운데, 예를 들어 큰 위험을 동반하는 통화 변동이나 주식 시장의 움직임, 그리고 비합리적인 동요 속의 숨은 위험 등이다.

그런데 자신이 입수할 수 있는 정보의 신뢰도가 떨어질까 두렵다면 어떻게 메가트렌드를 따라잡을 수 있을까? 그럴 때는 개인적인 판단은 잠시 보류하고 오직 사실만 관찰하도록 하자.

신문을 생각해 보자. 운동 경기에 관심이 많은 사람이 신문을 볼 때, 가장 믿을 수 있는 부분부터 보게 되지 않을까. 바로 운동 경기와 관련한 수치를 보도하는 지면이다. 숫자로 된 각종 기록, 점수, 선수에 대한 통계 등은 잘못 보도하기 어려운 내용이다. 그러나 특정 구단이나 선수, 그리고 경기장에서 일어날 수 있는 사건에 대한 개인적인 의견이 떠오를 때, 바로 그때부터 부정확한 판단이나 통찰이 시작된다. 블로그도 마찬가지지만, 최소한 개인 블로그는 사실을 전달하는 척하지는 않는다.

장차 어떤 일이 일어날지 확실하게 아는 방법은 없다. 그러나 어느 정도 노력하면 지금의 상황을 그럭저럭 파악할 수는 있다. 그렇게 상황 파악이 되면 "다음에 찾아올 메가트렌드는 과연 어떤 것일까?"에 답할 수 있게 된다. 바람을 담은 막연한 상상이 아닌 사실을 바탕으로 한 대답 말이다.

일시적인 유행과 시대의 흐름

개인적인 견해와 사실을 구별하는 일의 중요성 말고도, 우리는 트렌드와 메가트렌드 사이의 차이도 구별할 필요가 있다. 우리가 흔히 트렌드나 메가트렌드라고 하는 것들도 그보다 훨씬 빠르게 지나가는 일시적인 유행의 일종으로 볼 수 있지 않을까? 소비자 트렌드를 예로 들어 보자. 대부분의 업계에서는 소비자 트렌드를 대단히 중요하게 생각하지만 그 실질적인 영향력은 그리 오래 지속되지 않는다. 그런 트렌드는 왔다가 그저 사라진다. 진정한 트렌드란 어떤 발전이나 행동 양식을 의미하며 계속 진화하여 영속적이 된다. 메가트렌드는 개인의 발명이나 혁신을 바탕으로 사회적 변화를 이끌어 내는 흐름을 뜻한다. 정보화 시대나 경제 문제의 세계화가 메가트렌드에 속한다.

이러한 메가트렌드를 마스터하기 위해서는 때때로 현재 상황의 숨은 맥락을 여전히 파악하지 못했을지라도 어떤 새로운 기회가 있는지 직접 찾아봐야 한다. 우리가 메가트렌드를 파악하기 위해 노력을 기울여야 하는 이유는 그것이 숨어 있기 때문이 아니라 장막을 걷어 내고 기회를 찾는 데 필요한 가장 작은 희망조차 없는 그런 문제에 몰두하고 있기 때문이다.

/

실수를 두려워하지 않는 것

/

자신의 생각을 확실히 정리하고 가능한 한 독립적인 판단을 유지하며 직관을 포기하지 않는 일은 결코 쉬운 일이 아니다. 그러나 분명히 중요한 일이다. 물론 실수도 있을 수 있다. 2000년에서 2005년 사이에 우리는 미국이 향후 몇십 년 동안은 계속해서 패권국으로 남아 있을 것이라고 확신했다. 심지어 매년 몇 차례씩이나 중국을 방문하면서도 중국의 발전 속도와 이미 진행되고 있는 전략적 움직임을 과소평가했다. 돌이켜 보면 모든 것이 분명했는데도 말이다. 미국이 변화하는 세계 정세를 받아들이고 정치적 난관을 극복하려는 의지와 능력을 과대평가한 것이기도 하다.

유럽연합이 침체에 빠져드는 모습은 비교적 빨리 나타났지만, 자화자찬이라는 가면 속에 감춰져 있었다. 유럽연합의 비극은 유럽이 '유럽 합중국'으로서 경제적, 정치적 힘을 가지기를 바라면서도 거기까지 도달할 의지는 전혀 없었던 것이었다.

이 책의 앞부분에서 지적했던 것처럼 가장 많이 받는 질문은 "다음에 찾아올 메가트렌드는 과연 어떤 것일까?"이다. 그리고 그다음으로 자주 받은 질문이 "미래학자로서 예측이 얼마나 많이 빗나갔었나?" 하는 것인데, 지금 이 책을 읽은 독자들이 비슷한 궁금증을 갖고 있다면 다음 표를 보기 바란다. 1982년부터 2015년까지 우리가 책을 통해 강조했던 메가트렌드를 정리해 놓은 표다.

연도	책 제목	주요 메가트렌드
1982	메가트렌드	산업 사회에서 지식 사회로 국가 경제에서 세계 경제로 수직 관계에서 수평 관계로
1990	기업의 재탄생	사회적 트렌드와 정보 기술, 그리고 기업 인간을 대신하는 컴퓨터 자립적 기업가 정신
1992	여성 메가트렌드	여성이 만들어가는 새로운 사회 질서 유리 천장을 뚫는 여성 정치계의 여성 돌풍
1994	메가트렌드 아시아	지금 당장 아시아를 주목하라 아시아의 기회는 전 세계의 기회 현대화를 이룩한 아시아가 만들어 가는 21세기
2000	하이테크 하이터치	양날의 검인 첨단 기술 아이들을 폭력에 빠트리는 첨단 기술의 그늘 세계를 위험에 빠트릴 수 있는 생명 공학 산업 사회 현상으로서의 인터넷
2006	마인드 세트	쇠퇴일로에 들어서고 있는 유럽 경제 주역의 변화
2010	메가트렌드 차이나: 새로운 세계를 이끌어가는 중국의 8가지 힘	고정 관념 벗어나기 돌다리도 두들겨 보고 건너라 올림픽과 노벨상
2015	힘의 이동: 새로운 글로벌 경제벨트는 어떻게 세상을 재편할 것인가	서구 중심의 세계가 다중심의 세계로 글로벌 서던 벨트의 부상 중국으로의 힘의 이동 전 세계를 이끄는 도시들

각 시대의 메가트렌드와 그에 대한 저서들

빗나간 예측들

1992년 《여성 메가트렌드》에서 소개했던 메가트렌드는 지금도 여전히 완결되지 않았다. 물론 그동안 일부 국가에서 여성이 많은 성공을 거두기는 했지만 진정한 양성평등과는 아직 거리가 한참 멀다. 미국 통계청의 최신 자료를 보면 여성은 남성과 비교해서 79퍼센트 정도의 임금밖에 받지 못한다.

2015년 10월 기준으로 S&P 500대 기업의 최고 경영자 중에서 여성은 고작 23명으로 4.6퍼센트를 차지한다. 반면에 《중국일보》 2016년 3월 11일자 보도에 따르면 중국 기업의 경우 여성 최고 경영자의 비율은 30퍼센트에 달하며 여성 고위직 인사가 단 한 명도 없는 기업의 비율은 2015년 25퍼센트에서 2016년 16퍼센트로 떨어졌다.

한국 정부가 펴낸 한 보고서에 따르면 한국의 100대 재벌 기업 고위 경영진에서 여성이 차지하는 비율은 2.3퍼센트에 불과한데, 그나마도 주식을 보유하고 있는 창업주의 일가인 경우가 많다. 최고 경영자가 여성인 재벌 기업은 단 한 곳도 없다. 1901년에서 2015년까지 노벨 경제학상을 포함한 노벨상 825개 중에서 여성이 받은 노벨상은 48개에 불과하다.

양성평등의 길

세계경제포럼이 양성평등 문제에 대해 펴낸 최근 보고서에 따르면 남성과 여성 사이의 격차는 2006년과 비교해 더 커졌는데, 중국과 인도의 특정한 문제들이 어느 정도 영향을 미쳤다고 한다. 이론적으로만

볼 때 남성과 여성 사이의 격차가 완전히 줄어들 날은 요원하다. 아시
아 46년, 서유럽 61년, 남아메리카 72년, 사하라 사막 이남 지역 아프
리카 79년, 동아시아와 태평양 지역 146년, 그리고 동유럽과 중앙아시
아의 경우는 149년은 걸려야 양성평등을 어느 정도 이룰 것으로 예상
된다. 그렇다면 미국은 어떨까? 미국에서 진정한 양성평등이 이루어
지려면 158년이 걸린다. 선두 주자는 아이슬란드와 핀란드, 노르웨이,
스웨덴이며, 놀랍게도 르완다가 5년, 필리핀이 7년이다.

　　사회의 지도급 인사 중에서 여성의 수는 여전히 적다. 2015년에
발표된 그랜트 손튼 연구 보고서Grant Thornton Research에 따르면 기업의 경
우 여성이 경영에 참여하는 비율은 다음과 같다고 한다.

- 여성이 고위직을 차지하는 비율은 전 세계적으로 24퍼센
  트에 불과하다.
- 전체 기업의 3분의 1은 고위직에 여성이 단 한 명도 없다.
- 기업에서 여성이 고위직을 차지하는 비율이 가장 떨어지
  는 국가는 일본과 독일로 각각 7퍼센트와 15퍼센트다.
- 동부 유럽은 35퍼센트이며, 동남아시아국가연합에서는
  약 34퍼센트의 비율로 여성이 기업의 고위직을 차지하고
  있다.
- 동부 유럽의 16퍼센트, 동남아시아국가연합의 21퍼센트
  에 해당하는 기업이 고위직에 단 한 명의 여성도 기용하지
  않는다고 한다.

- 중국의 경우 기업 고위직의 30퍼센트가 여성이다.
- 고위직 여성이 가장 많은 국가는 놀랍게도 러시아로, 그 비율은 45퍼센트에 이른다.
- 역시 놀라운 결과인데, 필리핀은 39퍼센트다.

한국의 경우 대학 입학에서는 여성이 남성을 압도하지만 여전히 사회 여러 주요 분야에서는 남성에게 크게 밀리고 있다. 변호사의 경우 19퍼센트, 의사의 경우 23.9퍼센트, 대학 교수의 경우 23퍼센트 정도만이 여성이며 공무원 시험 합격 비율은 46퍼센트에 이르지만 고위직까지 올라가는 경우는 8.8퍼센트에 불과하다.

여성으로 태어난 굴레

아이들에 대한 대우가 그 어느 때보다도 좋아졌고, 진보적인 성향의 국가는 공정한 기회의 장을 만드는 데 커다란 성취를 이루었다. 여자아이들에게 교육을 포함한 더 많은 기회가 주어졌으며 성년이 된 여성도 남성과 비슷한 대우를 받게 되었다. 그러나 여전히 여성으로 태어났다는 이유만으로 무거운 굴레가 씌워져 있다. 인도와 중국의 부부들은 지금도 여전히 남자아이를 훨씬 더 선호하는데, 중국의 경우 여자아이 낙태를 막기 위해 태아 성별 검사를 금지하기까지 했다. 여성 폭력 실태에 대한 국제 연합 보고서에 따르면 인도는 지난 20여 년 동안 성별 검사를 통해 매년 50만 명이 넘는 여자아이들이 사망했다. 네팔에서는 여자아이의 40퍼센트가 15세 전후에 결혼한다. 유엔아

동기금UNICEF에서는 "만일 사하라 사막 이남 지역 아프리카와 남아시아, 그리고 서아시아 지역의 모든 여자아이가 중등 교육만 받을 수 있어도 조혼을 하는 경우가 현재 290만 건에서 100만 건 내외로 줄어들 것"이라고 추산하고 있다. 《디 차이트》의 2016년 보도에 따르면 전 세계 여자아이 9명 중 1명은 15세가 되기 전에 강제로 결혼한다고 하며 1500만 명이 넘는 여자아이는 아예 초등학교에도 가지 못한다. 현재 전 세계에서 7억8000만 명이 문맹이라고 하는데, 그중 3분의 2가 여성이며 빈곤 인구의 4분의 3도 여성이다. 이 빈곤 지역의 여성은 대부분 혼자서 아이를 키우고 있다.

이런저런 홍보나 주장만 듣고 양성평등이 빠르게 진행되고 있다고 생각했던 건 큰 잘못이었으며 실제로는 그렇지 않다는 사실은 개인적으로 큰 실망으로 다가왔다. 그러나 최소한 양성평등을 위해 열심히 노력하고 진짜 메가트렌드로 만들기 위해 애쓰는 조직에 도움을 주고 싶다. 아내 도리스는 국제여성포럼의 회원이기도 하다.

메가트렌드와 올바른 선택

메가트렌드와 관련된 모든 논의에는 외부의 환경과 조건을 개인이 통제할 수 없다는 의미가 포함되어 있다. 왜냐하면 메가트렌드에는 그만큼 당대의 모든 내용이 다 들어 있기 때문이다. 그렇다고는 하지만

메가트렌드를 따라가지 못하는 사람들이 패배주의적인 태도를 보이
거나 될 대로 되라는 식의 허무주의에 빠져도 된다는 의미는 아니다.
사실 그런 태도야말로 가장 피해야 한다. 우리는 이미 지나가 버린 과
거를 바꿀 수도 없고 또 자신을 둘러싼 환경도 바꿀 능력이 없을지 모
른다. 그리고 언제나 원했던 결과를 이루어 낼 수도 없다. 그러나 분명
선택할 수 있는 힘은 가지고 있다. 그리고 그 힘이야말로 가장 강력하
고 중요한 요소다.

　　모든 부정적인 전망과 소식에도 불구하고 전 세계적인 관점에서
본다면 사람들이 지내는 형편은 그 어느 때보다 나아졌다. 변화의 속
도는 더 빨라지고 있으며 사람들이 원하는 바도 달라졌다. 생존과 성
공은 이제 힘보다는 머리에, 안전보다는 위험을 감수하는 쪽에 달려
있다. 이는 잘못된 것이 아니다. 변화와 도전은 적절한 수준의 야심과
결단력, 그리고 창의력과 지성을 가지고 접근할 때 훨씬 나은 수준의
성취로 이어질 수 있다. 다만 피해야 할 것은 정치적 올바름을 주장하
며 뭔가를 흐지부지 봉합하려는 시도다. 이런 시도는 결국 아무도 밝
히기를 원하지 않는 중요한 원인을 감추고 진보의 의욕을 꺾는다.

　　기억해야 할 분명한 사실 하나는 인생은 공평하지 않다는 것이다.
우리는 모두 각자 다른 조건과 환경 속에서 태어났다. 강대국이 있으
면 약소국이 있고, 좋은 부모가 있으면 무심한 부모도 있으며, 부자가
있으면 가난한 사람이, 재능이 뛰어난 사람이 있으면 평범한 사람도
있다. 나쁜 태도는 바로 스스로 희생자라는 피해 의식을 갖는 것이다.
그렇게 되면 뭔가를 선택하려는 의지조차 사라져 버리게 된다.

우리는 태어난 환경을 선택할 수는 없으나 우리가 현재 가진 것과 처지를 이용해 어떤 일을 할지 선택할 수는 있다. 피해 의식을 갖고 있는 사람이라면 이래서 안 되고 저래서 안 된다고 수많은 변명과 이유를 만들어 낼 수 있다. 물론 이 세상에는 개인의 자유가 거의 없는 것이나 마찬가지인 그런 지역과 환경이 있다. 그러나 지금 이야기하는 건 그런 환경이나 조건에 있는 사람들이 아니다. 당신과 나 같은 사람에 대한 것이다.

추구할 만한 가치가 있는 것을 모든 노력을 기울여 추구하여 성공하고 싶은 사람이라면 근면함, 결단력, 높은 성과를 내보여야 한다. 모든 사람이 다 뛰어난 능력을 갖고 있는 것은 아니며 또 모든 사람이 다 도전하고 노력하고 싶어 하는 것도 아니다. 야망이란 억지로 심어 줄 수 있는 게 아니라 격려를 통해 조금씩 길러지는 것이다. 어떤 길을 선택할지 결정하는 건 바로 우리 자신의 몫이다. 메가트렌드를 마스터하는 최고의 비결을 알고 싶은가? 자신에게 선택할 수 있는 능력과 권리가 있다는 사실에 깊이 감사하며 반드시 스스로 선택하라.

주

제1장 메가트렌드를 찾는 방법

1. http://economists-pick-research.hktdc.com/business-news/
   article/Research-Articles/China-s-13th-Five-Year-Plan-Made-in-
   China-2025-and-Industrie-4-0-Cooperative-Opportunities/rp/
   en/1/1X000000/1X0A6AZ7.htm

2. http://www.mckinsey.com/industries/high-tech/our-insights/how-
   blockchains-could-change-the-world

제2장 세계 질서의 주역들

1. http://www.forbes.com/sites/mikecollins/2015/07/14/the-big-bank-
   bailout/#2ad2ffae3723

2. https://www.globalinnovationindex.org/gii-2015-report

3. http://www.naacp.org/criminal-justice-fact-sheet/

4. http://www.pewresearch.org/fact-tank/2016/07/19/5-facts-about-the-
   muslim-population-in-europe/

5. http://www.spiegel.de/wirtschaft/unternehmen/fachkraeftemangel-
   mittelstand-befuerchtet-umsatzeinbussen-a-1073903.html

6. http://ec.europa.eu/priorities/state-union-2016_en

7. http://www.pewglobal.org/2014/07/14/chapter-2-chinas-image/

제3장 떠오르는 신흥 세력

1. http://www.pewglobal.org/2015/07/08/a-global-middle-class-is-more-promise-than-reality/
2. http://dupress.com/articles/asia-pacific-economic-outlook-q1-2016-asia-economic-growth-continues/

제4장 새로운 세계 지도

1. 2013년 판 매디슨 순위표는 다음 인터넷 사이트에서 확인할 수 있다. http://www.ggdc.net/maddison/maddison-project/home.htm.
2. http://www.newgeography.com/content/005050-500-years-gdp-a-tale-two-countries
3. http://www.newgeography.com/content/005071-working-age-population-around-world-1960-2050

제5장 기술 혁신과 일자리의 미래

1. http://www.wsj.com/articles/china-gears-up-in-artificial-intelligence-race-1472054254
2. http://medienportal.univie.ac.at/presse/aktuelle-pressemeldungen/detailansicht/artikel/quantum-physics-at-a-distance/

제6장 미래를 준비하는 교육

1. www.creativityatwork.com
2. http://college.usatoday.com/2014/10/26/same-as-it-ever-was-top-10-most-popular-college-majors/
3. https://www.statista.com/topics/829/college-and-university/

제7장 매스 커뮤니케이션 시대의 생존법

1. http://www.bloomberg.com/news/articles/2014-07-24/cynk-the-6-billion-penny-stock-debacle-stretches-from-belize-to-las-vegas

2. https://www.technologyreview.com/s/535901/fake-persuaders/

3. http://cacm.acm.org/magazines/2016/7/204021-the-rise-of-social-bots/fulltext

4. https://www.bloomberg.com/news/articles/2016-11-17/trump-s-twitter-bots-turned-out-on-election-day

5. http://www.businessinsider.com/political-bots-by-governments-around-the-world-2015-12?IR=T/#turkey-2

제8장 새로운 무역 질서

1. https://www.adb.org/news/infographics/who-will-pay-asias-8-trillion-infrastructure-gap

2. http://nationalinterest.org/feature/chinas-huge-one-belt-one-road-initiative-sweeping-central-17150

결론 메가트렌드 마스터하기

1. http://uk.businessinsider.com/12-of-the-worst-predictions-about-the-global-economy-that-intelligent-people-have-ever-made

**MASTERING
MEGATRENDS**